YES MINISTER

Das Buch
zur
Fernsehserie

10

YES MINISTER

Die Tagebücher eines Kabinettministers
herausgegeben von
Antony Jaye und Jonathan Lynn

Deutsche Erstveröffentlichung

GOLDMANN VERLAG

Aus dem Englischen übertragen von Heinz Freitag
Mitarbeit: Martin W. R. Brink
Originaltitel: Yes minister
Originalverlag: British Broadcasting Corporation, London

Made in Germany · 1/87 · 1. Auflage

Umschlaggestaltung: Design Team München
Umschlagillustration: Gerald Scarfe
Satz: Fotosatz Glücker, Würzburg
Druck: Elsnerdruck, Berlin
Verlagsnummer: 8636
Lektorat: Werner Morawetz / ST
Herstellung: Peter Papenbrok
ISBN 3-442-08636-1

Inhalt

Übersetzung der englischen Original-Briefköpfe

Ministry of Administrative Affairs	= Ministerium für Verwaltungsangelegenheiten
Foreign and Commonwealth Office	= Ministerium für Auswärtige und Commonwealth-Angelegenheiten
Permanent Under Secretary of State	= Der Ständige Staatssekretär
Private Secretary	= Der Persönliche Referent

Anmerkung der Herausgeber

Es bedarf einiger Erläuterungen hinsichtlich der Methoden und Kriterien, derer wir uns bedient haben, um ein Tagebuch von vielen Millionen Wörtern zu einem relativ kleinen Band zusammenzufassen.

Es ging uns vor allem darum, zu vereinfachen und damit Klarheit zu schaffen. Obwohl dies auch in Hackers Absicht lag, war er aufgrund jahrelanger politischer Übung und Erfahrung darauf trainiert, zwanzig Wörter zu verwenden, wo eines genügt hätte, Millionen von Wörtern zu schreiben, wo doch Tausende ausgereicht hätten – die Sprache einzusetzen, um politische Probleme und Ereignisse zu verschleiern und ihnen auszuweichen, so daß sie für andere unverständlich werden. Wenn es einem Politiker gelingt, sich unverständlich zu machen, dann gewinnt er vorübergehend Sicherheit.

Dennoch glauben wir, daß Hacker diese Tagebücher – ein einzigartiger Beitrag zu unserem Verständnis dessen, wie England in den achtziger Jahren regiert wurde – in der Hoffnung geschrieben hat, daß die Menschen mehr verstehen mögen, nicht weniger. Wir haben sie daher schonungslos redigiert.

Dieser erste Band behandelt Hackers frühe Erfahrungen im Regierungsamt, als Minister für Verwaltungsangelegenheiten. Das Ministerium war einige Jahre zuvor als Dachministerium geschaffen worden (so etwas ähnliches wie George Browns Ministerium für Wirtschaftsangelegenheiten unter der Regierung Wilson in den sechziger Jahren), um die Verwaltung des Regierungsapparats zu koordinieren. Theoretisch verschaffte es Hacker uneingeschränkte Vollmacht, innerhalb des gesamten Systems die mangelnde Leistungsfähigkeit sowie überhöhte Ausgaben der Verwaltung zu überprüfen und zu kontrollieren. Bedauerlicherweise wurde das Ministerium für Verwaltungsangelegenheiten aber nicht nur geschaffen, um die Beamten unter Kontrolle zu haben – es mußte auch mit Beamten personell besetzt werden. Die Leser mögen daher ermessen, zu welchen Ergebnissen Hackers Bemühungen zwangsläufig führen mußten.

Für uns bleibt es etwas rätselhaft, daß Hacker, der bei seinen eigenen politischen Geschäften ein solcher Meister der Verschleierung und Vernebelung war, dermaßen unfähig gewesen sein sollte, mit einer Gruppe von Beamten fertig zu werden, deren Methoden im wesentlichen die gleichen waren. Hackers Naivität, wie sie sich in diesen Tagebüchern offenbart, ist geradezu rührend. Nachfolgende Bände, die wir derzeit noch redigieren, behandeln Hackers weitere Laufbahn im Ministerium für Verwaltungsangelegenheiten und schildern dann, wie er auf der Leiter nach oben von einem hochrangigen Kabinettsposten zum nächsten versagte, was am Ende in seinem Scheitern in »Nummer 10« und schließlich seinem Ableben bei der Beförderung ins Oberhaus (wie es damals hieß) gipfelte.

Bei der Entscheidung, was wir streichen und was wir übernehmen sollten, haben wir uns an keine bestimmten Richtlinien gehalten. Wir waren weitgehend bemüht, das erzählende Element des originalen Tagebuchs zu bewahren. Im allgemeinen haben wir daher versucht, einzelne Geschichten und Ereignisabläufe bis zu ihrem Abschluß zu verfolgen und die Ereignisse nicht in ihrer tatsächlichen, zufälligen chronologischen Abfolge zu behandeln.

Hacker hatte naturgemäß keinerlei Kenntnis von bestimmten Gesprächen und Vorgängen, die ihn – hätte er davon gewußt – zweifellos zu anderen Einschätzungen und Ansichten hätten gelangen lassen. Zu unserem Glück sind uns – nach der sogenannten »30-Jahre-Bestimmung« – alle Aktennotizen und Protokolle von Sir Humphrey Appleby zugänglich geworden.

Ein Glück auch, daß Sir Humphrey Appleby – in jeder Hinsicht ein perfekter Beamter – vom Wert des Geschriebenen zutiefst überzeugt war und *alles* in der einen oder anderen Form zu

Papier brachte. Somit konnten wir nicht nur auf Aktennotizen des MVA, sondern auch auf Sir Humphreys private Tagebücher zurückgreifen.

Wir sind auch sehr dankbar dafür, daß wir einige Gespräche mit Sir Humphrey selbst führen konnten, ehe sich die Jahre zunehmend bemerkbar machten und seine geistigen Funktionen und der Inhalt dessen, was er sagte, nicht mehr in Einklang waren – was freilich seine Redegewandtheit keineswegs beeinträchtigte.

Wir sind auch dankbar für viele nützliche Gespräche mit Sir Bernard Woolley (Ritter-Großkreuz des Bathordens), ehemals Leiter des Civil Service, der zu der Zeit, als dieser Teil der Tagebücher geschrieben wurde, Hackers Persönlicher Referent war.

Jonathan Lynn
Antony Jay
Hacker College, Oxford,
Juli 2017 a.D.

1 Bürgernahe Politik

22. Oktober

Na ja, vielleicht sind es doch schon die frühen Morgenstunden von Freitag, dem 23. Ich bin sehr aufgeregt. Soeben bin ich von Birmingham East wieder ins Parlament entsandt worden. Und nach Jahren in der Opposition hat die Partei endlich die allgemeinen Wahlen gewonnen, und wir sind wieder im Amt.

Nachdem das Ergebnis bekanntgegeben worden war, ging ich zur Wahlparty bei Stadtrat Spotteswoode[1] und sah dort, wie Robert McKenzie[2] im Fernsehen sagte: »Jim Hacker ist wiedergewählt worden; er konnte seinen Vorsprung sogar noch ausbauen. Nach vielen Jahren als ›Schattenminister‹ erscheint es fast sicher, daß er nun Mitglied der neuen Regierung sein wird.«

Robin Day[3] dagegen schien Zweifel zu hegen. Ich hoffe doch, daß Bob McKenzie recht hat.

23. Oktober

Ich hoffe noch immer, aber ich frage mich, ob Robin Day etwas weiß, was ich nicht weiß.

Seit dem Frühstück sitze ich neben dem Telefon. Kein potentieller Kabinettsminister entfernt sich in den 24 Stunden nach der

[1] Der Parteivorsitzende in Hackers Wahlkreis

[2] Kanadischer Politologe, der bis zu seinem Tod 1981 in England lebte und dort für seine exakten Prognosen in den Wahlsondersendungen des Fernsehens bekannt war

[3] Legendärer Rundfunk- und Fernsehjournalist, berühmt-berüchtigt für seine unerbittlichen, bisweilen aggressiven Politikerinterviews; mehrfach ausgezeichnet und 1981 geadelt

Ernennung eines neuen Premierministers mehr als sechs Meter vom Telefon. Wenn man innerhalb von 24 Stunden nichts hört, dann ist man nicht im Kabinett.
Annie versorgte mich den ganzen Vormittag über ununterbrochen mit Kaffee, und als ich mich nach dem Mittagessen wieder in den Sessel neben dem Telefon setzte, bat sie mich, ihr beim Rosenkohlputzen für das Abendessen zu helfen, wenn ich nichts anderes zu tun hätte. Ich machte ihr klar, daß das nicht möglich sei, weil ich auf den »Ruf« wartete.
»Von wem?« Manchmal ist Annie wirklich ein bißchen sehr begriffsstutzig.
Das Telefon klingelte. Ich griff zum Hörer. Frank Weisel, mein politischer Berater, war dran und kündigte an, daß er vorbeikommen würde. Das sagte ich Annie, die nicht gerade erfreut war.
»Warum zieht er nicht einfach gleich hier ein?« fragte sie verbittert.
Also, manchmal verstehe ich sie wirklich nicht. Geduldig erklärte ich ihr, daß ich auf Frank als meinen politischen Berater mehr angewiesen sei als auf sonst jemanden. »Warum heiratest du *ihn* dann nicht?« fragte sie. »Hiermit erkläre ich Euch zu Mann und politischem Berater. Zwei Menschen, die die Politik zusammengeführt hat, soll keine Ehefrau auseinanderbringen.«
Es ist entsetzlich schwer für Annie, ich weiß. Frau eines Parlamentsmitglieds zu sein, ist eine höchst undankbare Aufgabe. Aber jetzt, da ich womöglich Minister werden würde, wird sie endlich die Früchte für ihre Geduld und ihr Verständnis ernten können!
Das Telefon klingelte den ganzen Tag. Stadtrat Spotteswoode, der Klempner, Frank, alle möglichen unwichtigen Leute riefen an, um mir zu gratulieren. »Warum rufen die mich bloß alle jetzt an?« klagte ich Annie mein Leid: »Ist denen denn nicht klar, daß ich darauf warte, gerufen zu werden!?«
»Das klingt ja, als würdest du auf Gottes Ruf warten«, erklärte sie. »Ja«, entgegnete ich, »aber wohin wird er mich rufen.« Plötzlich heulte Annie auf. Ich traute meinen Ohren nicht. »Das war nur ein *Scherz*!« schrie sie und fing an, sich die Haare zu

raufen. Ich kam zu dem Schluß, daß sie ein bißchen zu nervös sein mußte.
»Bist du ein bißchen zu nervös?« fragte ich. Sie heulte wieder auf und warf sich auf den Teppich. Ich wollte schon einen Krankenwagen rufen lassen, fürchtete aber, daß die ungewollte, ungünstige Publicity sich zu diesem Zeitpunkt nachteilig auf meine Karriere auswirken könnte – FRAU EINES NEUERNANNTEN MINISTERS IN ZWANGSJACKE ABGEFÜHRT.
»Bist du ein bißchen zu nervös?« wiederholte ich meine Frage noch einmal. Sehr behutsam. »Nein«, schrie sie – »nein, nein, nein, ich bin nicht nervös. Ich bin nur mit einem Politiker verheiratet. Gefühle sind mir nicht gestattet. Eine Politikerfrau ist immer glücklich und zufrieden.«
Also fragte ich sie mitfühlend, warum sie mit dem Gesicht nach unten auf dem Teppich läge. »Ich suche eine Zigarette. Und ich kann keine finden.«
»Sieh doch mal in dem Zigarettenkästchen nach«, riet ich ihr und bemühte mich, ruhig zu bleiben.
»Das ist leer.«
»Dann nimm einen Löffel voll Baldriantropfen.«
»Ich hab' auch keine Baldriantropfen mehr, deshalb will ich ja 'ne Zigarette rauchen. Ich halt' das nicht mehr länger aus. Würdest du mir bitte ein Päckchen holen, Jim?!«
Ich machte Annie klar, daß ich mich einfach nicht vom Telefon wegwagen würde. Annie beging Verrat an ihrem sonst üblichen totalen Fehlen von Verständnis. »Unsinn. Wenn dich der Premier unbedingt in seinem albernen Kabinett haben will, dann ruft er noch einmal an, oder du rufst ihn zurück.« Annie wird nie Zugang zu den subtileren Bereichen der Politik finden.
[Hacker war sehr verunsichert, was seine Aussichten auf einen Kabinettsposten betraf, weil er seinerzeit bei den Wahlen zum Parteivorsitzenden Martin Walkers Wahlkampf gegen den neuen Premier geleitet hatte. Die Frage war, ob der Premier mächtig genug sein würde, Jim Hacker zu ignorieren, oder ob der Premier im Interesse des Zusammenhalts der Partei gezwungen sein würde, ihm einen einflußreichen Posten zu geben – d.H.]

Am Abend war mir inzwischen zu Ohren gekommen, daß Bill »Europa« gekriegt hat. Armes altes Europa. Bill spricht weder Französisch noch Deutsch. Er kann ja kaum Englisch. Martin hat das Auswärtige Amt, wie erwartet, Jack hat »Gesundheit«, und Fred hat »Energie«.
Ich erzählte Annie von diesen Ernennungen, und sie fragte mich, ob auch jemand Köpfchen hätte. Ich nehme an, sie meinte »Bildung«.

24. Oktober

Endlich bin ich Kabinettsminister.
Und heute hatte ich meine erste Begegnung mit dem Civil Service, und ich muß sagen, ich bin sehr beeindruckt.
Den Anruf von »Nummer 10« erhielt ich ungefähr um neun Uhr vormittags, nach einer schlaflosen Nacht, und Frank Weisel und ich fuhren sofort mit dem nächsten Zug nach London. Ich nahm ein Taxi zur Downing Street; ich wurde vom Premierminister (PM) gebeten, das Ministerium für Verwaltungsangelegenheiten zu übernehmen.
Das ist ein wichtiger Posten. Ich würde sagen, in der Kabinettsrangfolge ungefähr an achter oder neunter Stelle. Andererseits hatte Martin mich daran erinnert (als er mich anrief, um mir zu gratulieren), daß das MVA ein politischer Friedhof ist, etwa wie das Innenministerium, und daß der PM mich möglicherweise ein bißchen zu hoch befördert hat – ein rachsüchtiger Schachzug. Ich bin fest entschlossen, das MVA in den Griff zu kriegen und dem Premier zu beweisen, daß man mit mir nicht machen kann, was man will.
Ich hatte erwartet, Landwirtschaftsminister zu werden, denn ich war ja auch sieben Jahre Schattenminister für Landwirtschaft und habe viele gute Ideen für den Agrarbereich entwickelt. Aber aus irgendeinem unerklärbaren Grund hat der PM dagegen entschieden.
[Wir fanden eine Mitteilung von Sir Andrew Donnelly, dem Parlamentarischen Staatssekretär im Landwirtschaftsministerium, an Sir

Arnold Robinson, den Kabinettsstaatssekretär, in der Sir Andrew eindringlich bittet, Sir Arnold möge dafür sorgen, daß Hacker nicht die »Landwirtschaft« bekommt, da er darüber »zu gut Bescheid weiß«. Aus den Kabinettsunterlagen geht hervor, daß es Sir Arnold gelungen ist, dem Premier klarzumachen, daß es für Hacker besser wäre, wenn er nicht ins Landwirtschaftsministerium ginge, weil »er schon etwas zu lange darüber nachgedacht hat und sich möglicherweise in ausgefahrenen Gleisen bewegt« – d. H.]

Als ich »Nummer 10« verließ, wartete ein Dienstwagen auf mich, und ich wurde sofort zum MVA gefahren. Auf den Treppen vor dem Eingang wurde ich von Bernard Woolley, meinem künftigen Persönlichen Referenten, und seinem Assistenten erwartet. Er scheint mir ein durchaus liebenswürdiger Bursche zu sein.
Zu meiner Überraschung wußte er sofort, als wir aus dem Wagen stiegen, wer Frank Weisel ist; trotzdem sprach er seinen Namen »Wiesel« aus, was Frank immer wahnsinnig wütend macht. Wir liefen kilometerlange Korridore entlang. Als wir vor meinem Büro ankamen, war Frank mit dem Zweiten Persönlichen Referenten verschwunden. Bernard versicherte mir, daß man sich um Frank kümmern würde. Die Leute hier sind wirklich furchtbar nett und hilfsbereit.
Mein Büro ist sehr groß, mit einem imposanten Schreibtisch, einem Konferenztisch, umgeben von vielen Stühlen; ein Couchtisch und ein paar Sessel, die um ihn herumgruppiert sind, bilden den Gesprächsbereich. Ansonsten, ziemlich trostlos. Bernard ging sofort zum Getränkeschrank hinüber.
»Einen Drink, Minister?«
Ich nickte. »Jim«, bat ich, denn ich möchte, daß wir uns mit Vornamen anreden.
»Gin?« fragte er, mich falsch verstehend.
»Nein«, entgegnete ich, »Jim. Nennen Sie mich Jim.«
Bernard erwiderte: »Äh, verzeihen Sie bitte, wenn es Ihnen nichts ausmacht, nenne ich Sie doch lieber Minister, Herr Minister.«
»Herr Minister, Minister!?« Das erinnerte mich an Major Major

in *Catch-22*. Dann begriff ich, was er meinte. Ich fragte ihn: »Das bedeutet, ich nenn' *Sie* immer Referent, Referent, ja!?« Bernard bat darum, ich möge ihn Bernard nennen. Ich bin sicher, daß ich ihn im Laufe der Zeit dazu bewegen kann, mich Jim zu nennen.

Wenig später erschien Sir Humphrey Appleby. Er ist der Ständige Staatssekretär und Leiter des Ministeriums für Verwaltungsangelegenheiten. Er ist Anfang Fünfzig, würde ich schätzen, aber – irgendwie – alterslos. Er ist charmant und intelligent, ein typischer hoher Beamter. Er hieß mich im Ministerium willkommen.

»Ich glaube, Sie kennen sich bereits«, bemerkte Bernard. Ich war zum zweiten Mal überrascht, wie gut informiert dieser junge Mann doch ist.

Sir Humphrey antwortete: »Ja, als der Minister mich letztes Jahr im Haushaltsausschuß in die Zange nahm, haben wir die Klingen gekreuzt. Er hat ein paar Fragen vorgebracht, die ich als unbequem empfand.«

Das ist ja fabelhaft. Offensichtlich bewundert Sir Humphrey mich. Ich versuchte, ihn abblitzen zu lassen. »Tja«, meinte ich, »es ist eben die Aufgabe der Opposition, unbequeme Fragen zu stellen.«

»Ja«, stimmte Sir Humphrey zu, »und Aufgabe der Regierung, sie nicht zu beantworten.«

Ich war überrascht. »Aber Sie haben meine Fragen doch beantwortet, nicht wahr?« bemerkte ich.

»Vielen Dank, es freut mich, daß Sie den Eindruck hatten, Minister«, sagte Sir Humphrey. Ich wußte nicht genau, was er damit meinte. Ich entschloß mich, ihn zu fragen, wer sonst noch im Ministerium tätig sei.

»Ich will mich kurz fassen, Sir: Ich bin Stellvertreter des Ministers im Range eines Ständigen Staatssekretärs. Woolley ist Ihr Erster Persönlicher Referent, ich habe auch einen Ersten Persönlichen Referenten. Der ist also der Erste Persönliche Referent des Ständigen Staatssekretärs. Mir direkt unterstellt sind in diesem Ministerium zehn Stellvertretende Staatssekretäre, 87 Ministerialdirigenten und 219 Ministerialräte. Den Ersten Persönli-

chen Referenten direkt unterstellt sind die Zweiten Persönlichen Referenten. Ernannt vom Premierminister werden zwei Parlamentarische Unterstaatssekretäre und von *Ihnen* ein Parlamentarischer Staatssekretär.«
»Können die alle tippen?« scherzte ich.
»Keiner von uns kann tippen, Minister«, erwiderte Sir Humphrey geschmeidig.
»Mrs. MacKay tippt – das ist die Sekretärin.«
Ich war mir nicht ganz sicher, ob er ebenfalls scherzte. »Schade«, sagte ich, »wir hätten ein Schreibbüro aufmachen können.«
Sir Humphrey und Bernard lachten. »Oh, wie witzig, Sir«, sagte Sir Humphrey. »Ja wirklich, überaus amüsant, Sir«, sagte Bernard. Amüsieren die sich nun ernsthaft über meinen Scherz, oder hatte ihr Lachen irgendwie was Gönnerhaftes an sich? »Ich nehme an, das sagen alle Minister, oder?« wagte ich zu äußern. Sir Humphrey beruhigte mich: »Nein, durchaus nicht, Minister«, entgegnete er, »nicht unbedingt alle.«
Ich entschloß mich, sofort die Amtsgeschäfte aufzunehmen. Ich setzte mich hinter meinen Schreibtisch und bemerkte zu meinem Entsetzen, daß ich in einem Drehsessel saß. Diese Drehdinger mag ich nicht. Aber Bernard versicherte mir augenblicklich, daß man in dem Büro alles meinen Anordnungen entsprechend auswechseln oder ändern könne – Möbel, Tapeten, Vorhänge, Bilder, den Arbeitsablauf. Ich bin hier unzweifelhaft der Boß!
Dann erzählte mir Bernard, Zyniker sprächen von zwei Sesseltypen, die zwei Ministertypen entsprächen: »Typ eins fällt sehr leicht um, und das andere Modell dreht sich ständig nur im Kreise.« Nach reiflichem Überlegen könnte man meinen, daß das wieder einer von Bernards kleinen Witzchen war.
Ich hielt den Zeitpunkt für gekommen, einen härteren Ton anzuschlagen und den beiden zu erklären, was Sache ist. »Offen gestanden«, begann ich, »ich will, daß dieses Ministerium eine Schneise in die verfilzte stickige Whitehall-Bürokratie schlägt. Wir brauchen einen neuen Besen; wir werden die Fenster aufreißen und ein bißchen frische Luft hereinlassen. Zur Hölle mit dem Papierkrieg. Jetzt wird Öl in den quietschenden Beamtenap-

parat gegossen. Wir werden gründlich aufräumen. Es gibt viel zu viel nutzlose Leute, die einfach nur hinter Schreibtischen sitzen.«

Mir wurde bewußt, daß ich selbst hinter einem Schreibtisch saß, aber ich bin sicher, den beiden war klar, daß ich das nicht in bezug auf mich gemeint hatte.

Ich erklärte ihnen, daß wir anfangen müßten, die loszuwerden, die sich nur gegenseitig beschäftigen. Sir Humphrey zeigte sich sehr hilfsbereit und regte an, daß ich »umsetzen« meine – was, wie ich annehme, auch dem entspricht, *was* ich meine. Gewiß, ich will die Überbesetzung in den Ämtern reduzieren, aber andererseits möchte ich auch nicht dafür verantwortlich sein, daß man diese Leute einfach auf die Straße setzt.

Aber im Sinne eines gründlichen Aufräumens und des neuen Besens bin ich der Ansicht, daß wir eine viel bürgernähere bürgernahe Politik brauchen. Wir haben diesbezüglich Wahlversprechungen abgegeben, und ich habe die Absicht, sie auch einzuhalten. Wir müssen die Nation in unser Vertrauen ziehen.

Das alles erklärte ich Humphrey und Bernard, die, zu meiner Überraschung, diese Pläne aus ganzem Herzen unterstützten.

Humphrey nahm Bezug auf meine Reden, die ich zu diesem Thema im vergangenen Jahr im Unterhaus gehalten hatte. Und er verwies auch auf meinen *Observer*-Artikel, mein *Daily Mail*-Interview und das Parteiprogramm.

Ich bin überaus beeindruckt davon, daß er so viel über mich und von mir weiß.

Dann legte mir Humphrey Vorschlagsentwürfe vor, sogar einen Vorschlagsentwurf für ein Weißbuch, das meine Politik unterstützen soll. Mir blieb die Spucke weg. Die Effizienz des Civil Service ist wirklich unheimlich verblüffend. Die haben sogar vor, vertraute mir Sir Humphrey an, dem Weißbuch den Titel »Bürgernahe Politik« zu geben.

Und diese Vorschlagsentwürfe lagen mir 36 Stunden, nachdem die neue Regierung gewählt und ein paar Minuten, nachdem ich zum ersten Mal mein Büro betreten hatte, vor. Und dazwischen lag ein Wochenende! Bemerkenswerte Jungs. Ich fragte Hum-

phrey, wer das alles erarbeitet hatte.
»Der quietschende alte Beamtenapparat«, erwiderte er mit einem Lächeln. »Verzeihen Sie, Minister, ernsthaft, wir sind zutiefst von der Notwendigkeit einer Reform überzeugt und haben uns schon lange intensiv damit beschäftigt.«
Ich entgegnete ihm, daß ich ein wenig überrascht sei.
»Ich habe befürchtet, deshalb würde es zwischen uns zu einem harten Kampf kommen«, gestand ich.
Sir Humphrey entgegnete, daß manche Leute manchmal merkwürdige Vorstellungen vom Civil Service hätten.
»Wir sind nur Gehilfen beim Formulieren und Durchführen Ihrer Politik«, erklärte er mir.
Er scheint überaus aufrichtig zu sein.
Die Vorschlagsentwürfe, die ich heute abend in einem dieser roten Aktenkoffer mit in meine Londoner Wohnung genommen habe, beinhalten unter anderem »Genehmigungsverfahrensabkürzungsvorschläge bezüglich Planungseingaben«. Hervorragend. Sir Humphrey konnte sogar meine überaus scherzhaft gemeinte Frage, die ich Anfang des Jahres im Unterhaus gestellt hatte, aus dem »Hansard«[1] zitieren:

Mr. James Hacker (Birmingham East): Weiß der Minister, daß wegen der Planungsverfahren der Bau eines Bungalows im 20. Jahrhundert länger dauert als der einer Kathedrale im 12. Jahrhundert?
Gelächter bei der Opposition und »Pfui«-Rufe von der Regierung.

[Um genau zu sein: Sie haben »Scheiße« gerufen – d. H.]

[1] Die amtlichen britischen Parlamentsprotokolle. Zwischen 1803 und 1888 veröffentlichten der Drucker Luke Hansard und seine Söhne im offiziellen Auftrag der Krone die Parlamentsdebatten. Heute werden diese Protokolle von Her Majesty's Stationery Office herausgegeben, aber der Name »Hansard« wurde beibehalten

Da heute Sonnabend ist, haben wir vereinbart, erst am Montagmorgen richtig mit der Arbeit anzufangen. Aber die haben mir sechs rote Aktenkoffer für das Wochenende mitgegeben, vier muß ich bis heute abend und zwei bis morgen durchgearbeitet haben. Bernard berichtete mir, daß mein Amtsvorgänger ein wenig nachlässig bezüglich des Aktenstudiums geworden war, ganz besonders während des Wahlkampfes. Ich werde bestimmt nicht nachlässig werden! Ich werde alles lesen, was sie mir zu lesen geben.

26. Oktober

Ich habe übers Wochenende alle Aktenkoffer durchgearbeitet. Das hat ungefähr neun Stunden gedauert. Ich fuhr mit dem Zug um 7.15 Uhr nach Euston, dort wartete der Dienstwagen auf mich, und um 9.20 Uhr war ich im Büro.

Alle Vorschlagsentwürfe zur »Bürgernahen Politik« sind, flüchtig betrachtet, recht eindrucksvoll, aber ich weiß auch, daß der Civil Service sich ziemlich gut auf Verzögerungstaktiken versteht. Das erwähnte ich heute während einer Besprechung auch Humphrey gegenüber. Ich glaube, dem muß klargemacht werden, wer hier der Boß ist.

Aber eines nach dem anderen. Der Tag begann mit dem Terminkalender. Zu meiner Überraschung bemerkte ich, daß bereits eine Menge Termine eingetragen waren. Ich fragte, wie das möglich sei, denn die wußten ja nicht einmal, wer die Wahl gewinnen würde.

Bernard erklärte: »Wir wußten, es kommt ein Minister, Minister.«

Ich bat ihn, nicht schon wieder damit anzufangen.

Sir Humphrey erläuterte mir Bernards Bemerkung. »Wissen Sie, Ihre Majestät sieht es gern, daß in Großbritannien weiterregiert wird, auch wenn keine Politiker greifbar sind.«

»Ist das nicht ein bißchen schwierig?« fragte ich.

»Ja . . . und nein«, entgegnete Humphrey. Ich muß gestehen, ich kann nicht begreifen, wie es möglich sein soll, ohne Politiker zu regieren. Ich fürchte, daß Humphrey möglicherweise größenwahnsinnig ist...

Mein Terminkalender sah furchterregend aus. Am Donnerstag um zehn Kabinettssitzung. Neun Kabinettsausschußsitzungen in dieser Woche. Morgen abend eine Rede vor der Juristischen Gesellschaft, morgen früh um 10.30 Uhr eine Abordnung des Britischen Computerverbandes, am Mittwoch Festbankett bei der Vereinigung Geschäftsführender Universitätsrektoren (noch eine Rede), Eröffnung der Hauptversammlung des Verbandes Öffentlicher Arbeitgeber am Donnerstag vormittag (schon wieder eine Rede) und so weiter.

Mir fiel auf, daß alle Termine mit Bleistift eingetragen waren, so daß vermutlich viele davon verschoben oder abgesagt werden können. Ich machte Bernard darauf aufmerksam, daß ich noch verschiedene andere Verpflichtungen habe.

Bernard sah mich verwirrt an. »Woran denken Sie?« fragte er.

»Na ja... ich bin unter anderem in vier Parteiprogrammausschüssen.«

»Ihre Partei ist Ihnen doch bestimmt nicht wichtiger als unsere Nation, Minister«, sagte Sir Humphrey. Von dem Standpunkt aus hatte ich das noch nie betrachtet. Er hat natürlich vollkommen recht.

Übrigens, sie wollten mir für heute abend wieder drei dieser roten Aktenkoffer mitgeben. Als ich darauf etwas unwillig reagierte, erläuterte mir Sir Humphrey, daß viele Entscheidungen zu treffen und öffentliche Erklärungen zu genehmigen seien. Dann ließ er einen Versuchsballon steigen, indem er einräumte: »Aber wir könnten in der Tat die Schreibtischarbeit reduzieren, Minister, so daß Sie nur die wichtigen politischen Entscheidungen treffen müßten.«

Diesen hinterlistigen Trick habe ich natürlich sofort durchschaut. Ich bestand darauf, daß ich alle Entscheidungen treffen und alle relevanten Papiere lesen würde.

Sie haben mir für heute abend fünf rote Aktenkoffer mitgegeben.

27. Oktober

Heute stellte ich fest, daß wir ein Problem mit Frank Weisel haben. Heute ist Dienstag, und mir fiel auf, daß ich ihn nicht mehr gesehen hatte, seit ich am Sonnabend morgen das MVA zum ersten Mal betreten hatte.

Aber, um ganz ehrlich zu sein, das stieß mir erst auf, als er schimpfend in mein Büro stürmte und lauthals darauf bestand, mit mir sprechen zu dürfen.

Es stellte sich heraus, daß er seit Sonnabend im Warteraum gesessen hatte. (Ich nehme aber doch an, er war am Sonntag zu Hause.) Bernard versuchte ihm klarzumachen, daß er, Humphrey und ich ein vertrauliches Gespräch miteinander führten, aber ich widersprach ihm natürlich sofort. Ich bestand darauf, daß Frank als mein politischer Berater selbstverständlich hier im Ministerium sein eigenes Büro bekommt.

Sir Humphrey bemühte sich, dem strittigen Punkt auszuweichen, indem er sagte, ich hätte ja jetzt ein ganzes Ministerium, das mich beraten würde. Ich bestand trotzdem darauf.

»Nun denn«, meinte Sir Humphrey, »ich glaube, wir haben noch Büroräume in Walthamstow frei, nicht wahr, Bernard?«

Frank war entsetzt. »Walthamstow?«

»Ja, da wundert man sich, nicht wahr?« entgegnete Humphrey liebenswürdig. »Die Regierung besitzt überall in London Immobilien.«

»Ich will aber nicht nach Walthamstow«, protestierte Frank mit sich überschlagender Stimme.

»Die Gegend gehört zu den hübschesten von Walthamstow«, warf Bernard ein.

»Walthamstow ist überhaupt sehr hübsch; finde ich jedenfalls«, fügte Sir Humphrey hinzu.

Frank und ich sahen uns an. Wenn die nicht so charmant und, sagen wir mal, zuvorkommend wären, könnte man auf den Gedanken kommen, daß sie versuchen, Frank abzuschieben.

»Ich will mein eigenes Büro – und zwar *hier* haben, in diesem Gebäude«, stellte Frank unmißverständlich und lautstark fest.

Ich signalisierte Übereinstimmung. Sir Humphrey kapitulierte sofort und bat Bernard, umgehend ein angemessenes Büro zu suchen. Dann sagte ich, um absolut sicherzugehen: »Und Kopien von allen Papieren, die ich bekomme, gehen an Frank.«
Bernard schien überrascht. »Von allen?«
»Von allen«, wiederholte ich.
Sir Humphrey stimmte sogleich zu. »Natürlich, Minister ... Von allen in Frage kommenden Papieren.«
Ich bin der Ansicht, die Zusammenarbeit mit diesen Beamten ist nicht annähernd so schwierig, wie immer behauptet wird. Sie sind größtenteils sehr kooperativ und gehen, wenn auch anfangs etwas zögernd, immer mit Schwung an die Sache ran, nachdem man unmißverständlich mit ihnen geredet hat. Ich glaube schon, daß ich mich hier letzten Endes durchsetzen werde.

28. Oktober

Nach den vergangenen vier hektischen Tagen habe ich etwas Zeit, um – für die Nachwelt – über meine ersten Tage im Amt nachzudenken.
Erstens: Es imponiert mir, mit welcher Perfektion die Beamten im MVA jede Situation in den Griff kriegen. Zweitens: In welchem Maße sie zur Zusammenarbeit – wenn auch unter Druck – mit Frank Weisel bereit sind.
Drittens: Es macht mich überaus betroffen, wie sehr ich auf diese Beamten angewiesen bin. Ich, wie praktisch alle anderen Kabinettsmitglieder auch, wußte bis auf das, was ich aus zweiter Hand erfahren hatte, nichts über die Arbeitsabläufe in Whitehall. Wir sind ja auch unheimlich lange in der Opposition gewesen; nur drei Mitglieder der Regierung, einschließlich des PM, haben vorher schon einmal ein Amt bekleidet. Ich hatte noch nie einen roten Aktenkoffer von innen gesehen, habe nie einen Ständigen Staatssekretär kennengelernt und hatte keine Ahnung davon, wie das hier alles wirklich über die Bühne geht.
[Diese Situation ähnelt der, in der sich 1964 die Labour-Regierung befand – Harold Wilson, der Premier, war das einzige Kabinettsmit-

glied, das vorher Minister gewesen war – d. H.] Deshalb sind wir viel mehr auf unsere Beamten angewiesen als die meisten Regierungen, die vor uns dran waren. Gott sei Dank benehmen die sich anständig.

[Am darauffolgenden Montag traf sich Sir Humphrey Appleby mit Sir Arnold Robinson, dem Kabinettsstaatssekretär, im Reform Club in der Pall Mall. In seinem privaten Tagebuch machte Sir Humphrey einen Vermerk über das Gespräch.]

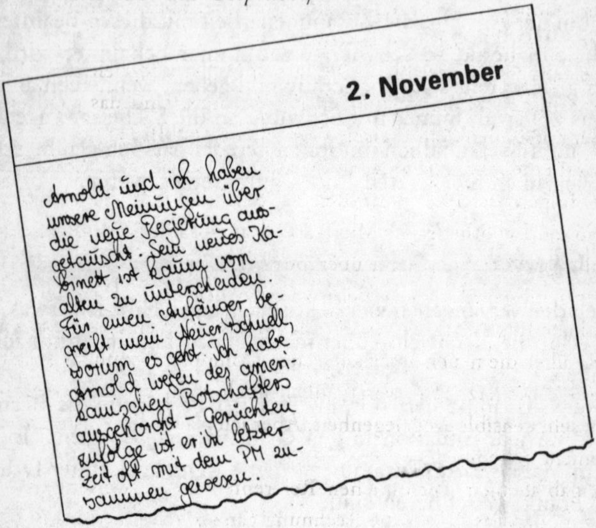

[Es ist interessant, daß hochrangige Beamte – vielleicht weil sie dreißig Jahre lang Vermerke an den Rand von Aktennotizen und Protokollen geschrieben haben – nur am Rand schreiben, selbst wenn auf der Seite nichts weiter steht – d. H.]

Arnold und ich haben (am 2. November) unsere Meinungen über die neue Regierung ausgetauscht. Sein neues Kabinett ist kaum vom alten zu unterscheiden. Für einen Anfänger begreift mein Neuer schnell, worum es geht.

Ich habe Arnold wegen des neuen Botschafters ausgehorcht – Gerüchten zufolge ist er in letzter Zeit viel mit dem PM zusammen gewesen.

Das hat Arnold mir bestätigt. Aber er war nicht gewillt mir zu sagen, ob es um Verteidigung oder Wirtschaft ging. Er hat Angst, daß etwas durchsickern könnte, deshalb muß unbedingt vermieden werden, daß das Kabinett jetzt schon davon erfährt.

Daraus zog ich den Schluß, übrigens richtigerweise, daß es um Verteidigung und Wirtschaft geht, das heißt, um die neuen Raumfahrtverträge. Der Abschluß der Raumfahrtverträge wäre, nur zwei Wochen nach der Wahl, ein beachtlicher Coup für den PM. Das war natürlich alles schon seit ein paar Monaten im Rohr, aber der neue PM wird offensichtlich den Ruhm ernten.

Hier geht es um viereinhalb Milliarden Dollar und viele neue Arbeitsplätze in den Midlands und im Nordwesten. Und das auch noch in äußerst knappen Wahlkreisen – welch ein Zufall!

Das ist eine sehr wertvolle Information. Aus dem, was Arnold andeutete, folgerte ich, daß es für den PM bestimmt überaus peinlich wäre, wenn ein hypothetischer Minister das anglo-amerikanische Schiff ins Schlingern brächte. Mann über Bord. Das wäre in der Tat das Ende einer gerade begonnenen vielversprechenden Ministerkarriere.

Ich habe folglich dafür gesorgt, daß das Wiesel[1] eine Kopie der Rechnung über die neuen amerikanischen Computer-Terminals erhält. Die hatte er bis jetzt selbstverständlich noch nicht erhalten, denn es ist eine sehr sensible Angelegenheit. Aber ich glaube, jetzt ist der richtige Moment gekommen.

Ich gab meinem Persönlichen Referenten die Anweisung, dafür zu sorgen, daß das Wiesel die Rechnung ganz unten in einem Dokumentenstapel findet. Soll der Mann doch ruhig mal ein Erfolgserlebnis haben. *[Bernard Woolley stieß dazu, um im Club seinen Kaffee nach Tisch zu sich zu nehmen, während Sir Humphrey und Sir Arnold ihren Cognac nach Tisch tranken – d. H.]*

Ich frage Klein-Bernard, was er von unserem neuen Minister hält. Bernard findet, er macht seine Sache gut. Der Ansicht bin ich auch. Hacker hat sofort alle Termine geschluckt und offenbar am Wochenende brav wie ein Lamm alle roten Aktenkoffer durchgesehen. Wir werden ihn in kürzester Zeit abgerichtet haben.

[1] Frank Weisel

»Hoffentlich können wir ihn auch weiterhin von seinem Unfug mit der bürgernahen Politik ablenken«, bemerkte ich zu Bernard. Bernard sagte, er hätte gedacht, wir seien für die bürgernahe Politik. Ich hoffe, daß ich Klein-Bernard in der Vergangenheit nicht zu sehr gefördert habe. Er hat immer noch schrecklich viel zu lernen.

Ich erklärte ihm, daß wir das Weißbuch »Bürgernahe Politik« nennen, weil man problematische Punkte immer am besten gleich im Titel abhakt. Denn da würden sie weniger Schaden anrichten als im Text. Das ist das Gesetz umgekehrter Relevanz: Je weniger man in einer Sache machen möchte, um so mehr muß man darüber sprechen. Bernard fragte uns: »Was wäre falsch an bürgernaher Politik?« Ich traute meinen Ohren nicht. Arnold dachte, Bernard würde scherzen. Manchmal frage ich mich, ob Bernard wirklich ein Senkrechtstarter ist, oder ob wir ihm den Weg zu einer Karriere in der Kriegsgräberkommission ebnen sollten.

Arnold machte mit absoluter Klarheit darauf aufmerksam, daß bürgernahe Politik ein Widerspruch in sich ist. Entweder ist man bürgernah – oder man macht Politik.

Bernard machte geltend, daß die Bürger einer Demokratie ein Recht darauf haben, informiert zu werden. Wir erklärten ihm, daß sie genaugenommen ein Recht darauf haben, unwissend zu sein. Wissen heißt immer auch Komplizenschaft und Schuld. Unwissenheit hat eine gewisse Würde.

Darauf entgegnete Bernard: »Aber der Minister will bürgernahe Politik.« Viele Jahre intensivster Ausbildung sind offenbar spurlos an Bernard vorübergegangen.

Ich bemerkte, daß man den Menschen doch nicht einfach das gibt, was sie wollen, wenn es ihnen nicht bekommt. Man gibt ja auch zum Beispiel einem Alkoholiker keinen Whisky.

Arnold fügte treffend hinzu, daß, wenn die Menschen nicht wissen, was man macht, sie auch nicht wissen, was man falsch macht.

Diese Argumentation ist natürlich weit mehr als ein bloßer Abwehrmechanismus für Beamte. Bernard muß begreifen, daß er ein fragwürdiger Mitarbeiter seines Ministers wäre, wenn er ihm dabei helfen würde, sich zum Narren zu machen. Jeder Minister, den wir gehabt haben, wäre innerhalb der ersten drei Monate seiner Amtszeit zu einer Witz-

blattfigur geworden, hätte man nicht absolut geheimgehalten, was er für Pläne gehabt hat.
Bernard ist Persönlicher Referent. Ich bin Ständiger Staatssekretär. Wir beide sind Beamte. Unsere heiligste Pflicht ist es, Geheimnisse bewahren zu können.
Bernard fragte mich, was man meiner Meinung nach tun müßte. Selbstverständlich weihte ich ihn nicht in meinen Plan, das Wiesel eine große Entdeckung machen zu lassen, ein. Das hätte Bernards Loyalität gegenüber Hacker doch in einem etwas zu hohen Maße belastet. Ich fragte Bernard, ob er ein Geheimnis bewahren könne. Er erklärte, das könne er. Ich erwiderte, das könnte ich auch. *[Appleby Papiere 14/QLI/9a]*
[Hacker hatte natürlich keinerlei Kenntnis von der oben geschilderten Begegnung – d. H.]

5. November

Guy Fawkes Tag.[1] Auch im Büro hat es unheimlich gekracht. Ein geeigneter Tag, um die Souveränität des Parlaments und der Regierung Ihrer Majestät mit Nachdruck geltend zu machen.
Frank Weisel platzte in mein Büro und wedelte mit einem Dokument. »Haben Sie das gesehen?« fragte er mit ungewöhnlicher Lautstärke. Ich war erfreut, daß die Beamten ihm jetzt alle Papiere gaben. Das erklärte ich ihm.
»Das tun sie nicht«, widersprach er verächtlich. »Die *richtigen* Papiere kriege ich nicht.«
»Welche richtigen Papiere kriegen Sie nicht?« wollte ich wissen.
»Wie soll ich das wissen, wenn ich sie nicht kriege?«
Das ist natürlich absolut richtig. Und ich weiß auch nicht, was er dagegen machen könnte. *[Dies ist ein schönes Beispiel für das, was Unternehmensberater gern das Licht-im-Kühlschrank-Syndrom nennen – d. h., brennt das Licht, wenn die Tür zu ist? Das kann man nur feststellen, indem man die Tür aufmacht – dann freilich ist die Tür nicht mehr zu – d. H.]*

[1] Guy Fawkes versuchte am 5. November 1605, das Parlament in London in die Luft zu jagen. Am Jahrestag dieser Pulververschwörung gibt es ein Feuerwerk, und Guy Fawkes-Puppen werden öffentlich verbrannt

Aber Frank wollte mit mir nicht über sein Problem, notwendige Informationen aus den Beamten herauszuholen, sprechen.
»Die glauben, die schicken mir nur den Müll. Aber sehen Sie mal, was ich gefunden habe – oho, jetzt haben wir sie, jetzt haben wir sie endlich am Sack.«
Ich wußte immer noch nicht, worüber er sprach. Aber Frank war nicht mehr zu bremsen.
»Jetzt haben wir diesen verdammten Sir Humphrey Appleby und diesen eingebildeten Persönlichen Referenten, Mister Großkotz-Woolley, genau da, wo wir sie haben wollen.«
Er fuchtelte drohend mit einem Bündel Papier vor meiner Nase herum. Auch jetzt wußte ich immer noch nicht, worüber er sprach, aber ich glaube, er verfügt über ein ausdrucksstarkes Repertoire an Schimpfworten – vielleicht sollte ich ihn den Entwurf für die Rede, die ich im nächsten Jahr auf dieser Tagung halten muß, schreiben lassen.
Ich brachte Frank dazu, sich zu setzen und mir alles in Ruhe zu erklären. Er hatte ein paar ganz gewöhnliche Rechnungen gefunden, denen aber eine enorme politische Bedeutung zukam. Das MVA hat offenbar 1000 Computer-Terminals gekauft, zum Preis von 10 000 Pfund pro Stück. Zehn Millionen Pfund vom Geld des Steuerzahlers. Und die werden in Pittsburgh hergestellt!
Das ist schockierend. Humphrey hatte darüber kein Sterbenswörtchen verlauten lassen. Aber das überrascht mich nicht. Wir stellen Computer-Terminals in meinem Wahlkreis her, in Birmingham East. Und bei uns steigt die Arbeitslosigkeit. Es ist ein Skandal, daß der Civil Service keine britischen kauft.
Ich ließ Humphrey suchen. Er verbrachte den ganzen Tag in irgendwelchen Besprechungen, aber morgen werden Frank und ich ihn damit konfrontieren. Ich bin Frank zutiefst dankbar. Da wird Sir Humphrey aber unheimlich überrascht sein, daß wir so schnell dahintergekommen sind.

6. November

Das Gespräch mit Humphrey war ein totaler Erfolg.
Ich zeigte ihm die Rechnungen für die Computer-Terminals. Er gab zu, daß das MVA dieses Fabrikat für alle Beamten in Whitehall erworben hatte.
»Das sind aber keine britischen«, führte ich tadelnd aus.
»Das ist bedauerlicherweise wahr«, gestand er ein wenig verschämt ein.
»Wir stellen solche Geräte in Birmingham East selbst her.«
»Nicht von dieser Qualität«, sagte er.
Das stimmt vermutlich, aber das kann ich natürlich, selbst wenn es stimmt, nicht zugeben.
»Von besserer Qualität«, betonte ich bestimmt. »Die werden in meinem Wahlkreis hergestellt.« Ich forderte Humphrey auf, den Vertrag rückgängig zu machen.
Er erwiderte, daß das nicht in seiner Macht läge, der Vertrag könne nur vom Finanzministerium rückgängig gemacht werden. Darüber hinaus wandte er ein, sei es für die Verwaltung eine wesentliche Änderung der Verfahrensweise, frei eingegangene Verträge zu stornieren. Besonders bei Firmen aus Übersee. Er schlug vor (was ich als ein wenig unverschämt empfand), daß ich das im Kabinett zur Sprache bringen soll. »Vielleicht vertagt man im Kabinett die Diskussion über den Nahen Osten oder über die nukleare Abrüstung, um über Büromaschinen zu debattieren.«
Mir war natürlich augenblicklich klar, daß das überhaupt nicht in Frage kam. Ich sah mich einem Dilemma gegenüber. Wenn der Vertrag nicht rückgängig gemacht werden könnte, wie würde ich dann in meinem Wahlkreis vor der Partei dastehen?
»Warum sollten *die* es erfahren?« fragte Humphrey. »Warum soll es überhaupt jemand erfahren? Wir können dafür sorgen, daß es nie nach außen dringt.«
Ich war sprachlos. Begriff Humphrey nicht, daß es unserer bürgernahen Politik, der er sich ebenso entschlossen verpflichtet fühlte wie ich, absolut widerspricht, wenn wir darüber Still-

schweigen bewahren?
Frank wartete mit der einzigen Alternative auf. »Wenn der Auftrag nicht storniert werden kann, dann muß man das publizieren.«
Humphrey fragte nach dem Grund. Ich war etwas irritiert und konnte Humphrey nicht sofort antworten. Aber Frank half mir aus der Patsche. »Erstens müssen wir's publizieren, weil wir an das Parteiprogramm gebunden sind, und zweitens wird der Vorgänger von Jim dann wie ein Verräter dastehen.«
Zwei unwiderlegbare Gründe. Ich bin Frank wirklich unglaublich dankbar. Und jetzt fängt er auch noch an, Sir Humphrey zu umzingeln. Vielleicht ist Sir Humphrey doch nicht so clever, wie ich anfangs dachte.
Humphrey schien der Gedanke daran, alles zu veröffentlichen, in höchstem Maße zu beunruhigen. »Aber«, wandte er sich an Frank, »Sie wollen doch sicher nicht den Vorschlag machen, daß der Minister unumwunden und öffentlich über diese doch höchst vertrauliche Transaktion in einer Rede sprechen soll?«
»Eine Rede!« sagte Frank. »Natürlich! Das ist es!«
Das ist wirklich eine fabelhafte Idee von Frank. In meiner Rede vor der Gewerkschaft der Büroangestellten werde ich diesen skandalösen Vertrag zur Sprache bringen. Selbstverständlich geht meine Rede noch heute vorab an die Presse. Ich sagte dementsprechendes zu Humphrey. Frank fragte: »Na!? Wer regiert das Land jetzt, he!?« Ich hatte das Gefühl, seine Schadenfreude wirkte ein wenig infantil, aber das ist ja letzten Endes verständlich.
Sir Humphreys Besorgnis schien sich zu steigern. Ich fragte ihn um Rat und wußte natürlich von vornherein, was er mir antworten würde. »Ich fürchte, wenn wir die Amerikaner verärgern, könnte uns das einmal leid tun.«
Genau die Antwort hatte ich erwartet, absolut lächerlich. Ich machte Humphrey in unmißverständlichen Worten klar, daß es an der Zeit sei, die Amerikaner aus ihrer kommerziellen Selbstzufriedenheit aufzurütteln. Wir müssen an die armen Briten und nicht an die reichen Amerikaner denken!

Humphrey entgegnete: »Minister, wenn Sie davon überzeugt sind, wird das Ministerium hinter Ihnen stehen.« Das war eigentlich überaus loyal. Wenn es angebracht ist, sollte man für so etwas auch dankbar sein.

Ich bekräftigte, daß ich selbstverständlich davon überzeugt bin.

Dann meinte Bernard, daß er die Rede, sobald sie geschrieben sei, allen anderen Ministerien zur Freigabe vorlegen würde.

Das ist völlig neu für mich. Ich habe nie etwas von »Freigabe« gehört. Noch mehr Bürokratie, noch mehr sinnloser Papierkrieg. Diese Sache hat doch überhaupt nichts mit irgendeinem anderen Ministerium zu tun. Und wenn ein anderes Ministerium damit nicht übereinstimmt, dann können sie das ja öffentlich zum Ausdruck bringen. Nur darum geht's doch bei der bürgernahen Politik.

Humphrey plädierte dafür, die Rede den anderen Ministerien vorzulegen, wenigstens zur Information. Erst opponierte ich dagegen, aber er argumentierte – irgendwie überzeugend, muß ich schon einräumen –, daß eine bürgernahe Politik erfordere, daß wir unsere Kollegen in eben dem Maße informieren wie unsere Freunde von der Presse.

Mein letztes Wort an Humphrey, als wir das Gespräch beendeten, war, er möge dafür sorgen, daß die Rede sofort an die Presse geht.

»Minister«, sagte er, »wir werden in Ihrem Interesse zu handeln verstehen.«

Ein bemerkenswerter Sieg von Frank und mir bezüglich unserer bürgernahen Politik. *[In den Akten des MVA wurde ein Manuskript von Hackers Rede gefunden. Es enthält Verbesserungsvorschläge von Frank Weisel und Bernard Woolley sowie Bemerkungen dazu von Hacker – d. H.]*

MINISTRY OF
ADMINISTRATIVE AFFAIRS

REDE VOR DER GEWERKSCHAFT DER BÜROANGESTELLTEN

Wie Sie wissen, haben wir den Bürgern eine bürgernahe Politik versprochen. Jetzt ist es soweit. Die Mitbürger haben ein Recht, das zu wissen, was ich weiß. Erst vor vier Wochen, so habe ich ermittelt, unterschrieb die damalige Regierung einen Vertrag im Wert von 10 Millionen Pfund über den Import von Büromaschinen für den Civil Service.

Beamtenbürokratie. Frank.

Ja, gut! J.H.

Und das, obwohl ein gleichwertiges Produkt - ein besseres Produkt - in Großbritannien hergestellt wird. Von britischen Arbeitern. In britischen Fabriken. Uns wird zweitklassiger amerikanischer Computer-Schund von windigen Geschäftemachern aus Pittsburgh angedreht, während britische Fabriken keine Aufträge haben und britische Arbeiter nach Stempelgeld anstehen.

Arbeitslosenunterstützung? B.W.

STEMPELGELD! J.H.

Gut, wenn die Amerikaner uns übers Ohr hauen wollen, dann hat das englische Volk zumindest ein Recht darauf, das zu erfahren. Und wir werden gegen sie kämpfen, an den Stränden, wir kämpfen gegen sie

b.w.

8. November

Der Tag war eine einzige Katastrophe. Die Ereignisse nahmen, gelinde gesagt, eine verblüffende Wendung.
Meine Rede war gut durchformuliert. Ich saß in meinem Büro und las die Presseverlautbarung, als Bernard mit einer Aktennotiz vom Büro des Premierministers hereinplatzte.
Ich hatte übrigens mittlerweile kapiert, daß Aktennotizen, Memoranden und Vorlagen genau dasselbe sind. Der Unterschied liegt nur darin, daß Minister sich gegenseitig und an Beamte Aktennotizen schicken, wogegen Beamte sich gegenseitig Memoranden und Aktennotizen, an Minister aber nur Vorlagen senden.
[Das liegt daran, daß mittels einer Aktennotiz Maßnahmen getroffen oder angeordnet werden, wogegen ein Memorandum näher auf die einzelnen Argumente und Ansichten eingeht, das Für und Wider erläutert. Beamte können sich untereinander also beides zukommen lassen, ebenso Politiker – da aber ein Beamter einem Minister nicht vorschreiben kann, was er zu tun hat, unterbreitet er ihm eine Vorlage: Schon allein das Wort »unterbreiten« bringt Demut und Respekt voller Unterwürfigkeit zum Ausdruck. Aktennotizen können natürlich auch Protokolle offizieller Gespräche sein – aus dieser zweiten Bedeutung erklärt sich die bekannte Beamtenweisheit, daß die Essenz stundenlanger Gespräche zwischen Politikern von Beamten stets in maximal halbseitig DIN A5-formatigen Aktennotizen festgehalten werden kann. – d.H.]

Na ja, was soll's, aus der Aktennotiz des Premiers ging unmißverständlich hervor, daß wir alle in den nächsten Wochen unheimlich nett zu den Yankees sein müssen. Allmählich wurde mir klar, daß ich meine Rede, die schon an die Presse rausgegangen war, zu keinem ungünstigeren Zeitpunkt hätte schreiben können.
Ich war entsetzt. Nicht nur deswegen, weil ich Pech gehabt hatte. Ich finde es auch unmöglich, daß ich als Kabinettsmitglied über künftige Verteidigungsabkommen mit den Amerikanern überhaupt nicht informiert wurde. Gilt denn die Doktrin kollektiver Verantwortung, die man mir auf der London School of Econo-

10 DOWNING STREET

AN ALLE MINISTERIEN 7. November

Zur Kenntnisnahme: Der Premier bereitet sich auf einen Besuch in Washington vor. Zweck der Reise ist der Abschluß eines englisch-amerikanischen Verteidigungs- und Handelsabkommens. Die Bedeutung dieses Abkommens kann nicht hoch genug eingeschätzt werden.

mics nahegebracht hatte, nicht mehr?

Dann stürzte Sir Humphrey in mein Büro. Er schien mir ein wenig überängstlich zu sein.

»Minister, tut mir leid, daß ich so reinplatze, aber in Nummer 10 ist der Teufel los – die haben offenbar gerade Ihre Rede gelesen. Sie wollen wissen, warum wir nicht um Freigabe gebeten haben.«

»Was haben Sie gesagt?« fragte ich.

»Ich habe gesagt, wir glauben an bürgernahe Politik. Aber das hätte ich lieber nicht sagen sollen. Der PM will im Unterhaus mit Ihnen sprechen, sofort, Minister.«

Mir wurde klar, daß das mein Untergang sein könnte. Ich fragte Humphrey, was voraussichtlich passieren würde. Sir Humphrey antwortete mit einem Schulterzucken.

»Der Premierminister gibt – und der Premierminister nimmt.«

Mit weichen Knien verließ ich mein Büro. Als ich den Korridor hinunterging, glaubte ich zu hören, wie Sir Humphrey noch hinzufügte: »Gepriesen sei der Name des Premierministers.« Aber das muß ich mir wohl nur eingebildet haben.

Humphrey, Frank und ich hasteten durch Whitehall, vorüber am

Ehrenmal für die Gefallenen beider Weltkriege (irgendwie schien mir heute etwas überaus Symbolhaftes von ihm auszugehen). Ein eisiger Wind wehte uns ins Gesicht. Wir gingen sofort ins Unterhaus. Ich sollte hinter dem Stuhl des Sprechers des Unterhauses auf den Premier warten.
[»Hinter dem Stuhl« ist nicht wörtlich zu verstehen. Gemeint ist der Bereich des Unterhauses, wo der Premier und der Oppositionsführer, die Chief Whips[1] *von Regierung und Opposition, der Sprecher des Unterhauses und andere sich auf neutralem Boden treffen, um die Unterhausgeschäfte zu besprechen. Auch der Premier hat dort sein Büro – d.H.]*

Wir mußten ein paar Minuten vor dem Zimmer des Premiers warten. Dann tauchte Vic Gould, unser Chief Whip, auf. Er stürzte sofort auf mich zu.
»Sie sind ein unglaubliches Arschloch, Hacker, meinen Sie nicht!?« Vic bildete sich auf seine schlechten Manieren auch noch was ein. »Der Premier geht vor Wut die Wände hoch und an der Decke auf und ab. Sie können doch nicht rumlaufen und solche Reden halten.«
»Das ist bürgernahe Politik«, sagte Frank.
»Halten Sie die Klappe, Wiesel, Sie sind nicht gefragt!« erwiderte Vic in rüdem Ton. Ein ungehobelter Bursche. Ein typischer Chief Whip.
»Weisel«, sagte Frank würdevoll.
Ich verteidigte Frank natürlich sofort. »Er hat recht, Vic. Hier geht's um bürgernahe Politik. Das war einer der Schwerpunkte unseres Parteiprogramms. Der Premier glaubt auch an bürgernahe Politik.«
»Ja, meinetwegen«, knurrte Vic. »Aber niemals so hautnah.« Ich hielt das nicht für sehr geistreich. »In der Politik«, fuhr Vic unbarmherzig fort, »formuliert man mit Takt und Finesse, Sie

[1] Chief Whip: Seit dem 18. Jahrhundert wird der Ausdruck »Whip« im britischen Parlament benutzt. Er ist die Kurzform von »whipper-in« (Pikör). Hierbei handelt es sich um den Jäger, der bei der Parforcejagd gegebenenfalls die Meute mit der Peitsche zusammenhält

dumme Nuß!«
Ich nehme an, da hat er nicht ganz unrecht. Ich kam mir unheimlich blöde vor, unter anderem auch deshalb, weil es mir nicht gerade Spaß machte, daß ich auf so beschämende Art und Weise vor Humphrey und Frank zur Schnecke gemacht wurde.
»Wie lange waren Sie Minister«, fragte mich Vic. Eine selten dumme Frage. Er hatte nur gefragt, weil er wieder ein Witzchen machen wollte.
»Anderthalb Wochen«, antwortete ich.
»Dann kommt Ihr Name bestimmt ins Guinness Buch der Rekorde«, erwiderte er. »Ich sehe schon die herrlichen Schlagzeilen – KABINETT GESPALTEN WEGEN US-HANDEL. HACKER FÜHRT REVOLTE GEGEN PREMIERMINISTER AN! Davon träumen Sie doch, nicht wahr!?«
Dann kam Sir Arnold Robinson, der Kabinettsstaatssekretär, aus dem Büro des Premiers. Sir Humphrey fragte ihn, was es Neues gäbe.
Sir Arnold sagte dasselbe wie Vic, nur in der etwas gepflegteren Whitehall-Sprache. »Das bereitet unserem Premierminister ziemliche Kopfschmerzen. Ist die Rede wirklich schon an die Presse gegangen?«
Ich erläuterte ihm, ich hätte unmißverständliche Anweisungen gegeben, daß sie mittags rausgehen soll. Sir Arnold schien irgendwie wütend auf Sir Humphrey zu sein. »Sie haben mich schwer enttäuscht«, sagte er. Ich habe noch nie erlebt, daß sich ein Beamter einem anderen gegenüber so klar und unmißverständlich ausdrückt. »Wie konnten Sie zulassen, daß sich der Minister in diese Situation bringt, ohne den üblichen Weg zu beschreiten?«
Humphrey sah mich hilfeflehend an. »Der Minister und ich«, begann er, »glauben an bürgernahe Politik. Wir wollen die Fenster aufreißen und etwas frische Luft reinlassen, nicht wahr, Minister?«
Ich nickte, brachte aber kein Sterbenswörtchen raus. Jetzt wandte sich Sir Arnold zum ersten Mal direkt an mich.
»Wissen Sie, Minister, das bringt Ihrer Partei Stimmen, aber es bringt den Premierminister in Teufels Küche, und das auch noch

im Weißen Haus.« Das war, und noch dazu in Sir Arnolds mit Bedacht gewählten Worten, die unverhohlenste Drohung, die mir jemals jemand ins Gesicht gesagt hat.
»Aber... wir haben den Bürgern bürgernahe Politik versprochen!« überwand ich endlich meine Sprachlosigkeit.
»Zur Zeit«, erwiderte Sir Arnold trocken, »ist, glaube ich, Schonzeit für bürgernahe Politik.« Dann faßte Sir Humphrey meine Todesangst in Worte, indem er leise murmelte: »Wollen Sie nicht schon mal über den Entwurf eines Rücktrittsgesuchs nachdenken? Ich meine, natürlich nur für den Fall, daß ...«
Ich weiß, Humphrey versuchte mir nur zu helfen, aber in einer Krisensituation ist er wirklich kein allzu großer moralischer Rückhalt. Mir wurde klar, daß es nur noch eine Möglichkeit gab.
»Können wir das nicht unter den Teppich kehren?« murmelte ich hastig zurück.
Humphrey, das muß man ihm schon hoch anrechnen, reagierte völlig verwirrt auf diesen Vorschlag. Er schien nicht einmal begriffen zu haben, was ich gemeint hatte. Diese Beamten sind wirklich unheimlich naiv.
»Unter den Teppich kehren?« fragte er.
»Ja«, wiederholte ich. »Unter den Teppich kehren.«
»Sie meinen«, offenbar schien Humphrey endlich zu begreifen, »Sie möchten es unterdrücken?«
Mir ging es nicht unbedingt um das Wort »unterdrücken«, aber ich mußte zugeben, daß es genau das bezeichnete, was ich gemeint hatte.
Dann sagte Humphrey irgend etwas wie: »Ich verstehe. Sie meinen und schlagen vor, Minister, daß wir jetzt im von Ihnen festgelegten Richtlinienrahmen zur bürgernahen Politik vielleicht etwas flexibler werden sollten.« Beamte verfügen über die außergewöhnliche Begabung, eine einfache Idee verbal so zu verpakken, daß sie ungeheuer kompliziert klingt.
Wenn ich noch mal darüber nachdenke, ist das eigentlich ein Talent, das zu kultivieren ich mich bemühen sollte. Seine Formulierungskunst hilft mir vielleicht, so dazustehen, als würde ich an meiner Haltung überhaupt nichts ändern wollen.

Der Gong rettete uns vor dem k.o., denn am Horizont tauchte galoppierend die US-Kavallerie in Gestalt von Bernard Woolley auf, der in das Vorzimmer stürzte.
»Es geht um die Presseverlautbarung«, begann er atemlos. »Es gibt eine Entwicklung, die eine andere, optimistischere Beurteilung des Problems möglich macht.«
Ich begriff nicht sofort, was er meinte. Aber dann fuhr er fort und sagte, daß das Ministerium versäumt hatte, das alte interministerielle Freigabeverfahren zu widerrufen, was zur Folge hatte, daß der Nichtfreigabeparagraph in Kraft trat, was wiederum zur Folge hat, daß *alles in Ordnung ist*!
Mit anderen Worten, meine Rede ist überhaupt nicht an die Presse rausgegangen. Durch einen kaum zu glaubenden Glücksfall ging sie *nur* an das Vorzimmer des Premierministers. Der diensthabende Beamte durfte sie nicht *ohne Freigabe* durch den Premier und den Außenminister an die Presse weitergeben, weil ich Amerika erwähnt hatte.
Durch dieses wunderbare, glückliche Versäumnis bin ich anscheinend mit heiler Haut davongekommen. Das unbeschreibliche Gefühl der Erleichterung, das mich überkam, verbarg ich natürlich vor Humphrey. Und in der Tat, er bat um Vergebung.
»Die Schuld trifft einzig und allein mich, Minister«, sagte er. »Das Presseverlautbarungsrücklaufverfahren stammt noch aus der Zeit vor der bürgernahen Politik. Und, ich weiß auch nicht warum, ich habe versäumt, es zu widerrufen. Ich hoffe, Sie vergeben mir diesen Lapsus.«
Unter den gegebenen Umständen hielt ich es für besser, jetzt nicht näher darauf einzugehen. Ich entschloß mich, edelmütig zu sein. »Ach, macht nichts, Schwamm drüber, Humphrey«, erklärte ich, »wir machen alle mal Fehler.«
»Ja, Minister«, sagte Sir Humphrey.

2 Staatsbesuch

9. November

Ich finde, es ist völlig unmöglich, die Arbeit, die hier auf einen zukommt, zu schaffen. Der Terminkalender ist immer voll, ständig müssen Reden geschrieben und gehalten werden, und rote Aktenkoffer, vollgestopft mit Papieren, Dokumenten, Memoranden, Aktennotizen, Vorlagen und Briefen muß man jeden Abend sehr aufmerksam lesen. Und das ist nur ein Teil meiner Arbeit. Tja, da sitze ich nun, darum bemüht, als eine Art Generaldirektor einer sehr großen und wichtigen Firma zu fungieren und habe nicht die geringsten Vorkenntnisse, weder was die Ministeriumsarbeit noch, und das ist der springende Punkt, jegliche Art von Unternehmensführung betrifft. Eine Karriere in der Politik ist keine Vorbereitung für eine leitende Position.

Und, als würde es noch nicht reichen, Generaldirektor eines riesigen Unternehmens zu werden, muß ich mich auch noch bemühen, dies alles in Teilzeitarbeit zu bewältigen. Andauernd muß ich das MVA verlassen, um bei Debatten im Unterhaus anwesend zu sein, um abzustimmen, um an Kabinetts- und Kabinettsausschußsitzungen und Parteivorstandsgesprächen teilzunehmen; mir ist klargeworden, daß es nicht möglich ist, diesen Job anständig oder auch nur annähernd anständig zu erledigen. Ich bin äußerst deprimiert.

Kann sich jemand ernsthaft vorstellen, daß der Vorstandsvorsitzende eines Konzerns jedesmal, wenn während einer Konferenz eine Glocke läutet, wie ein Derwisch aus seinem Büro stürzt, ganz egal, zu welcher Zeit am Nachmittag oder am Abend es bimmelt, wie ein Langstreckenläufer acht Minuten lang die Straße runter zu einem Gebäude rast, durch eine Lobby rauscht und dann zu seinem Büro zurückrennt, um die Konferenz fortzusetzen!? Das muß ich jedesmal hinter mich bringen, wenn die Abstimmungsglocke läutet. Manchmal sechs- oder siebenmal an einem Abend. Und habe ich überhaupt eine Ahnung, wofür ich da immer abstimme? Natürlich nicht. Wie könnte ich auch!?

11. November

Heute war Sir Humphrey Appleby wieder bei mir. Ich hatte ihn ein paar Tage nicht gesehen.

Wir hatten in meinem Büro ein Gespräch über den offiziellen Besuch des Präsidenten von Buranda im United Kingdom. Ich hatte noch nie etwas von Buranda gehört.

Bernard hatte mir gestern abend ein Instruktionspapier mitgegeben. Ich fand es im dritten roten Aktenkoffer. Aber ich konnte mich nur flüchtig damit beschäftigen. Ich bat Humphrey, mich über Buranda zu informieren – ich wollte zum Beispiel wissen, wo das liegt.

»Der Staat ist noch ziemlich jung, Minister. Früher sagte man ›British Äquatorialafrika‹. Es ist der kleine rote Fleck auf der Karte links, ein paar Zentimeter unterhalb des Mittelmeeres.«

Ich verstehe nicht, was Buranda mit uns zu tun hat. Das gehört natürlich ins FCO *[Foreign and Commonwealth Office*[1] *– d.H.]*

Mir wurde aber erläutert, daß es administrative Probleme gibt, denn Ihre Majestät hält sich in Balmoral auf, wenn der Präsident ankommt. Sie müßte also deshalb nach London zurückkommen.

Das überraschte mich. Ich hatte immer geglaubt, daß Staatsbesuche jahrelang vorbereitet werden. Das brachte ich auch zum Ausdruck.

»Das ist kein Staatsbesuch«, erklärte Sir Humphrey. »Es ist der Besuch eines Regierungschefs.«

Ich fragte, ob der Präsident von Buranda kein Staatschef sei. Sir Humphrey antwortete, das sei durchaus richtig, aber er sei außer-

[1] Ministerium für Auswärtige und Commonwealth-Angelegenheiten (Auswärtiges Amt)

dem auch Regierungschef.
Ich entgegnete, daß ich nicht verstünde, warum die Königin ihn empfangen muß, wenn er bloß als Regierungschef kommt. Humphrey antwortete, daß sie ihn empfangen muß, weil sie der Staatschef ist. Das schien mir jeder Logik zu entbehren. Humphrey fuhr fort, daß der Staatschef einen Staatschef empfangen muß, auch wenn der Staatschef uns nicht als Staatschef, sondern nur als Regierungschef besucht.
Dann entschloß sich Bernard, mir das zu erklären. »Es ist weiter nichts als eine Hutfrage«, sagte er.
»Eine Hutfrage?« Bernards Erklärungsversuch verwirrte mich noch mehr.
»Ja«, fuhr er fort, »wenn er herkommt, wird er seinen Regierungschefhut tragen. Er ist auch der Staatschef, aber es ist kein Staatsbesuch, weil er nicht seinen Staatschefhut trägt; aber dem Protokoll entsprechend muß er, obwohl er seinen Regierungschefhut trägt, trotzdem empfangen werden von, äh ...«
Ich sah ihm an, wie er sich verzweifelt bemühte, weitere verwirrende Metaphern zu vermeiden, aber andererseits auch nicht auf seinen sorgfältig konstruierten Vergleich verzichten wollte.
»... der Krone«, vollendete er triumphierend.
Ich sagte, ich hätte sowieso nie etwas von Buranda gehört und wüßte nicht, warum man uns überhaupt mit einem offiziellen Besuch aus diesem unbedeutenden afrikanischen Zwergstaat belästigt.
Sir Humphrey Appleby und Bernard Woolley wurden erkennbar blaß. Ich blickte in ihre vor Entsetzen erstarrten Gesichter.
»Minister«, sagte Humphrey verzweifelt, »ich bitte Sie inständig, sprechen Sie nicht von einem unbedeutenden afrikanischen Zwergstaat. Es ist ein W.E.L.«
W.E.L. ist etwas völlig Neues für mich. Anscheinend ist Buranda das, was man ein unterentwickeltes Land nannte. Wie dem auch sei, dieser Terminus stellte sich offenbar als beleidigend heraus, so daß man sie Entwicklungsländer nannte. Dieser Terminus klang offenbar herablassend. Und schließlich nannte man sie weniger entwickelte Länder oder abgekürzt W.E.L.

Sir Humphrey weist mich darauf hin, daß ich die Afrika-Terminologie unbedingt beherrschen muß, sonst könnte ich womöglich irreparablen Schaden anrichten.
Der Terminus »weniger entwickelte Länder« erregt, kurz gesagt, anscheinend bis jetzt bei niemandem Anstoß. Wenn das der Fall sein sollte, sind wir darauf vorbereitet, den Terminus W.E.L. sofort durch L.M.A.R. zu ersetzen. Das ist die Abkürzung für Länder mit Arbeitskraftreserven. Mit anderen Worten, sie sind hoffnungslos überbevölkert und betteln um Geld. Wie dem auch sei, Buranda ist kein L.M.A.R. Es ist auch keine Habe- oder Habenichts-Nation – offenbar benutzen wir diese Termini auch nicht mehr, wir sprechen statt dessen vom Nord-Süd-Dialog. Genaugenommen ist Buranda anscheinend eine Wird-Haben-Nation, wenn es einen solchen Terminus gäbe und wenn der dann nicht bei unseren afro-asiatischen Brüdern oder unseren Brüdern in der Dritten Welt oder bei den blockfreien Nationen Anstoß erregen würde.
»Buranda wird in ein paar Jahren sicher Unmengen Erdöl fördern, Minister«, vertraute Sir Humphrey mir an.
»Ah, ich verstehe«, sagte ich. »Dann ist es ja überhaupt kein U.A.Z.S.«
Sir Humphrey war verwirrt. Es bereitete mir Vergnügen, ihn wenigstens dieses eine Mal zu verwirren. »U.A.Z.S.«, forschte er vorsichtig.
»Unbedeutender afrikanischer Zwergstaat«, erklärte ich.
Sir Humphrey und Bernard zuckten zusammen. Sie erweckten einen äußerst schockierten Eindruck. Sie schauten sich nervös um, um sich zu vergewissern, daß mich nicht zufällig jemand gehört hatte. Das amüsierte sie offensichtlich überhaupt nicht. Sowas Albernes – da könnte man ja denken, in meinem Büro wären Wanzen versteckt! *[Vielleicht war das auch der Fall – d. H.]*

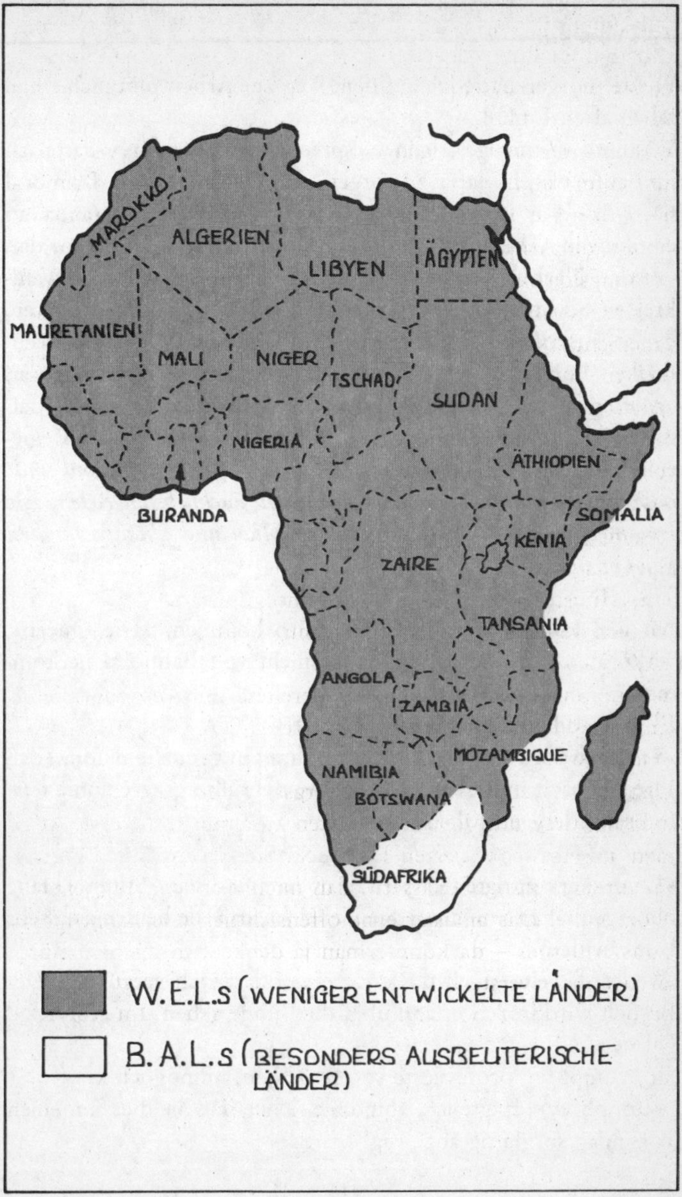

MAROKKO
ALGERIEN
LIBYEN
ÄGYPTEN
MAURETANIEN
MALI
NIGER
TSCHAD
SUDAN
NIGERIA
ÄTHIOPIEN
BURANDA
SOMALIA
KENIA
ZAIRE
TANSANIA
ANGOLA
ZAMBIA
MOZAMBIQUE
NAMIBIA
BOTSWANA
SÜDAFRIKA
W.E.L.s (WENIGER ENTWICKELTE LÄNDER)
B.A.L.s (BESONDERS AUSBEUTERISCHE LÄNDER)

12. November

Heute morgen hatte ich auf dem Weg zur Arbeit plötzlich einen fabelhaften Einfall.
Während meines gestrigen Gesprächs mit Humphrey hatte ich ihm aufgetragen, dafür zu sorgen, daß die Queen von Balmoral nach London kommt, um den Präsidenten von Buranda zu empfangen. Aber heute morgen erinnerte ich mich daran, daß uns drei Nachwahlen in drei äußerst knappen schottischen Wahlkreisen bevorstanden, als Folge des Todes eines Abgeordneten, der so überrascht war, daß seine Wähler ihn trotz seiner Bestechlichkeit und seiner Unaufrichtigkeit wiedergewählt hatten, daß er einen Herzanfall erlitt und starb, und als Folge davon, daß zwei andere Abgeordnete anläßlich der Bildung der neuen Regierung in den Adelsstand erhoben wurden. *[Der Adelsstand und/oder der Herzanfall sind die beiden gebräuchlichsten Arten, wie jemand für eine Karriere voller Korruption und Unaufrichtigkeit belohnt wird – d. H.]*

Ich ließ Humphrey zu mir ins Büro kommen. »Die Queen«, verkündete ich, »muß überhaupt nicht von Balmoral herkommen.«
Es entstand eine kleine Pause.
»Schlagen Sie vor«, sagte Sir Humphrey in gequältem Ton, »daß Ihre Majestät und der Präsident die Begrüßungszeremonie telefonisch erledigen sollen?«
»Nein.«
»Dann«, erkundigte sich Sir Humphrey, und seine Stimme klang noch gequälter, »möchten Sie vielleicht, daß die beiden sich sehr laut zurufen.«
»Weder das eine noch das andere«, erklärte ich vergnügt. »Der Besuch wird in Schottland über die Bühne gehen. Im Holyrood Palace.«
Sir Humphrey protestierte sofort: »Nein, unmöglich.«
»Humphrey«, fragte ich. »Sind Sie sicher, daß Sie diesen meinen Vorschlag sorgfältig abgewägt haben?«

»Das können wir nicht entscheiden«, erwiderte er, »solche Entscheidungen trifft nur das Auswärtige Amt.«
Damit hatte ich gerechnet. »Nein, das glaube ich nicht«, widersprach ich und zauberte mit elegantem Schwung ein Papier hervor, das Bernard mir zur Kenntnisnahme in einem der roten Aktenkoffer mitgegeben hatte.
»Ungeachtet der Bestimmungen im § 3, bla bla bla ... wird hiermit empfohlen, bla ... äh ... der Beschluß, ... unvorhersehbare Ausnahmefälle, bla bla bla ... fällt in den Aufgabenbereich des Ministers für Verwaltungsangelegenheiten.« Ich lehnte mich zurück und schaute ihn an.
Sir Humphrey war verblüfft. »Ja, aber ... warum schlagen Sie so etwas vor?«
»Das erspart Ihrer Majestät eine sinnlose Reise. Und da oben sind Nachwahlen in drei sehr knappen Wahlkreisen fällig. Die halten wir sofort nach dem Besuch ab.«
Er wurde plötzlich eiskalt. »Minister, Besuche von Regierungschefs finden bei uns nicht aus parteipolitischen, sondern aus Gründen der Staatsräson statt.«
Da war was dran. Ich kam ein bißchen ins Schleudern, kriegte aber sofort wieder die Kurve und verteidigte meinen Vorschlag. »Für mich ist Schottland ein gleichberechtigter Partner im United Kingdom. Sie ist nämlich auch Königin von Schottland. Und Schottland ist voll von knappen Wahlkr ...« Ich glaube, ich habe mich gerade noch rechtzeitig unterbrochen, »... äh, Gebieten, die förderungswürdig sind.«
Aber Sir Humphrey stand diesem brillanten Plan ganz offensichtlich ablehnend gegenüber. »Ich halte es für undenkbar, Minister«, er grinste spöttisch, stieg auf sein höchstes Roß und sah mich an seiner aristokratischen Nase vorbei von oben herab an, »ich halte es für undenkbar, daß wir unser Staatsoberhaupt in etwas verwickeln, was man auch, vergeben Sie mir diese Formulierung, ein schmutziges Stimmenfangmanöver nennen kann.«
Ich finde nicht, daß es »schmutzig« sein könnte, auf Stimmenfang zu gehen. Ich bin ein Demokrat, und ich bin stolz darauf, und darum geht es ja schließlich auch in einer Demokratie! Aber ich

begriff, daß ich mir ein besseres Argument einfallen lassen mußte (zumindest für Civil-Service-Zwecke), sonst würde dieser hervorragende Plan blockiert werden. Also fragte ich Humphrey, warum der Präsident von Buranda überhaupt kommt. »Zu einem Meinungsaustausch über Angelegenheiten von beiderseitigem Interesse«, lautete die Antwort. Warum legt dieser Mann bloß so großen Wert darauf, unentwegt in der Sprache offizieller Kommuniqués zu sprechen? Oder kann er nicht anders?

»So, und jetzt verraten Sie mir, warum er tatsächlich kommt«, verlangte ich in einem etwas übertrieben geduldigen Ton.

Ich war innerlich darauf vorbereitet, so lange zu fragen, bis ich eine klare Antwort bekommen würde.

»Er kommt, um der britischen Regierung einen großen Auftrag über die Lieferung von Bohrinseln zu erteilen.«

Fabelhaft! Ich verpaßte ihm den Todesstoß. »Und wo kann er sich über Bohrinseln informieren? In Aberdeen und Clydeside.«

Sir Humphrey versuchte zu argumentieren. »Ja, aber ...«

»Wie viele Bohrinseln gibt es eigentlich hier in London, Humphrey?« Über diese Frage war er ganz und gar nicht erfreut.

»Aber die administrativen Probleme ...«, begann er.

Ich unterbrach ihn feierlich: »Zur Lösung derselben wurde dieses Ministerium ins Leben gerufen. Ich bin sicher, Sie werden das schon schaffen, Humphrey.«

»Aber Schottland ist so abgelegen.« Er winselte und lamentierte. Ich wußte, daß ich ihn abgeschmettert hatte. »So abgelegen nun auch wieder nicht«, sagte ich und zeigte auf die an der Wand hängende Karte vom United Kingdom. »Es ist der blaue Fleck ein paar Zentimeterchen über Ihrem Club.«

Humphrey fand das überhaupt nicht komisch – »Sehr witzig, Minister«, sagte er. Aber selbst das konnte mich nicht mehr erschüttern.

»Er kommt nach Schottland«, sagte ich mit Bestimmtheit. »Das ist meine politische Entscheidung. Dafür bin ich ja hier, oder, Bernard?«

Bernard wollte weder gegen Humphrey noch gegen mich Partei ergreifen. Er steckte in der Klemme. »Äh ...«, brummte er.

Ich entließ Humphrey mit dem Auftrag, sich weiter intensiv um die Vorbereitungen zu kümmern. Steifbeinig stolzierte er aus meinem Büro. Bernard starrte weiter wie gebannt zu Boden.
Bernard ist mein Persönlicher Referent, und als solcher müßte er ja eigentlich ganz uneingeschränkt auf meiner Seite sein. Andererseits hängt seine Zukunft von diesem Ministerium ab, was bedeutet, daß er auf Humphreys Seite stehen muß. Mir ist nicht klar, wie er auf beiden Seiten stehen kann. Denn, das ist ja wohl klar, nur wenn er diese schwierige Aufgabe erfolgreich löst, was logischerweise unmöglich ist, wird er seinen raschen Aufstieg zur Spitze fortsetzen können. Das ist alles so verwirrend. Ich muß versuchen herauszufinden, ob ich ihm trauen kann.

13. November

Auf der Rückfahrt von Cardiff, wo ich auf einer Konferenz kommunaler Fiskal- und höherer Regierungsbeamter gesprochen hatte, plauderte ich ein wenig mit Bernard.
Bernard warnte mich, daß Humphreys nächster Schachzug in dieser schottischen Angelegenheit das Einsetzen eines interministeriellen Ausschusses zur Untersuchung und Berichterstattung sein würde.
Für mich ist der interministerielle Ausschuß der letzte Ausweg eines verzweifelten Bürokraten. Wenn man keine Argumente gegen etwas findet, was man nicht will, setzt man einen interministeriellen Ausschuß ein, um es abzuwürgen. Langsam. Das sagte ich auch Bernard.
»Aus demselben Grund setzen Politiker Königliche Untersuchungskommissionen ein«, erklärte Bernard. Der Junge ist nicht dumm. Ich begann zu verstehen, warum er ein Senkrechtstarter ist.
Ich entschloß mich, Bernard zu fragen, was Humphrey wirklich gegen meine Idee einzuwenden hatte.
»Es geht um folgendes«, erklärte Bernard, »wenn sich die Queen und der Präsident in Schottland treffen, fällt der Besuch in den Amtsbereich des Ministeriums für Schottland, und dann wäre

ein anderer Staatssekretär zuständig.«

Ich bemerkte, daß Humphrey sich darüber freuen sollte. Weniger Arbeit. Bernard korrigierte mich sofort. Das Problem ist offenbar, daß Sir Humphrey gern den Buckingham-Palast und ausländische Botschaften aufsucht, richtig feingemacht, im Frack mit weißer Fliege und all seinen Orden. Aber in Schottland findet das alles in viel kleinerem Rahmen statt. Nicht so viele Empfänge und Festessen. Nicht so viele für Sir Humphrey, sondern nur für den Ständigen Staatssekretär im Ministerium für Schottland. Sir Humphrey würde vielleicht nicht einmal zum Gegenempfang der Burandis eingeladen werden, denn das Buranda-Konsulat in Edinburgh ist vermutlich außerordentlich klein.

Ich hatte keine Sekunde an den zeremoniellen Aspekt dieser Geschichte gedacht. Aber Bernard zufolge sind dieser Glanz und diese zeremonielle Pracht für Ständige Staatssekretäre furchtbar wichtig. Ich fragte Bernard, ob Humphrey viele Orden zum Vorzeigen hätte.

»Ja, doch, ein paar«, antwortete Bernard. »Sein K. hat er natürlich schon lange. Er ist ein KCB. Und es gibt Gerüchte, daß er vielleicht in der nächsten Honours List für das G. vorgeschlagen wird.«[1]

»Woher wissen Sie das?« fragte ich. Ich dachte, die Honours List wird immer streng geheimgehalten.

»Ich weiß es nur vom Hörensagen«, verriet Bernard.

Ich nehme an, wenn Humphrey sein G. nicht kriegt, erfahren wir es vom Hörenverschweigen.

[1] K. bedeutet Knighthood (Ritterwürde). KCB steht für Knight Commander of the Bath (Ritterkomtur des Bathordens). G. bedeutet Grand Cross (Großkreuz). GCB steht für Knight Grand Cross of the Bath (Großkreuz des Bathordens). Die »Honours List« ist die Liste der Titel- und Rangverleihungen, die zweimal im Jahr veröffentlicht wird

MINISTRY OF
ADMINISTRATIVE AFFAIRS

Barnard:
Habe mit dem Parl. Staatssekr. im MACA[1] über den offiziellen Besuch in Schottland gesprochen. Leider hatte unser Minister schon mit dem Außenminister gesprochen. Ich nehme an, sie sind befreundet.
Wie es scheint, ist sich das Kabinett in dieser Sache absolut einig. Unerhörter Weise haben sie per Verfügung am Tag des Besuches drei Nachwahlen angesetzt.
Das Konsulat von Buranda scheint eine ziemlich kleine Hütte zu sein. Nur sehr wenig Platz bei der Gegeneinladung zum Dinner, und ich werde nicht daran teilnehmen. Bin eigentlich ziemlich froh darüber. Der Parl. Staatssek. im MACA deutete an, daß es im Innern rumort. Unser Mann in Mungoville rechnet mit Unruhen. Möglicherweise ein Staatsstreich.
So könnte sein, daß aus einem befreundeten afrikanischen Land, das dem Commonwealth verbunden ist, demnächst ein feindliches W.E.L. mit einer Kuba-Connection wird.
In diesem Falle wäre alles in Ordnung.

H.A. 13.11.

ZEITPLAN FÜR DEN OFFIZIELLEN
BESUCH DES PRÄSIDENTEN
VON BURANDA

Erster Entwurf

14 : 00	Der Präsident geht von Bord und wird von Ihrer Königlichen Majestät begrüßt.
14 : 07	Nationalhymnen: God save the Queen - 45 sek. Hymne von Buranda - etwa 3 min./25 sek.
14 : 11	Ihre Königliche Majestät und der Präsident schreiten die Ehrengarde ab.
14 : 15	Begrüßungsansprache durch Ihre Majestät.
14 : 18	Kurze Erwiderung durch den Präsidenten.
14 : 30	Weiter zu den Wagen, von dort zum Holyrood Palace.
15 : 00	Ankunft Holyrood Palace.

[1] Ministerium für Auswärtige und Commonwealth-Angelegenheiten (Auswärtiges Amt)

[Mit »wäre alles in Ordnung« meinte Sir Humphrey vermutlich den offiziellen Besuch, den man nach einem Staatsstreich absagen würde – und nicht die Tatsache, daß dann noch ein Land in Zentralafrika kommunistisch werden würde – d.H.]

18. November

Seit vier Tagen habe ich keine Tagebucheintragungen mehr gemacht. Einerseits, weil ich mich das ganze Wochenende über um langweilige Wahlkreisangelegenheiten kümmern mußte; und andererseits wegen der Arbeitsüberlastung – wegen diesem öden Papierkram hier im Ministerium.

Ich habe das Gefühl, daß man mir Arbeit vorenthält. Das heißt nicht, daß ich zu wenig zu tun habe. Meine roten Aktenkoffer sind vollgestopft mit irrelevantem und unwichtigem Müll.

Gestern nachmittag hatte ich wirklich einmal überhaupt nichts zu tun. Keine einzige Verpflichtung. Bernard sah sich veranlaßt, mir den Rat zu geben, ins Unterhaus zu gehen und der Debatte zuzuhören. Mir hat noch nie jemand einen so lächerlichen Vorschlag gemacht.

Am späten Nachmittag saß ich im Büro, ging die Entwürfe für den Buranda-Besuch durch und schaltete die Fernsehnachrichten ein. Zu meiner Bestürzung berichteten die von einem *Staatsstreich* in Buranda. Marxisten, glauben sie. Sie berichteten von weltweitem Interesse und großer Besorgnis wegen Burandas Ölreserven. Kein Wunder. Anscheinend ist der Oberbefehlshaber der Armee, der sich des schönen Namens Selim Mohammed erfreuen darf, zum Präsidenten erklärt worden. Oder er hat sich selbst zum Präsidenten ernannt, was wahrscheinlicher ist. Und kein Mensch weiß, was mit dem früheren Präsidenten passiert ist.

Ich war entsetzt. Bernard war bei mir, und ich bat ihn, mich mit dem Außenminister zu verbinden.

»Verschlüsseln wir, Minister?« fragte er.

»Selbstverständlich, Bernard«, antwortete ich, »das ist doch top secret.«

Bernard lächelte süffisant. Ich kam mir unheimlich albern vor,

als mir einfiel, daß jeder das, worum es ging, gerade im Fernsehen gesehen hatte.
Martin war, Gott sei Dank, sofort am Apparat.
Unglaublich, er wußte nichts vom Staatsstreich in Buranda.
»Woher weißt du das?« fragte er, als ich es ihm erzählte.
»Das kam eben im Fernsehen. Hast du es nicht gesehen!? Du bist der Außenminister, verdammt nochmal.«
»Ja«, meinte Martin, »aber mein Fernseher ist kaputt.« Ich traute meinen Ohren nicht.
»Dein Fernseher ist kaputt? Informiert dich dein Ministerium nicht?«
Martin antwortete: »Ja, aber immer erst viel später. Das dauert manchmal sogar ein paar Tage. Ich erfahre alles Auswärtige aus dem Fernsehen.«
Das hielt ich für einen Scherz. Aber das war es offenbar nicht. Ich drängte, daß wir diesen offiziellen Besuch unbedingt über die Bühne bringen müssen, komme, was kommen mag. Drei Nachwahlen hängen davon ab. Er stimmte zu.
Ich legte auf, aber erst, nachdem ich Martin gebeten hatte, mich sofort anzurufen, wenn es etwas Neues gibt.
Martin verlangte: »Nein, du rufst *mich* an. Dein Fernseher ist nicht kaputt.«

19. November

Als erstes heute morgen ein Gespräch mit Sir Humphrey. Er war überaus vergnügt und strahlte über das ganze Gesicht.
»Haben Sie die traurige Nachricht gehört, Minister?« begann er, breit lächelnd.
Ich nickte.
»Das ist nur eine kleine Unannehmlichkeit«, fuhr er fort und vollführte mit beiden Händen kreisende Bewegungen. »Die Räder drehen sich bereits, es ist kein Problem, die Vorbereitungen für den Besuch abzubrechen.«
»Das lassen Sie bleiben«, sagte ich ihm.
»Wir haben keine andere Wahl, Minister.«

»Und ob«, konterte ich. »Ich habe schon mit dem Außenminister gesprochen.« Sein Gesichtsausdruck schien sich ein bißchen zu verändern. »Die Einladung gilt auch für den neuen Präsidenten.«
»Für den neuen Präsidenten?« Humphrey war entgeistert. »Aber wir haben doch noch nicht einmal seine Regierung anerkannt.«
Ich vollführte mit den Händen die gleichen kreisenden Bewegungen. »Die Räder drehen sich bereits.« Ich lächelte. Tja, wer zuletzt lächelt ...
Humphrey sagte: »Wir wissen nicht, wer er ist.«
»Irgendein Mohammed bla bla«, erklärte ich.
»Aber ... wir wissen nichts über ihn; was ist das für einer?«
Ich machte ihn darauf aufmerksam, auf sehr geistreiche Art und Weise, wie ich meine, daß wir ja nicht in Erwägung ziehen würden, ihn zum Mitglied des Athenaeum-Clubs zu machen. Ich sagte, es würde mich nicht im geringsten interessieren, was das für einer ist.
Humphrey versuchte, energisch zu werden. »Minister«, begann er, »in Buranda geht alles drunter und drüber. Wir wissen nicht, wer hinter ihm steht. Wir wissen nicht, ob er von den Russen unterstützt wird oder ob er nur ein einfacher Burandi ist, der Amok laufen wird. Wir können kein diplomatisches Risiko mehr eingehen.«
»Die Regierung hat keine andere Wahl«, sagte ich.
Sir Humphrey versuchte, einen anderen Kurs einzuschlagen: »Wir haben die erforderlichen Schreibarbeiten noch nicht erledigt.« Ich ignorierte diese unsinnige Bemerkung. Der Papierkrieg ist die Religion des Civil Service. Ich kann mir genau vorstellen, wie Sir Humphrey Appleby auf dem Sterbebett liegt, umgeben von Testamenten und Versicherungsanspruchsformularen, gen Himmel blickt und klagt: »Ich kann noch nicht kommen, Gott, ich habe die erforderlichen Schreibarbeiten noch nicht erledigt.«
Sir Humphrey ließ nicht locker. »Der Palast besteht darauf, daß Ihre Majestät genauestens informiert wird. Und das ist erst nach Erledigung der erforderlichen Schreibarbeiten möglich.«
Ich stand auf. »Ihre Majestät wird das schon machen. Das macht sie ja immer.« Nun hatte ich ihn in die Situation gebracht, daß

er Ihre Majestät hätte kritisieren müssen.
Er zog sich gar nicht mal schlecht aus der Affäre. Er stand auf. »Das kommt nicht in Frage«, erwiderte er. »Wer *ist* er? Vielleicht ist er nicht anständig erzogen worden. Vielleicht benimmt er sich unverschämt ihr gegenüber. Vielleicht ... nimmt er sich bestimmte Freiheiten heraus!« Bei dem bloßen Gedanken daran kann einem übel werden. »Er muß auf jeden Fall mit Ihrer Majestät fotografiert werden – was dann, wenn er sich dann später als ein neuer Idi Amin entpuppt? Die Folgen wären so schrecklich, daß ich nicht darüber nachdenken möchte.«
Ich muß zugeben, daß sein letztes Argument mich ein wenig beunruhigte. Aber doch nicht so sehr, daß ich deswegen auf drei Nachwahlen in knappen Wahlkreisen verzichte. Ich machte Humphrey mit aller Deutlichkeit die Gegenargumente klar. »Aus Gründen der Staatsräson«, begann ich, »ist dieser Besuch von essentieller Bedeutung. Buranda ist ein potentiell enorm reiches Land. Burunda braucht Bohrinseln. Bei uns liegen an der Clyde die Werften still. Und darüber hinaus ist Buranda aus strategischer Sicht ein Eckpfeiler der britischen Afrikapolitik.«
»Es gibt keine britische Afrikapolitik«, wagte Sir Humphrey einzuwenden.
»Seit *wir* dran sind, ja«, brauste ich auf. »Selbst wenn der neue Präsident von Marxisten unterstützt wird, wer könnte ihn besser zur Umkehr bewegen als Ihre Majestät!? Abgesehen davon, haben wir der schottischen Bevölkerung ein wichtiges Ereignis versprochen, und dieses Versprechen brechen wir nicht.«
»Abgesehen davon«, fügte Sir Humphrey trocken hinzu, »geht es bei den Nachwahlen um Zehntelprozente.«
»Das hat doch überhaupt nichts damit zu tun«, widersprach ich und blickte ihn so finster wie möglich an. Er entgegnete: »Nein, natürlich nicht, Minister«, aber ich bin nicht ganz sicher, ob er mir das wirklich glaubte.
Das Telefon klingelte. Bernard hob den Hörer ab. Martin rief aus dem Außenministerium an.
Bernard hörte ihm zu und teilte uns dann mit, der neue Präsident von Buranda habe erklärt, daß er in der nächsten Woche dieses

Land gemäß den Vereinbarungen seines Vorgängers besuchen wird.
Ich war beeindruckt. Das Auswärtige Amt wußte also endlich auch, was los ist. Ich fragte Bernard, ob Martin das telegrafisch von unserem Mann in Mungoville erfahren hatte. »Das nicht gerade«, gestand er. »Der Fahrer des Außenministers hat Kurznachrichten im Autoradio gehört.«
Das Fazit ist, daß es nun Sache des Premiers wäre, aufgrund einer Empfehlung von mir oder Martin den Besuch abzusagen. Und ich habe beschlossen, daß er stattfindet. Noch eine politische Entscheidung. Da kommt ja heute ganz schön was zusammen. Sehr gut.

26. November

Heute war der erste Tag des so lange erwarteten offiziellen Besuches. Präsident Mohammeds Ankunft wurde im Fernsehen übertragen; Bernard und ich sahen uns das im Büro an. Ich muß zugeben, ich saß auf glühenden Kohlen – es hätte sich ja herausstellen können, daß da ein etwas ungehobelter Klotz landen würde.
Ein Jumbo, mit der Aufschrift BURANDAN AIRWAYS, schwebte ein. Ich war in der Tat beeindruckt. British Airways muß seine Concordes verpfänden, und dieser winzige afrikanische Staat hat seine eigene Fluggesellschaft, Jumbos und sowas alles.
Ich fragte Bernard, über wie viele Maschinen Burandan Airways verfüge. »Keine«, sagte er.
Ich bat ihn, keine dummen Antworten zu geben und die Augen aufzumachen. »Nein, Minister, die gehört Freddie Laker«, erklärte er. »Die haben sie in der vorigen Woche gechartert und für diesen Besuch umspritzen lassen.« Offenbar machen das die meisten der Habenichtse (ich meine W.E.L.) – zur Eröffnung der UN-Vollversammlung sind die Landebahnen vom Kennedy-Airport immer überfüllt mit Flugzeugen unter falscher Flagge. »Minister«, fügte Bernard mit leichtem Grinsen hinzu, »ich weiß von einer 747, die in einem Monat neun afrikanischen Fluggesell-

schaften gehört hat. Die nannten wir den Maumau-Jumbo.«
Erstmal sahen wir nur, wie der Maumau-Jumbo langsam ausrollte und zum Flughafengebäude dirigiert wurde und daß die kühl dreinblickende Queen offensichtlich ein bißchen fror. Bernard gab mir das Tagesprogramm und machte mich damit vertraut, daß ich heute nacht mit dem Schlafwagenzug von Euston nach Edinburgh fahren müßte, da ich an einer threeline-whip[1]-Abstimmung im Unterhaus teilnehmen sollte und deshalb das letzte Flugzeug nicht mehr kriegen würde. Dann kündigte der Reporter in diesem einzigartig gedämpften BBC-Tonfall, der bei allen Anlässen, mit denen die königliche Familie etwas zu tun hat, zu hören ist, ehrfurchtsvoll an, daß wir gleich den neuen Präsidenten von Buranda, Selim Mohammed, zu Gesicht bekommen würden.
Und aus der Jumbotür trat Charlie. Mein alter Freund Charlie Umtali. Wir waren zusammen auf der London School of Economics. Nicht irgendein Selim Mohammed, sondern Charlie.
Bernard fragte mich, ob ich sicher sei. Dumme Frage. Wie könnte man einen Namen wie Charlie Umtali vergessen!?
Ich bat Bernard, Sir Humphrey zu holen, der sichtlich erfreut war, als er erfuhr, daß wir jetzt etwas über unseren offiziellen Besucher wußten.
In Bernards offiziellen Informationspapieren stand so gut wie nichts. Unglaublich. Unglaublich, wie wenig das Auswärtige Amt herausgefunden hatte. Vielleicht hatten die gehofft, sie könnten alles aus dem Autoradio erfahren. In dem Papierchen steht nur, daß Oberst Selim Mohammed vor 15 Jahren zum Islam konvertiert ist; sie kannten seinen ehemaligen Namen nicht und wußten deshalb nichts über seinen Werdegang.
Ich war in der Lage, Humphrey und Bernard *alles* über seinen Werdegang zu erzählen. »Charlie ist ein hervorragender Volkswirtschaftler«, informierte ich sie. »Auf der London School of

[1] Bei einer three-line-whip-Abstimmung müssen die Parlamentsmitglieder in einem von ihren Parteiführern geforderten Sinne abstimmen, wenn sie sich nicht der Gefahr aussetzen wollen, daß man ihnen unloyales Verhalten gegenüber der Partei vorwirft

Economics war er der Beste. Er hat die Examen mit links gemacht. Und er ist mit jedem schlittengefahren.«
Bernard schien erleichtert. »Na, Gott sei Dank, dann ist ja alles in Ordnung.«
»Warum«, wollte ich wissen. »Ich nehme an, Bernard meint«, sagte Sir Humphrey hilfsbereit, »er wird sich zu benehmen wissen, wenn er eine englische Universität besucht hat. Auch wenn es die London School of Economics war.« Ich weiß nie, ob Humphrey mich absichtlich beleidigt oder nicht.
Humphrey machte sich Sorgen wegen Charlies politischer Einstellung. »Als Sie eben sagten: ›Mit links‹, haben Sie das politisch gemeint?«
Ja, irgendwie schon. »Bei Charlie weiß man nie, woran man ist. Er gehört zu denen, die nach einem in eine Drehtür gehen und vor einem rauskommen.«
»Engagiert er sich für etwas Bestimmtes?« fragte Sir Humphrey.
»Nein. Charlie engagiert sich nur für Charlie.«
»Ah, ich verstehe. Ein Politiker, Minister.«
Das war nun wirklich eines von Humphreys kleinen Witzchen. Er würde sich nie zu einer solchen Unverschämtheit hinreißen lassen. Obwohl ich manchmal den Verdacht habe, daß Humphrey Sachen sagt, die er ernst meint und sich aus der Affäre zieht, indem er sagt »Das war nur ein Scherz«.
Aber, ich hab's geschafft, ihn kleinzukriegen, indem ich ihn herablassend mit seiner eigenen unnachahmlichen Floskel konfrontierte. »Sehr witzig, Humphrey«, sagte ich schneidend. Dann machte ich ihm klar, daß Charlie ja nur für ein paar Tage hier sei und deshalb kaum was passieren könnte.
Trotzdem schien Sir Humphrey sich immer noch Sorgen zu machen. »Sie erinnern sich bestimmt, Minister«, meinte er, »*Sie* wollten diesen Besuch, nicht ich.«
»Entschuldigen Sie, Humphrey, aber ich muß mich jetzt wieder um meine Briefe kümmern«, entgegnete ich, darum bemüht, mir nicht anmerken zu lassen, wie wütend ich war.
»Ich wäre Ihnen überaus dankbar«, sagte Sir Humphrey, »wenn Sie, bevor Sie sich wieder Ihren Briefen widmen, einen Blick in

dieses Informationspapier zur Afrikapolitik werfen würden.« Er drückte mir einen prall gefüllten Aktenordner in die Hand. Noch mehr Papier. Ich lehnte es ab, das zu lesen.
»Nein, danke«, wehrte ich ab, »das, was da drinsteht, habe ich, glaube ich, alles drauf.«
»Oh, wie schön«, meinte er vergnügt, »denn niemand würde ja auch das überaus empfindliche politische Gleichgewicht zwischen der FROLINAT und der FRETELIN durcheinanderbringen wollen, nicht wahr!?«
Ich glaube, er konnte mir ansehen, daß er mich erwischt hatte. Schamlos nutzte er seinen Vorteil aus. »Ich meine, wenn der neue Präsident mehr zur ZIPRA als zur ZANLA tendiert, ganz zu schweigen von der ZAPO und der ZANU, wollen der CARECOM und der COREPER möglicherweise die GRAPO ins Spiel bringen, was natürlich bedeuten würde, daß noch einmal die alte Geschichte zwischen dem ECOSOC und der UNIDO aufgewärmt würde, was wiederum den Streit zwischen der IBRD und der OECD noch einmal entfachen könnte... und was würde HMG tun, wenn das passieren würde?«[1]
Die einzigen Großbuchstaben in diesem Abkürzungs- und Kunstwortchaos, die mir etwas sagten, waren HMG *[Her Majesty's Government (die Regierung Ihrer Majestät) – d.H.]*
So wie er es vorausberechnet hatte, sagte ich – so beiläufig wie möglich –, daß ich vielleicht doch einen flüchtigen Blick in den

[1] FROLINAT: National Liberation Front of Tschad (Nationale Befreiungsfront des Tschad), ein französisches Kunstwort.
FRETELIN: Trust for the Liberation of Timor (Vereinigung zur Befreiung von Timor). Timor war von 1951 bis 1976 eine kleine portugiesische Überseeprovinz, von der Indonesien Besitz ergriff; ein portugiesisches Kunstwort.
ZIPRA: Zimbabwe People's Revolutionary Army (Revolutionäre Volksarmee von Zimbabwe).
ZANLA: Zimbabwe African Liberation Army (Afrikanische Befreiungsarmee von Zimbabwe).
ZAPU: Zimbabwe African People's Union (Afrikanischer Völkerbund von Zimbabwe).
ZANU: Zimbabwe African National Union (Afrikanische Nationalunion von Zimbabwe).
CARECOM ist das englische Kunstwort für Caribbean Common Market (Karibischer gemeinsamer Markt) und

Ordner werfen würde.
»Wir sehen uns im Zug«, meinte er und entschwebte elegant. Ich fürchte, er hat einen kleinen moralischen Sieg über mich errungen.
Dann versuchte Bernard, mich ins Unterhaus zu jagen. Ich hatte das Gefühl, daß der riesige Korrespondenzberg, der im Eingangskorb lag, grauenerregend größer wurde und die Briefe sich offenbar selbständig vermehrten. »Und was wird mit den Briefen«, murmelte ich hilflos. »Was soll ich denn bloß machen.«
»Tja, Minister ...«, begann Bernard, und schon streiften seine Blicke ein paarmal kaum wahrnehmbar den Ausgangskorb. Mir wurde klar, daß ich keine andere Wahl hatte. Ich griff mir den gesamten Briefstapel und legte ihn feierlich vom Eingangs- in den Ausgangskorb.
Es war ein merkwürdiges Gefühl. Ich fühlte mich schuldig und erleichtert.
Bernard schien zu denken, daß ich das Richtige getan hatte. Das Unvermeidliche möglicherweise. »Sehr gut, Minister«, lobte er in liebenswürdigem Ton, »jetzt haben Sie alles ›umschichtig‹ bearbeitet.«

27. November

Die letzte Nacht war ein einziger Alptraum, so etwas möchte ich so schnell nicht noch einmal erleben.

COREPER ist ein französisches Kunstwort für Ausschuß der ständigen Vertreter bei der EG.
ECOSOC: Economic and Social Council of the UN (Wirtschafts- und Sozialrat der UN).
UNIDO: United Nations Industrial Development Organisation (UN-Organisation für industrielle Entwicklung).
IBRD: International Bank for Reconstruction and Development (Internationale Bank für Wiederaufbau und Entwicklung [Weltbank]).
OECD: Organisation for European Co-operation and Conversation (Organisation für europäische wirtschaftliche Zusammenarbeit und Entwicklung).
Es ist kaum denkbar, daß GRAPO für dieses Gespräch von Relevanz war; GRAPO ist das spanische Kunstwort für Antifaschistische Widerstandsgruppe 1. Oktober. Es ist nicht auszuschließen, daß Sir Humphrey möglicherweise versucht hat, seinen Minister zu verwirren

Und heute suchen wir immer noch nach einem Ausweg aus einer schweren Krise. Und das ist alles meine Schuld. Und ich weiß auch nicht, ob ich das politisch überleben werde. O Gott!

Ich sitze aufrecht im Bett in einem Erster-Klasse-Schlafwagen, mache meine Tagebuchaufzeichnungen und habe Angst vor dem, was der kommende Tag für mich alles so auf Lager haben wird.

Aber eines nach dem anderen. Mein Fahrer Roy fuhr mich vom Unterhaus nach Euston. Ich war lange vor der Abfahrt des Zuges da. Ich ging in mein Abteil, ließ mir eine Packung Kekse kommen, bestellte den Tee für den nächsten Morgen, und als der Zug gerade den Bahnhof verließ und ich meine Hosen halb ausgezogen hatte, klopfte jemand panikartig an die Tür.

»Wer ist da?« rief ich.

»Bernard«, meldete sich Bernards Stimme. Es war Bernard. Ich ließ ihn rein. Er war völlig außer Atem und schwitzte. Ich hatte ihn noch nie in einem solchen Zustand gesehen. Wenn ich's mir recht überlege, habe ich noch nie einen Beamten in einem solchen Zustand gesehen. Sonst machen die alle immer so einen furchtbar gelassenen und beherrschten Eindruck. Es ist auf komische Art überaus beruhigend zu sehen, daß die auch in Panik geraten können, wie der Rest der menschlichen Rasse, und wenn die in Panik geraten, dann rennen sie rum wie kopflose Hühner.

Bernard umklammerte einen Stapel dieser großen braunen Umschläge.

»Kommen Sie rein, Bernard«, sagte ich besänftigend. »Was ist denn passiert?«

»Lesen Sie das, Minister«, keuchte er dramatisch und warf mir einen dieser braunen Umschläge vor die Brust.

Das regte mich unheimlich auf. Bernard überhäuft mich ständig mit irgendwelchem Papierkram. In meiner Koje lagen schon fünf rote Aktenkoffer.

Ich warf ihm den Umschlag zurück. »Nein, ich werde nichts lesen«, protestierte ich.

»Sie müssen«, verlangte er, und schon kam der Umschlag wieder zurück, so als würden wir Briefsortierer spielen. »Das hat absolut Vorrang.«

»Das sagen Sie immer und von allem«, stellte ich klar und zog mir endlich die halb heruntergelassene Hose aus.
Bernard erklärte, er hätte etwas von der burandischen Botschaft für mich, ein Vorausexemplar der Rede, die Präsident Selim morgen (das ist ja jetzt schon heute – o mein Gott!) halten will.
Das interessierte mich nicht. Diese Reden kenne ich in- und auswendig: »... glücklich, hier zu sein ...«, »... Danke für den herzlichen Empfang ...«, »... enge Beziehungen unserer Länder ...«, »... verbunden durch gemeinsame Erfahrungen ...«, »... zufriedenstellende und fruchtbare Zusammenarbeit in der Zukunft ...« und das andere übliche Gefasel.
Bernard bestätigte, daß die Rede diesen gesammelten Blödsinn enthielt, aber er bestand darauf, daß ich die wichtigen Passagen sofort lesen sollte – er hatte sie rot unterstrichen. Dann kündigte er an, daß er die anderen Kopien noch im Zug verteilen müsse.
»Im Zug verteilen?«
Ich dachte, ich sei völlig übergeschnappt – aber Bernard erklärte mir, daß Sir Humphrey und der Außenminister und der Ständige Staatssekretär des Außenministers und unser Pressesprecher und andere ausgewählte Würdenträger ebenfalls im Zug seien. Das hatte ich nicht gewußt.
Ich öffnete den Umschlag, und meine Augen weiteten sich vor Entsetzen. Diese Rede darf auf gar *keinen Fall* gehalten werden.

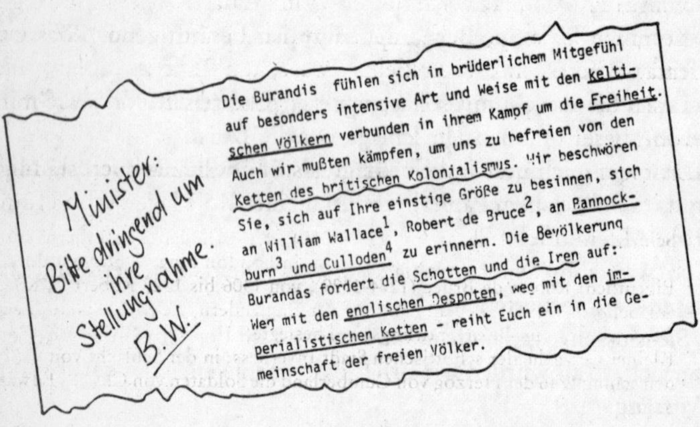
Die Burandis fühlen sich in brüderlichem Mitgefühl
auf besonders intensive Art und Weise mit den kelti-
schen Völkern verbunden in ihrem Kampf um die Freiheit.
Auch wir mußten kämpfen, um uns zu befreien von den
Ketten des britischen Kolonialismus. Wir beschwören
Sie, sich auf Ihre einstige Größe zu besinnen, sich
an William Wallace[1], Robert de Bruce[2], an Bannock-
burn[3] und Culloden[4] zu erinnern. Die Bevölkerung
Burandas fordert die Schotten und die Iren auf:
Weg mit den englischen Despoten, weg mit den im-
perialistischen Ketten - reiht Euch ein in die Ge-
meinschaft der freien Völker.

Minister:
Bitte dringend um
ihre
Stellungnahme.
B.W.

Dann erschien Sir Humphrey; er trug, nebenbei bemerkt, einen geradezu erschreckend aufsehenerregenden goldfarbenen seidenen Morgenmantel, den von oben bis unten ein roter chinesischer Drache schmückte. Ich hätte mir Humphrey nie in einem solchen Kleidungsstück vorstellen können. Aber vielleicht sah ich in Hemd und Socken auch ein bißchen albern aus.
»Tja, Minister«, begann Sir Humphrey, »ich habe den Eindruck, jetzt stehen wir ohne Hosen da.« Dann sagte er, er würde nicht gern sagen, er hätte es mir ja gesagt, aber er hätte es ja tatsächlich gesagt.
»Jetzt liegen wir ganz schön auf der Nase«, stellte ich fest.
»Nicht auf der Nase, Minister«, entgegnete er sanft, »in imperialistischen Ketten.«
Ich bat ihn, wenigstens dieses eine Mal, in dieser nun wirklich ganz und gar nicht komischen Situation, seine süffisanten Witzchen zu unterlassen.
Immer und immer wieder betonte ich, daß etwas unternommen werden müßte. Drei Nachwahlen in Schottland stehen auf Messers Schneide, von den Auswirkungen auf Ulster gar nicht zu reden! »Das ist eine Katastrophe«, flüsterte ich vibrierend.
Sir Humphrey erweckte nicht gerade den Eindruck, daß er sich ernsthaft bemühte, die Situation zu entschärfen. »Ja, in der Tat«, stellte er in pastoralem Ton fest und ließ mich genüßlich in meinen Höllenqualen schmoren. »Eine Katastrophe. Eine Tragödie. Eine kataklystische, apokalyptische, monumentale Kalamität.« Er machte eine kleine Pause, um Luft zu holen, und konstatierte dann mit schonungsloser Offenheit: »Verursacht ... von Ihnen.«
Das kann man nicht unbedingt als Hilfe bezeichnen. »Hum-

1 Schottischer Nationalheld (ca. 1270-1305), der sich den Engländern unter Edward I. widersetzte und wegen Verrats in London hingerichtet wurde.
2 Eigentlich: Robert de Bruce (1274-1329), von 1306 bis 1329 Robert I., König von Schottland; befreite sein Land von den Engländern, die er 1314 in der Stadt
3 Bannockburn (im Bezirk Stirlingshire) besiegte.
4 Kleiner Ort nahe der schottischen Stadt Inverness; in der Schlacht von Culloden schlug 1746 der Herzog von Cumberland die Soldaten von Charles Edward Stuart

phrey«, forderte ich mit tadelndem Blick, »Sie werden bezahlt, um mich zu beraten, also beraten Sie mich.«
»Das wäre«, erwiderte Sir Humphrey, »so sinnvoll wie die Beratung des Kapitäns der *Titanic* nach dem Rammen des Eisbergs.«
»Hören Sie auf«, wehrte ich ab, »irgend etwas *müssen* wir doch tun können.«
»Wir könnten singen: ›Näher mein Gott zu Dir‹.«
Es klopfte wieder panikartig an der Tür, und Bernard stürmte in mein Abteil. »Minister, der Außenminister möchte Sie sprechen.«
Martin kam herein.
»Ah, Außenminister.« Auf einmal benahm sich Sir Humphrey sehr unterwürfig.
»Ja«, sagte Martin. »Hast du die Rede gelesen?«
Während ich einatmete und bevor ich ihm antworten konnte, unterbrach mich Sir Humphrey: »Tja, mein Minister fürchtet, daß man womöglich in der Tinte sitzen wird. In keltischer vermutlich.« Allmählich gehen mir Humphreys blöde Wortspielchen unheimlich auf die Nerven. Ich fragte Martin, warum Selim Mohammed hier in Großbritannien eine solche Rede halten will. Martin meint, da er neu im Geschäft ist, möchte er damit zu Hause Eindruck schinden. Er möchte überall in Afrika beweisen, daß er ein Super-Antikolonialist ist.
Bernard steckte den Kopf ins Abteil und schlug vor, wir sollten sofort mit einer Erklärung auf diese Rede reagieren. Das hielt ich für eine sehr gute Idee. Darüber hinaus erklärte er, daß er unseren Pressesprecher Bill Pritchard mitgebracht hatte.
Bis jetzt waren schon ich und Humphrey und Martin und Bernard in meinem Abteil. Bill Pritchard, ungefähr 1,90 m groß und kräftig gebaut, fragte fröhlich von draußen: »Ist hier noch Platz für einen Dünnen?« Er drängte sich ins Abteil, schubste Humphrey beiseite, der mit dem Gesicht voran in meine Koje fiel.
Ich fragte Humphrey, ob eine Erklärung eine gute Lösung wäre.
»Tja, Minister«, erwiderte er vorsichtig, als er aufstand, trotz seines albernen chinesischen Morgenmantels jeder Zoll ein hoher Beamter. »Nüchtern betrachtet haben wir in der Tat die üblichen

sechs Möglichkeiten. Erstens: Wir tun nichts. Zweitens: Wir mißbilligen diese Rede. Drittens: schärfster formulierter Protest. Viertens: keine Entwicklungshilfe mehr. Fünftens: Abbruch der diplomatischen Beziehungen. Sechstens: Krieg erklären.«
Das waren ja wirklich jede Menge Möglichkeiten. Ich war glücklich. Ich fragte ihn, für welche wir uns entscheiden sollten.
»Erstens: Wenn wir nichts tun, würden wir die Rede indirekt billigen. Zweitens: Wenn wir eine Erklärung rausgeben, stehen wir nur dumm da. Drittens: Legen wir Protest ein, wird er ignoriert. Viertens: Entwicklungshilfe können wir nicht streichen, denn er bekommt keine. Fünftens: Brechen wir die diplomatischen Beziehungen ab, können wir nicht über die Bohrinselverträge verhandeln. Sechstens: Wenn wir den Krieg erklären, entsteht vielleicht der Eindruck, wir *übertreiben* ein wenig.« Er machte eine kleine Pause. »Früher wurde ein solches Problem natürlich von einem Kanonenboot gelöst.«
Ich war zu diesem Zeitpunkt völlig verzweifelt. Ich sagte: »Ich nehme an, das ist absolut unmöglich? hm!?«
Alle starrten mich entsetzt an. Offensichtlich kommt *das* überhaupt nicht in Frage.
Bernard hatte sich, während Humphrey die gegebenen Möglichkeiten zusammenfaßte, entfernt. Jetzt quetschte er sich wieder in mein Abteil.
»Der Ständige Staatssekretär im Außenministerium kommt den Gang entlang und will Sie offenbar sprechen«, verkündete er.
»Fabelhaft«, murmelte Bill Pritchard, »das überleben die wenigsten von uns.«
Dann sahen wir, was er gemeint hatte. Sir Frederick Stewart, Ständiger Staatssekretär im Außenministerium, von seinen Freunden »Jumbo« genannt, schob sich gnadenlos mit seinem gewaltigen Bauch in das Abteil. Bernard krachte gegen den Schrank. Martin fiel auf das Waschbecken, und Humphrey, in seinem albernen chinesischen Seidenfummel, flog wieder mit dem Gesicht voran in mein Koje. Der riesige Speckberg kreischte: »Darf ich reinkommen, Minister?« Zu meiner Überraschung hatte er eine dünne, hohe Stimme.

»Sie können 's versuchen«, sagte ich.
»Wir hatten Sie schon vermißt«, ächzte Bill Pritchard, als die bebende Fleischmasse sich in das winzige Abteil zwängte, Bill gegen den Spiegel und mich gegen das Fenster quetschte. Wir standen uns alle wirklich sehr nahe.
»Willkommen in der Ad-hoc-Kommission«, sagte Humphrey, verzweifelt darum bemüht, aus seiner prekären Lage wieder auf die Beine zu kommen.
»Was machen wir denn bloß mit dieser schrecklichen Sache, ich meine, mit dieser schrecklichen Rede«, fügte ich nervös hinzu für den Fall, daß Jumbo die Scherze der anderen übelgenommen hatte. Die Schweißperlen auf seiner Glatze glitzerten im Schein der Deckenlampe.
»Naja«, begann Jumbo, »ich glaube, wir wissen schon, was dahintersteckt, nicht wahr, Humpy!?«
Humpy? Ist das ein Spitzname? Jetzt sah ich ihn in einem ganz anderen Licht. Er dachte offensichtlich, ich würde eine Antwort erwarten.
»Ich denke, Sir Frederick will andeuten, daß dieser beleidigende Absatz, sagen wir mal, Vorteile bei den Verhandlungen bringen soll.«
»Ein Schachzug«, meinte Jumbo.
»Der erste Schuß in einer Schlacht«, wußte Humphrey. »Ein Eröffnungsgambit«, fügte Bernard hinzu.
Diese Beamten sind wirklich wahre Meister des Klischees. So können die sich nächtelang unterhalten. Das tun sie auch, wenn man sie nicht daran hindert. Ich hinderte sie daran.
»Sie meinen, er will irgendwas«, sagte ich schneidend. Es ist immer gut, wenn jemand auf Draht ist.
»Warum«, fragte Jumbo Stewart, »schickt er uns sonst ein Vorausexemplar?« Ein unwiderlegbares Argument. »Aber unglücklicherweise ist das Botschaftspersonal ausgewechselt worden, und wir haben nichts außer der Rede. Und keiner weiß etwas über den Präsidenten.«
Ich bemerkte, wie Humphrey mir bedeutungsvolle Blicke zuwarf.

»Bis auf mich«, meldete ich mich freiwillig, ein wenig widerstrebend.
Martin lächelte amüsiert. Jumbo ebenfalls.
»Wir haben mal zusammen studiert.«
Jetzt wandte sich Humphrey an mich: »Die alten Farben verbinden doch, hm!?«
Das schien eine Aufforderung zu sein.
Ich war überhaupt nicht scharf auf die Wendung, die unser Gespräch nahm. Immerhin habe ich Charlie seit 25 Jahren nicht mehr gesehen. Er erinnert sich vielleicht nicht mehr an mich, ich weiß wirklich nicht, was *ich* erreichen kann. »*Sie* sollten ihn aufsuchen, Sir Frederick«, erwiderte ich.
»Nein, Minister, Sie haben doch viel mehr Gewicht«, sagte Jumbo. Er schien sich der Ironie seiner Bemerkung nicht bewußt zu sein.
Es entstand eine kleine Pause, während derer Bill Pritchard erfolglos versuchte, sein Kichern zu kaschieren, indem er es übergangslos in ein Hüsteln verwandeln wollte.
»Dann wären wir also alle einig«, fragte Sir Humphrey, »daß der Berg zum Mohammed gehen sollte?«
»Nein, *Jim* geht«, sagte Martin und fing sich dafür einen boshaften Blick seines übergewichtigen Ständigen Staatssekretärs ein, während unser Pressesprecher an seinem Kicher-Hüsteln zu ersticken drohte.
Mir wurde klar, daß ich keine andere Wahl hatte. »Na gut«, stimmte ich zu und wandte mich an Humphrey, »aber Sie kommen mit.«
»Selbstverständlich, Minister«, stimmte Sir Humphrey zu, »so etwas würde ich Sie doch nie allein machen lassen.«
Ist das nun schon wieder eine Beleidigung, oder leide ich an Verfolgungswahn?

Heute, etwas später

Charlie Umtali – vielleicht sollte ich ihn von jetzt an lieber Präsident Selim nennen – empfing uns vormittags um 10.00 Uhr in seiner Suite im Kaledonien-Hotel.

»Ah, Jim.« Er erhob sich, um uns überaus höflich zu begrüßen. Ich hatte vergessen, welch fabelhaftes Englisch er sprach. »Komm rein, wie schön, dich zu sehen.«

Ich war in hohem Maße erfreut über seinen herzlichen Empfang.

»Charlie«, begann ich. Wir schüttelten uns die Hände. »Long time no see.«

»Du mußt mit mir nicht Pidgin-Englisch sprechen«, sagte er, wandte sich an seinen Referenten und bat ihn, für uns alle Kaffee zu holen.

Ich stellte Humphrey vor, und wir setzten uns.

»Ich fand immer, ›Ständiger Staatssekretär‹ ist ein etwas hölzerner Titel«, sagte er. Humphreys Augenbrauen zuckten nach oben.

»Äh, wie bitte?«

»Da denke ich eher an ein altmodisches Schreibmöbel«, meinte Charlie vergnügt. Humphreys Augenbrauen verschwanden in seinem Haaransatz.

»Dabei«, fuhr er in demselben Ton fort, »sind Sie doch ein moderner Beamter, der alles im Griff hat, nicht wahr?« Charlie hatte sich kein bißchen verändert.

Humphrey fand seine Selbstbeherrschung wieder und zupfte elegant seine Krawatte zurecht. »Nicht unbedingt alles.«

Dann gratulierte ich Charlie dazu, daß er Staatschef geworden war. »Vielen Dank«, sagte er, »das war nicht so schwer. Es ging auch ohne diese umständlichen Geschichten wie Wahlen über die Bühne.« Er schwieg einen Moment und fügte dann beiläufig hinzu: »Oder Nachwahlen.« Und lächelte uns liebenswürdig an.

War das ein Wink? Ich entschloß mich, nichts zu sagen. Also fuhr er nach einer Weile fort: »Jim, ich freue mich sehr, dich wiederzusehen, aber ist dieser Besuch rein gesellschaftlicher Natur, oder möchtest du gern etwas Bestimmtes besprechen? Meine

Zeit ist knapp bemessen, ich muß meiner Rede nämlich noch den letzten Schliff geben.«
War das schon wieder ein Wink?
Ich erklärte ihm, wir hätten das Vorausexemplar seiner Rede gelesen. Er fragte, ob sie uns gefallen würde. Ich fragte ihn, ob ich, da wir ja alte Freunde wären, offen und ehrlich meine Meinung dazu sagen könnte. Er nickte.
Ich versuchte, ihm klarzumachen, daß der Absatz über britischen Kolonialismus und Ketten etwas, *sehr* sogar, offen gesagt, *überaus* peinlich sei. Ich fragte ihn, ob er sich diese unpassende Passage, in der er die Schotten und Iren auffordert, sich von den englischen Despoten zu befreien, nicht sparen könnte.
Charlie antwortete, indem er gestand: »Aber Jim, das ist die Wahrheit, das empfinde ich tief in meinem Herzen. Und die Briten wollen doch die Wahrheit bestimmt nicht unterdrücken!?«
Ein geschickter Schachzug.
Sir Humphrey versuchte, mir beizustehen. »Es mag vielleicht etwas geben, was den Präsidenten veranlassen könnte, eine Umformulierung zu erwägen und den Akzent etwas zu verlagern. Vom spezifischen Beispiel auf den abstrakten Begriff – selbstverständlich, ohne daß dabei die konzeptionelle Integrität des Gedankens in irgendeiner Weise beeinträchtigt werden würde.«
Eine fabelhafte Hilfe!
Mit nachdenklichem Gesichtsausdruck nippte ich an meinem Kaffee.
Das hatte selbst Charlie nicht verstanden, nein, ganz sicher nicht, denn nach einer kurzen Pause sagte er: »Darf ich dich, da du schon mal hier bist, Jim, fragen, was du von einem Vorschlag hältst, den ich dem Premierminister während unserer Gespräche unterbreiten will!?«
Ich nickte.
Dann erzählte er uns, daß sein kleiner Regierungswechsel einige Leute, die in Burandas Ölindustrie investiert hatten, beunruhigt hätte. Was ihm völlig unverständlich sei. Deshalb hätte er gern eine kleine Investition von uns, um über die Runden zu kommen.
Endlich redeten wir Fraktur.

Ich fragte ihn, wieviel. Er erwartete fünfzig Millionen Pfund. Das schien wieder Sir Humphrey zu beunruhigen. Er schrieb mir etwas auf einen kleinen Zettel. »Fragen Sie ihn, zu welchen Bedingungen.« Also fragte ich.

»Bis zum Beginn der Rückzahlung des Kapitals eine Frist von zehn Jahren ... und zinslos.«

Das schien mir ganz vernünftig zu klingen, aber Humphrey verschluckte sich an seinem Kaffee und prustete in die Tasse. Also machte ich darauf aufmerksam, daß fünfzig Millionen Pfund eine ganze Menge Geld sei.

»Tja, wenn das so ist ...«, begann Charlie, und ich konnte ihm ansehen, daß er das Gespräch beenden wollte.

»Aber das soll doch nicht heißen, daß wir nicht darüber sprechen können«, beruhigte ich ihn. Ich bekam schon wieder einen Zettel von Humphrey zugesteckt: »Zehn Jahre und zinslos!? ... Wenn die Zinsen 10 % ausmachen würden, bittet er uns um eine *Spende* von fünfzig Millionen Pfund.«

Behutsam versuchte ich, Charlie dieses Argument nahezubringen. Überaus einsichtsvoll (wie mir schien) machte er darauf aufmerksam, daß das doch nur von Vorteil für uns wäre, denn von dem Geld würde Buranda selbstverständlich an der Clyde gebaute Bohrinseln von uns kaufen.

Das leuchtete mir sofort ein, aber ich erhielt postwendend wieder eine verzweifelte und diesmal fast unleserliche Notiz von Humphrey: »Er bittet uns darum, ihm fünfzig Millionen Pfund zu schenken, damit *er* mit *unserem* Geld *unsere* Bohrinseln kaufen kann!« (Warum muß der denn bloß immer irgendwas unterstreichen!)

Da wir unmöglich noch länger wie ungezogene Schuljungs Kassiber austauschen konnten, verständigten wir uns fortan leise murmelnd. »Das klingt doch sehr vernünftig«, flüsterte ich.

»Das kann doch nicht Ihr Ernst sein«, zischte Humphrey.

»Das bedeutet eine Menge Jobs, Humphrey«, konterte ich wispernd und fragte Charlie, ob er, wenn es uns möglich wäre, ihm zu helfen, bereit wäre, die notwendigen Kürzungen in seinem Manuskript vorzunehmen. Jetzt lagen die Karten auf dem Tisch.

Charlie gab erstmal vor, als würde ihn das überraschen, daß ich beides miteinander in Verbindung gebracht hatte, war dann aber damit einverstanden, seine Rede um die entsprechenden Passagen zu kürzen. Was sollte denn das Theater, das hätte er sich doch denken können.

»Jetzt haben wir den Schwarzen Peter.« Sir Humphrey flüsterte inzwischen so laut, daß man ihn auch noch in Liverpool hätte hören können.

»Haben Sie mich oder meinen Vorschlag gemeint?« fragte Charlie.

»Selbstverständlich deinen Vorschlag«, sagte ich voreilig, bevor mir klargeworden war, daß das eine Fangfrage war. »Äh, nein, nein, nicht mal deinen Vorschlag.«

Ich wandte mich wieder Humphrey zu und flüsterte, daß wir das meiner Meinung nach durchaus vertreten könnten. Denn immerhin gäbe es ja Präzedenzfälle für Geschäfte dieser Art[1].

Sir Humphrey bestand darauf, unter vier Augen mit mir zu sprechen. Wir entschuldigten uns bei Charlie und gingen zum Fenster.

Ich verstand wirklich nicht, warum Humphrey vor Wut kochte. Charlie hatte uns doch einen Ausweg angeboten.

Humphrey behauptete, wir würden das Geld nie zurückkriegen, und deshalb könnte er das niemals beim Finanzministerium befürworten, und das Finanzministerium würde es dem Kabinett ohnehin nicht vorlegen.

»Sie sind doch nur dafür«, tönte er wichtigtuerisch, »weil Sie sich den Weg aus Ihrer prekären politischen Situation mit fünfzig

[1] Hacker dachte vielleicht an das Schiffsbauabkommen mit Polen während der Regierung Callaghan, das darauf hinauslief, daß das United Kingdom den Polen zinsloses Geld lieh, damit diese bei den Engländern mit deren Geld Öltanker kaufen konnten – Tanker, die dann der britischen Frachtschiffahrt Konkurrenz machten. Diese Tanker sollten in der Region Tyneside gebaut werden, einem knappen Labour-Wahlkreis mit hoher Arbeitslosigkeit. Man hätte sagen können, daß die Labour-Regierung öffentliche Gelder dazu verwendete, um Labour-Stimmen zu kaufen – aber niemand sagte es; vielleicht deshalb, weil – wie bei der biologischen Kriegführung – niemand das Risiko eingehen will, eine nicht kontrollierbare Waffe anzuwenden, die früher oder später gegen einen selbst gerichtet werden könnte

Millionen Pfund öffentlichen Geldern freikaufen wollen.«
Ich erklärte ihm, daß das Diplomatie sei. Er nannte es Korruption. Kaum hörbar flüsterte ich: »GCB.[1]«
Es entstand eine längere Pause. »Was sagten Sie, Minister?«
»Nichts«, entgegnete ich, »gar nichts.«
Auf einmal schien Humphrey sehr intensiv nachzudenken. »Andererseits ...«, überlegte er, »... wollen wir ja nicht, daß die Sowjetunion in Buranda investiert, nicht wahr?« Ich schüttelte den Kopf. »Ja, ich verstehe, was Sie meinen«, murmelte er.
»Und die werden investieren, wenn wir denen nicht zuvorkommen«, sagte ich und half ihm auf die Sprünge.
Humphrey fing an, jede Menge Argumente für meinen Vorschlag aus dem Hut zu zaubern. »Ich nehme an, wir könnten argumentieren, daß wir, als wichtiger Gesprächspartner im Nord-Süd-Dialog, eine hohe Verantwortung tragen für die ...«
»U.A.Z.S.'s!?[2]« half ich.
Humphrey ignorierte meinen Scherz. »Richtig«, sagte er beiläufig. »Und wenn wir darauf bestehen, daß wir in zehn Jahren ein Prozent der Einnahmen aus der Ölförderung erhalten ... ja, per Saldo können wir, glaube ich, auf der Basis unserer Verpflichtungen gegenüber der Dritten Welt ein überzeugendes Papier entwerfen, um das Außenministerium ins Spiel zu bringen ... und dadurch, daß wir Arbeitsplätze in notleidenden Gebieten schaffen, haben wir sowohl das Arbeitsministerium als auch das Ministerium für Schottland auf unserer Seite ... Die Tatsache, daß Bohrinseln gebaut werden können, sollte das Ministerium für Handel und Industrie mobilisieren, und wenn wir dem Finanzministerium glaubhaft versichern können, daß die Zahlungsbilanz nicht beeinträchtigt werden würde ... ja, ich glaube, wir könnten durchaus in der Lage sein, allgemeine Übereinstimmung zu erzielen.«
Ich hatte damit gerechnet, daß er zu diesem Schluß gelangen würde. Wir marschierten zu Charlie zurück.

[1] GCB: Grand Cross of the Bath (Großkreuz des Bathordens)

[2] U.A.Z.S.: Unbedeutender afrikanischer Zwergstaat

»Mr. President«, begann Sir Humphrey, »ich glaube, daß wir uns letztlich doch noch einig werden können.«
»Du kennst meinen Preis«, wandte sich Charlie an mich.
»Und du kennst meinen«, sagte ich. Ich lächelte Sir Humphrey an. »Jeder Mensch hat seinen Preis, nicht wahr.«
Sir Humphrey hatte schon wieder diesen unergründlichen Gesichtsausdruck. Vielleicht werden hohe Beamte deshalb Mandarine genannt.
»Ja, Minister«, erwiderte er.

3 Sparmaßnahmen

1. Dezember

Im Zug nach London; nach einem hektischen Wochenende im Wahlkreis. Ich schlug die *Daily Mail* auf. Da stand ein riesiger Artikel, in dem ich persönlich angegriffen wurde.
Unauffällig schaute ich mich im Zug um. Normalerweise ist der Erste-Klasse-Wagen vollbesetzt mit Leuten, die die *Times*, den *Telegraph* oder die *Financial Times* lesen. Aber heute lasen die offenbar alle die *Daily Mail.*

Eliminiert Jim Hacker

Von John Pilgrim
Enthüllungsreporter

Der Abgeordnete Jim Hacker versprach, die Ankündigung der Regierung, den Beamtenapparat abzuspecken, zu realisieren und der Einflußnahme durch Bürokraten und Parteifunktionäre ein Ende zu machen. Aber wie viele Menschen wissen, daß der Beamtenapparat täglich umfangreicher wird?
Wie ich erfahren habe, überwachen *vier* Ministerien die Beschaffung derselben Armeeuniformen. Da prüft der Verteidigungsminister, ob sie die kriegen, die bestellt waren. Der Minister für Industrie prüft, ob sie gemäß den Regierungsbestimmungen angefertigt werden. Das Schatzamt prüft die Rechnungen. und Jim Hackers Mob prüft das Prüfen der anderen!
Jim Hacker ist somit der gravierendste Fall von Überbelegung in Whitehall. Als ersten specken wir ihn ab, dann sparen wir schon mal ein Ministergehalt!

Als ich ins Büro kam, tauchte Bernard sofort mit der Zeitung auf und fragte: »Haben Sie das gelesen?« Ich sagte ihm, ich hätte es gelesen. Bernard berichtete mir, daß Frank es gelesen hätte und mich sprechen wolle. Dann kam Frank auch schon rein und fragte mich, ob ich es gelesen hätte. Ich sagte ihm, ich hätte es gelesen.

Dann las Frank mir den Artikel vor. Ich weiß wirklich nicht, warum er ihn mir vorlas. Ich erklärte ihm, ich hätte ihn gelesen. Anscheinend schien es seine Stimmung zu verbessern, ihn sehr laut vorzulesen. Meine Stimmung sank auf den Nullpunkt.

Ich fragte mich, wie viele Zeitungen die am Tag verkaufen. »Zwei Millionen, drei Millionen«, fragte ich Bernard.

»O nein, Minister«, antwortete er und sah mich an, als hätte ich die Auflage dieser Zeitung in geradezu unerhörter Weise total überschätzt.

Ich zwang ihn zu einer klaren Antwort. »Na, wie viele?«

»Äh ... vier Millionen«, gab er etwas widerstrebend zu. »Das heißt ... daß nur 12 Millionen Menschen den Artikel gelesen haben. 12 oder 15 Millionen. Und viele Leser der ›Daily Mail‹ können überhaupt nicht lesen, wissen Sie.«

Frank ging mir inzwischen immer mehr auf die Nerven. Er fragte dauernd: »Haben Sie das gelesen?« und las die nächste entsetzliche Passage vor. Zum Beispiel: »Wie viele Mitbürger wissen, und das ist nur ein Beispiel, daß die Finanzbehörden mehr Leute beschäftigen als die Royal Navy?« Davon hatte ich noch nie etwas gehört, aber Bernard nickte bestätigend, als ich ihn fragend ansah.

»Vielleicht«, sagte Frank, er las mir immer lauter aus dieser verdammten Gazette vor, »vielleicht glaubt die britische Regierung, Steuern sind die beste Form der Verteidigung.«

Bernard kicherte, bis er merkte, daß ich das überhaupt nicht komisch fand. Er versuchte, sein Gekicher in einen Hustenanfall zu verwandeln. Dieser Mann ist ein Idiot.

Dann klärte Frank mich auf, als wenn ich nicht schon längst selbst darauf gekommen wäre, daß dieser Artikel mir politisch unheimlich schaden kann und daß ich jetzt nur noch eine Aufgabe hätte, nämlich den Civil Service abzuspecken. Das ist zweifellos richtig, aber es ist nicht gerade einfach.

Ich machte Frank darauf aufmerksam. »Wissen Sie was«, sagte er wütend, »die haben Sie hier schon abgerichtet.«

Ich ließ mich zu keiner Antwort herab. Abgesehen davon, wußte ich auch nicht, was ich hätte antworten sollen. *[Die Beamten sprechen von »abrichten«, wenn sie dahingehend auf einen neuen Minister einwirken, daß er die Dinge so betrachtet wie sie. Wenn ein Minister darauf abgerichtet ist, alles automatisch vom Standpunkt der Beamten aus zu sehen, dann spricht man in Westminster davon, daß der Minister »jetzt zu den Eingeborenen gehört« – d. H.]*

Sir Humphrey kam herein und schwenkte drohend eine *Daily Mail.* »Haben Sie das gelesen«, begann er.

Das war zuviel. Ich explodierte. »Ja. Ja! Ja!!! Ich habe dieses Scheißblättchen gelesen. *Ich* habe es gelesen, *Sie* haben es gelesen, *wir alle* haben es gelesen, verdammt nochmal. HABE ICH MICH KLAR AUSGEDRÜCKT!?«

»Ja, unmißverständlich, Minister«, sagte Sir Humphrey kühl, nach einem kurzen peinlichen Schweigen. Ich kriegte mein Temperament wieder in den Griff und bat sie alle, Platz zu nehmen.

»Humphrey«, sagte ich, »jetzt muß der Civil Service unbedingt abgespeckt werden. Wie viele Leute arbeiten für dieses Ministerium?«

»Für dieses Ministerium?« Er wollte mir anscheinend ausweichen. »Wir sind nicht viele.« »Nicht viele!? ... Wie viele?« fragte ich und bekam keine Antwort. Ich entschloß mich, eine Schätzung zu wagen. »Zwei Millionen ...? Drei Millionen?« fragte ich suggestiv und befürchtete das Schlimmste.

»Ich glaube, so um die 23 000, Minister!?«

Ich war sprachlos. 23 000 »Verwalter«, die nur andere »Verwalter verwalten«?

»Wir brauchen eine ABS«, verlangte ich. *[ABS: Arbeitsablaufstudie – d. H.]* »Dann wissen wir, wer gestrichen werden kann.«

»Wir haben vor einem Jahr eine erstellt«, wandte Sir Humphrey sanft ein. »Das Ergebnis besagte: uns *fehlten* noch 500 Beamte.

Wie auch immer, Minister, wir könnten jederzeit Ihre Bürokratieaufsichtsbehörde[1] schließen.«
Das hatte ich erwartet. Ich weiß, daß Humphrey die Bürokratieaufsichtsbehörde nicht mag. Wie könnte er auch!? Aber die werden wir auf keinen Fall abschaffen. Erstens ist sie überaus beliebt bei den Wählern, und zweitens ist sie das einzige, was ich bisher hier erreichen konnte. »Sie gibt dem einfachen Mitbürger die Chance, uns dabei zu helfen, das Verschwenden von Staatsgeldern zu unterbinden«, sagte ich ihm, ich glaube zum hundertsten Mal.
»Die Öffentlichkeit«, widersprach Sir Humphrey, »versteht doch davon überhaupt nichts, *wir* sind die Experten.«
Ich grinste. »Kann ich das schriftlich haben?«
Humphrey reagierte ungewöhnlich gereizt: »Sie wissen genau, daß ich das so nicht gemeint hatte«, blaffte er. »Diese Bürokratieaufsichtsbehörde ist doch nichts weiter als ein Querulantenforum.«
»Sie bleibt«, erwiderte ich.
Wir starrten uns an, eiskalt. Schließlich sagte Sir Humphrey: »Ich wüßte jetzt nicht, welche Einsparungsvorschläge ich sonst machen sollte.«
Das war ja nun wirklich absolut lächerlich. »Wollen Sie mir wirklich erzählen«, fragte ich, »daß man hier nirgendwo etwas einsparen kann?«
Er zuckte mit den Schultern. »Tja ... ich nehme an, wir könnten uns von ein, zwei Teeköchinnen trennen.«
Ich explodierte. Ich ersuchte ihn, kein dummes Zeug zu reden: »Ich erwarte ernsthafte Vorschläge. Ich will Fakten, ich will Antworten.« Dann zählte ich ihm auf, auf welche Fragen:

1. Wie viele Leute arbeiten für uns?
2. Was tun sie?

[1] Die Bürokratieaufsichtsbehörde war eine Neuerung von Hacker, bei der die Öffentlichkeit aufgefordert wurde, jeden einzelnen Fall von übermäßiger Verwaltungsbürokratie zu melden, mit der der Bürger persönlich konfrontiert wird. Die Behörde wurde nach vier Monaten wieder aufgelöst

3. Wie viele Gebäude haben wir?
4. Wer und was befindet sich in diesen Gebäuden?

Das machte ich ihm mit aller Deutlichkeit klar. Ich forderte eine umfassende Studie. Erstmal werden wir in unserem eigenen Haus aufräumen, und dann ist der Rest von Whitehall dran. Wenn wir eine umfassende Studie zur Hand haben, wissen wir, wo wir Kosten einsparen, Personal streichen und Verwaltungsvorgänge vereinfachen können.

Sir Humphrey hörte mir etwas ungeduldig zu. »Der Civil Service, Minister«, entgegnete er, als ich gerade Luft holte, »ist dazu da, um Gesetze zu vollziehen, die vom Parlament erlassen wurden. Solange das Parlament weiterhin Gesetze zur immer intensiveren Kontrolle des Lebens unserer Mitbürger erläßt, muß die Verwaltung sich dementsprechend entfalten können.«

»Ha!« Frank gab einsilbig lachend einen spöttischen Ton von sich.

Sir Humphrey drehte sich zu ihm um und starrte ihn mit glasigem Blick an. »Soll ich daraus folgern, daß Mr. Weisel nicht mit mir übereinstimmt?«

»Ha!« wiederholte Frank.

Frank ging mir wirklich immer mehr auf den Geist. »Frank, entweder lachen Sie richtig oder gar nicht«, wies ich ihn an.

»Minister«, Humphrey stand auf, »entschuldigen Sie mich. Selbstverständlich ist Ihr Wunsch mir Befehl. Ich werde sofort alle Räder in Bewegung setzen.«

Nachdem Sir H. sich zurückgezogen hatte, erzählte Frank mir, daß man dabei war, eine unglaublich faule Geschichte aufzudekken. Offenbar hatte ein Bezirksprüfer im Nordwesten allein in seinem Bezirk 32 Millionen Pfund eingespart. Und jetzt versuchte der Civil Service, das zu vertuschen. Ich fragte nach dem Grund.

»Die wollen natürlich keine Einsparungen«, sagte Frank wütend. »Sir Humphrey zu bitten, den Civil Service abzuspecken, ist doch genau dasselbe, als würde man einen Alkoholiker bitten, seine Kneipe in die Luft zu jagen.«

Ich fragte Bernard, ob diese Geschichte wahr sei. Bernard gestand, das wüßte er nicht, aber wenn sie wahr sei, wäre er entsetzt. Ich bat sie beide, der Sache nachzugehen. Bernard versprach, er würde sich in der Gerüchteküche umhören, und mit Frank vereinbarte ich, daß er weiter ein bißchen rumschnüffelt.

[An einem der darauffolgenden Tage führte Sir Humphrey Appleby ein Gespräch mit Bernard Woolley. Sir Humphrey schrieb darüber einen Vermerk, den wir bei den Personalakten des MVA in Walthamstow fanden – d.H.]

Am Nachmittag um 17.15 Uhr erschien Woolley, um mit mir über diese 32 Millionen Pfund, die ein Bezirksprüfer im Nordwesten eingespart hatte, zu sprechen. Ich äußerte, daß ich entsetzt sei.

Woolley versicherte, er sei auch entsetzt, und es sei unglaublich, daß wir davon nichts erfahren hatten.

Manchmal offenbart er sich als beängstigend einfältig. Ich weiß natürlich genau Bescheid. Ich bin nur entsetzt, daß das bekannt geworden ist. Das könnte womöglich zur Folge haben, daß im nächsten Jahr der Prüfungsausschuß für öffentliche Aufwendungen dem Schatzamt vorschlägt, uns weniger Geld zu bewilligen.

Ich hatte das Gefühl, in einem *inoffiziellen* Gespräch würde ich mehr über Bernard Woolley in Erfahrung bringen können. *[Um ein inoffizielles Gespräch mit B.W. führen zu können, mußte sich Sir Humphrey von seinem Schreibtisch in den Gesprächsbereich (vier Sessel, ein Couchtisch) begeben, darauf hinweisen, daß es bereits 17.31 sei und Woolley einen Sherry anbieten – d.H.]* Dann fragte ich ihn, warum er so ängstlich aussah. Er offenbarte mir, daß er wirklich ernsthaft wollte, daß das MVA Geld einspart.

Das war schockierend. Ganz offensichtlich hat er die Grundlagen unserer Arbeit noch nicht begriffen.

Es muß etwas geben, woran man den Erfolg des Civil Service messen kann. British Leyland kann seinen Erfolg an der Höhe des Profits messen. *[British Leyland war der Name eines Automobilherstellers, an den in den 80er Jahren Milliarden Pfund an*

Steuergeldern gezahlt wurden, wodurch man in den Westmidlands Vollbeschäftigung zu erreichen suchte. Um genau zu sein, maß B.L. seinen Mißerfolg an der Höhe der Verluste – d.H.] Wie auch immer, der Civil Service macht weder Gewinne noch Verluste. *Ergo,* messen wir unseren Erfolg an der Zahl unserer Mitarbeiter und an unserem Etat. Per difinitionem: Ein umfangreiches Ministerium ist erfolgreicher als ein kleines. Es ist schon sehr ungewöhnlich, daß Woolley das Civil Service College absolvieren konnte, ohne begriffen zu haben, daß dieser einfache Lehrsatz die Basis unseres gesamten Systems darstellt.

Niemand hatte diesen Bezirksprüfer im Nordwesten beauftragt, 32 Millionen Pfund einzusparen. Was würde werden, wenn das in Zukunft jeder macht? Was, wenn jeder rumliefe und auf eine so unverantwortliche Art und Weise Geld einsparen wollte?

Dann offenbarte Woolley noch einen anderen kuriosen wunden Punkt, als er das Argument vorbrachte, der Minister hätte doch Einsparungen verlangt. Ich sah mich veranlaßt, ihn in die Geheimnisse des Lebens einzuweihen:

1. Minister kommen, und Minister gehen. In unseren Ministerien bleibt der durchschnittliche Minister höchstens elf Monate im Amt.
   [In den zehn Jahren, in denen er Vorstandsvorsitzender von British Steel war, hatte es Sir Monty Finniston mit nicht weniger als 19 Industrieministern zu tun – d.H.]
2. Es ist unsere Pflicht, unserem Minister im Kampf um das Geld des Ministeriums zu helfen, auch wenn er einmal in Panik gerät.
3. Was immer auch geschieht, der Minister muß das Recht haben, in Panik zu geraten. Politiker geraten gern in Panik. Sie brauchen Aktivität – das ist für sie ein Äquivalent für Leistung.
4. Das Argument, wir müßten alles tun, was ein Minister von uns verlangt, weil er »demokratisch gewählt« wurde, hält einer intensiveren Analyse nicht stand. Parlamentsmitglieder werden nicht »vom Volk« gewählt – sie werden von der Ortsgruppe ihrer Partei ausgesucht, *id est.*
   35 Männer in schmuddeligen Jacken oder 35 Frauen unter

schrecklichen Hüten. Der weitere »Auswahl«-Prozeß ist dementsprechend völliger Unsinn: Es gibt nur 630 Abgeordnete, und eine Partei, die etwas mehr als 300 Abgeordnete stellt, bildet eine Regierung – und von diesen 300 sind 100 zu alt und zu dumm, um Minister zu sein, und weitere 100 sind zu jung und unerfahren. Also bleiben nur noch ungefähr 100 Abgeordnete, um 100 Regierungsämter zu besetzen. Da hat man doch keine Auswahl.

5. Da Minister weder selektiert noch ordentlich ausgebildet worden sind, ist es unsere patriotische Pflicht, alles zu tun, damit sie so oft wie möglich eine richtige Entscheidung treffen.

Abschließend belehrte ich Woolley darüber, wie man dem Minister das Einsparen von 32 Millionen Pfund erklären kann. Ich bot die folgende Möglichkeiten an. Die wären:

(a) Es gibt jetzt im Nordwesten ein neues Buchführungssystem.

oder (b) Eine Änderung der Grenzen des Bezirks, so daß die Zahlen nicht mehr operabel sind.

oder (c) Das Geld diente während der vergangenen zwei Jahre, was jetzt nicht mehr der Fall ist, als Ausgleich für besondere Zusatzausgaben in Höhe von 16 Millionen Pfund jährlich.

oder (d) Es handelt sich nur um eine rechnerische Ersparnis, der Gesamtbetrag wird aber im nächsten Jahr ausgegeben werden müssen.

oder (e) In einem Hauptausgabenbereich kam es zu Fertigstellungsverzögerungen, und deshalb wird der Bezirk im kommenden Jahr den Etatrahmen demgemäß sprengen. *[In der Fachsprache nennt man das »phasing« – d.H.]*

oder (f) Es kam zu unvorhersehbaren, aber wesentlichen Umschichtungen im Personal- und Industriebereich in andere Bezirke, deren Ausgaben dementsprechend gestiegen sind.

oder (g) In der Frühphase des Abrechnungszeitraumes wurden einige große Projekte aus ökonomischen Gründen gestrichen – mit dem Ergebnis, daß die Ausgabe der inzwischen bereitgestellten Haushaltsmittel nicht mehr verbindlich war.

Woolley schien das zu begreifen. Ich fürchte, bis jetzt hat er noch keine angemessene Ausbildung erhalten. Ich habe die Absicht, ihn intensiv im Auge zu behalten, denn trotz allem glaube ich, daß aus ihm durchaus etwas werden könnte.
Er erzählte mir freiwillig, daß Frank Weisel herumschnüffelt. Ich sorgte natürlich sofort dafür, daß das »Wiesel« von uns einen Regierungswagen bekommt. *[Es war übliche Verwaltungspraxis, lästigen Außenseitern einen Regierungswagen zur Verfügung zu stellen. Man vertraute darauf, daß der Fahrer zumindest darüber Bericht erstattete, wo er gewesen war – und sei es auch nur, um über die zurückgelegten Kilometer Rechenschaft abzulegen.*
Fahrer gehören zu den nützlichsten Informationsquellen in Whitehall. Ihre Fahrgäste lassen häufig jegliche Diskretion vermissen, weil sie nicht daran denken, daß alles, was sie auf dem Rücksitz sagen, vorne mitgehört werden kann. Außerdem neigen Minister dazu, vertrauliche Unterlagen zu vergessen und sie im Wagen liegenzulassen.
Informationen sind Whitehalls wichtigste Währung. Fahrer treiben einen regen Handel mit Informationen – d. H.]
[Die folgenden Mitteilungen, ausgetauscht zwischen Sir Humphrey Appleby und Sir Frederick Stewart, wurden in einer Akte des Ministeriums gefunden – d. H.]

Foreign and Commonwealth Office
From the Permanent Under Secretary of State

12. Dezember

Lieber Humpy,

mache mir Sorgen, daß
Ihr Minister weiterhin versucht,
sinnlose Einsparungen
vorzunehmen.

Jumbo

Eine Mitteilung von Sir Frederick Stewart, Ständiger Staatssekretär im FCO.

MINISTRY OF
ADMINISTRATIVE AFFAIRS

From the Permanent Under Secretary of State

Lieber Jumbo,
hoffe doch, es läuft wie bei allen Sparmaßnahmen der Regierung – drei Tage Presse-mitteilungen, drei Wochen ministerielle Memos, dann eine Krise im Nahen Osten, und wir haben es hinter uns.

H. 12.12.

Eine Antwort von Sir Humphrey an Sir Frederick Stewart

Foreign and Commonwealth Office
From the Permanent Under Secretary of State

13. 12.

Lieber Humpy,

hoffe, Sie haben recht, aber warum ein Risiko eingehen? Ich schlage wieder das „Unternehmen Bettelmönch" vor:

„Zu Hause beginnt das Sparen. Mit gutem Beispiel vorangehen ... man kann nicht von anderen etwas erwarten, was wir selbst nicht tun ..." usw.

Jumbo

Eine Antwort von Sir Frederick

MINISTRY OF
ADMINISTRATIVE AFFAIRS

From the Permanent Under Secretary of State

Jumbo,

gute Idee, werde es versuchen. Danke. Selbstsucht ist wahrscheinlich die Lösung, wie immer.

H.

P.S. Wir sehen uns zum Dinner beim Oberbürgermeister.

13. 12.

Eine Antwort von Sir Humphrey

[Hackers Tagebuch – d.H.]

15. Dezember

Heute fand das ausführliche Gespräch zum Thema Ausgabenkürzungen statt. Frank hatte vierzehn Tage lang intensiv herumgeschnüffelt. Das Gespräch endete genauso, wie ich es erwartet hatte, denn jetzt haben wir ein hieb- und stichfestes Programm für das, was wir tun werden, obgleich es nicht unbedingt dem entspricht, was ich mir vorgestellt hatte.
Gesprächsteilnehmer waren außer mir Sir Humphrey, Bernard und Frank, der mich mit Informationen versorgt hatte, die allem Anschein nach ein paar atemberaubende Enthüllungen über Verschwendung in unserem eigenen Hause enthielten. Ich erklärte Sir Humphrey, daß er sich ganz schön wundern werde, und diese neuen Fakten seien anscheinend eine erschreckende Anklage gegen bürokratische Schlamperei und Maßlosigkeit.
Humphrey lächelte maliziös. Bevor er eine dumme Bemerkung machen konnte, begann ich: »Wellington House, Hyde Park Road. Wert mindestens siebeneinhalb Millionen Pfund. Westminster Old Hall, Sackville Square, Wert mindestens elf Millionen Pfund. In beiden Gebäuden gibt es fast kein Personal, die sind offenbar mit Aktenbergen vollgestopft.«
»Darf ich nach der Quelle dieser Schätzwerte fragen«, forschte Sir Humphrey.
»Das ist der Kurs für Bürogebäude in dieser Gegend«, sagte Frank.
»Ah. *Unglücklicherweise«*, sagte Sir Humphrey in seinem hilfsbereiten Ton, »würde aber für keines dieser Gebäude so viel bezahlt werden.«
Ich fragte, warum nicht.
»Wellington House verfügt weder über eine Feuertreppe noch Feuertüren, und die Bausubstanz läßt einen Umbau nicht zu, deshalb kann man es nicht für Büros verwenden.«
»Aber warum unterhalten wir denn da Büros«, wollte Frank aggressiv wissen.

»Gebäude der Regierung brauchen keine feuerpolizeiliche Freigabe.«
»Warum denn nicht?« Frank wurde immer lauter.
»Vielleicht«, bot uns Humphrey eine Erklärung an, »weil die Beamten Ihrer Majestät nicht so leicht entflammbar sind.« Jetzt lachte er stillvergnügt in sich hinein. Wieder eines von seinen kleinen Witzchen. Er schien sich köstlich über seinen Kalauer zu amüsieren. Der hat eben nicht meine Art Humor.
[Regierungsgebäude müssen den meisten gesetzlichen Feuerschutzbestimmungen entsprechen – allerdings nicht im Hinblick auf Fluchtwege – d.H.]
Wir waren mit unseren Einsparungsbemühungen bis jetzt noch nicht weit gekommen, also fragte ich, warum Westminster Old Hall nicht als Bürohaus verkauft werden könnte.
»Es gehört zur Grundbucheintragungsklasse 1. Die Nutzungsbestimmung kann nicht geändert werden. Aus umweltpolitischen Gründen, Sie verstehen.«
Wir kamen einfach nicht weiter. Aber Frank fuhr unbeirrt fort und schlug vor, wir sollten die Häuser Nummer 3 bis Nummer 17 in der Beaconsfield Street verkaufen.
»Ah, ja!« sagte Sir Humphrey. »In diesem Gebäude gibt es drei Kellerstockwerke aus armiertem Beton.«
»Ja, na und«, sagte ich.
»Es dient für den Fall –«, entgegnete Sir Humphrey. Ich wartete darauf, daß er seinen Satz vollenden würde, aber nach einigen Augenblicken wurde offenbar, daß er wohl der Ansicht war, er hätte ihn vollendet.
»Für den Fall?« fragte ich schließlich.
»Sie wissen schon, Minister«, flüsterte er mit verschwörerisch bedeutungsschwangerer Stimme. »Im Notfall Hauptquartier der Regierung, falls und wenn.«
Ich war irritiert. »Falls und wenn – was?« Humphreys sphinxhaftes Getue erreichte seinen Höhepunkt, als er immer geheimnisvoller orakelte: »Falls und wenn ... Sie wissen schon.« Er antwortete so leise, daß ich ihn kaum verstehen konnte.
»Was!?« Ich war nicht sicher, ob ich ihn überhaupt verstanden hatte.

»Falls und wenn, Sie wissen schon, was.«
»Ich weiß nicht, was«, sagte ich verwirrt. »Was?«
»Was?« Jetzt schien Humphrey verwirrt zu sein.
»Was meinen Sie mit falls und wenn, und Sie wissen, was?«
»Falls und wenn weiß ich was – *was*?«
Endlich entschloß Humphrey sich, etwas deutlicher zu werden. »Minister, wenn es um alles geht, wenn es zu spät ist, wenn die Lichter ausgehen ... auch wenn überall im Land die Räder stillstehen, muß doch von irgendwo weiterregiert werden.«
Ich dachte einige Augenblicke sorgfältig darüber nach. »Warum?« fragte ich.
Diese Frage schien Humphrey nicht erwartet zu haben, denn er starrte mich aus weit aufgerissenen Augen sprachlos an.
Dann erklärte er mir, in einem Ton, als hätte er einen etwas zurückgebliebenen Fünfjährigen vor sich: »Man hört doch mit dem Regieren nicht auf, bloß weil Großbritannien zerstört worden ist. Apokalypse ist schon schlimm genug, aber auch noch Anarchie, das wäre ja entsetzlich.«
Offensichtlich fürchtete Humphrey die Gefahr, die von vielen kleinen Aschehäufchen ausgehen könnte.
Wie auch immer, das fällt ganz eindeutig in den Zuständigkeitsbereich des Verteidigungsministeriums. Ich sehe ein, daß es nicht in meiner Macht liegt, in der Beaconsfield Street 3 bis 17 irgendwelche Sparmaßnahmen durchzusetzen.
Frank hatte noch ein anderes in Frage kommendes Gebäude auf seiner Liste. Das Haus war mein letzter Pfeil. »Was ist mit dem Zentralarchiv?« wollte ich wissen und hatte eigentlich schon die Hoffnung aufgegeben.
»Keine Baugenehmigung«, wehrte Sir Humphrey mit dem sanften Lächeln eines Mannes ab, der weiß, daß er fünf Runden gewonnen hat und nach Punkten weit in Führung liegt.
Plötzlich griff Frank in das Gespräch ein: »Wieso weiß er das alles?« fragte er mich kampflustig und wandte sich dann vorwurfsvoll an Sir Humphrey: »Sie wußten, wo ich war!«
Auf den Gedanken war ich noch gar nicht gekommen, aber Frank hatte offensichtlich recht. Ich war im Begriff, Humphrey wegen

dieses Tiefschlags eine zu schmieren, als er mit seinem entwaffnendsten Lächeln gestand: »Selbstverständlich wußten wir, wo er war. Warum, sollte er spionieren?«
Damit hatte er mir mit einem Schlag eins auf die Nase und einen Leberhaken verpaßt. Mir war sofort klar, daß ich schlaff in den Seilen hing.
Humphrey nutzte wie immer seinen Vorteil schamlos aus. »Ich nehme an, wir sind doch alle für *offene* Nachforschungen, nicht wahr!?«
Darauf gab es keine Antwort, also klappte ich mit gekonnt geschäftsmäßig ministerieller Geste die Akte »Gebäude« zu. *[Es wäre ohnehin unmöglich gewesen, alle diese Regierungsgebäude gleichzeitig zu verkaufen. Wenn man die in London der Regierung gehörenden Immobilien alle auf einmal auf den Markt brächte, würde man den Markt kaputtmachen. Das ist wie bei Diamanten – d. H.]*

Ich kam zum Thema »Arbeitskräfte«. Ich wußte, hier stand ich mit beiden Beinen fest auf dem Fundament meiner Argumente.
»Offenbar«, begann ich, »gibt es in Sunderland 90 Beamte, die dieselbe Arbeit, die 90 Beamte hier in Whitehall schon erledigt haben, noch einmal machen.«
Humphrey nickte. »Ja, das geht auf einen Kabinettsbeschluß zurück: ›Arbeitsplätze für den Nordosten‹.«
Endlich waren Humphrey und ich mal derselben Ansicht. »Die werden gefeuert«, sagte ich unmißverständlich.
Frank stimmte begeistert zu: »Ja, dann sind wir 90 Beamte auf einen Streich los.«
Die Art und Weise, wie Frank das Wort »Beamte« ausspuckt, klingt viel gemeiner, als würde jemand verächtlich »Eierdieb« sagen. Also, wenn ich Beamter wäre, würde ich Franks Verhalten bestimmt als beleidigend empfinden, aber Sir Humphrey scheint das überhaupt nicht zu stören; das ist, finde ich, beinahe bewundernswert.
Aber Sir Humphrey kam natürlich auf Franks »auf einen Streich« zurück. *[Eigentlich war es eine Formulierung von Edward Heath,*

der sie seinerzeit im Zusammenhang mit Preissenkungen benutzte, die es dann – natürlich – nie gegeben hat – d.H.] »Oder«, sagte Sir Humphrey, »auf einen Streik.«

»Was?« fragte ich.

»Ich persönlich, Minister, würde das begrüßen und diesen Schritt voll und ganz befürworten. Da würde man viel Geld sparen. Aber ... ich glaube, ich sollte Sie darauf aufmerksam machen, daß es sich hier um ein notleidendes Gebiet handelt. Deshalb hieß es damals auch: ›Arbeitsplätze für den Norden‹. Es würde großen politischen Mut beweisen, in einem förderungswürdigen, knappen Wahlkreis Leute zu entlassen.«

Wir saßen uns eine Weile schweigend gegenüber. Ich muß schon sagen, es war sehr sportlich von Humphrey, mich daran zu erinnern, daß ein knapper Wahlkreis auf dem Spiel stand. Normalerweise interessieren sich Beamte nicht für diese überlebenswichtigen politischen Überlegungen.

Natürlich, ich konnte da oben unmöglich einen Streik riskieren. Ich hatte die Hoffnung, wirksame Sparmaßnahmen durchsetzen zu können, schon aufgegeben. Trotzdem entschloß ich mich, noch einmal mit Humphrey in den Ring zu steigen.

»Sehen Sie, Humphrey«, begann ich, »das ist ja alles schön und gut ... aber ... wissen Sie, ich kann einfach nicht glauben, daß wir nirgendwo sparen können. Ich sehe doch überall nur Verschwendung.«

»Da stimme ich mit Ihnen überein, Minister«, kam die Antwort, sehr zu meiner Überraschung.

»Ja, es gibt einen gewissen Spielraum für Einsparungen ...«

»Aber ...«, unterbrach ich ihn, »... *wo denn,* verdammt noch mal?«

Und zu meiner größten *Überraschung* offenbarte Sir Humphrey plötzlich eine überaus positive Einstellung.

»Wissen Sie, ich habe manchmal das Gefühl, wir arbeiten in einem viel zu aufwendigen, verschwenderischen Rahmen. Ich meine, die Wagen, das Mobiliar, die Büros der Referenten, unsere großen Empfänge, die Kopiermaschinen ...«

Das war einfach phantastisch. Von einem solchen Maß an Über-

einstimmung mit Humphrey hatte ich immer geträumt. Ich nickte enthusiastisch.
»Da wäre aber noch etwas zu bedenken«, fügte er hinzu. Meine Stimmung sank wieder auf den Nullpunkt. Aber ich wartete geduldig, bis er mir erklärte, was er meinte. »Es führt, so nehme ich an, zu gewissen Ressentiments, wenn die da oben sich weiter des Komforts und der Annehmlichkeiten erfreuen, die sie den Untergebenen entziehen; ganz zu schweigen von der sicher nicht positiven Publicity ...«
Ich war nicht unbedingt begeistert, das muß ich zugeben. Es stellte sich heraus, daß Humphrey damit gemeint hatte, wir sollten mit gutem Beispiel vorangehen. *»Zu Hause beginnt das Sparen«*, und »wir können nicht von anderen erwarten, was wir selbst nicht können usw. usw. ...«
Ich griff an und drängte Sir Humphrey in die Ecke. »Würden wir wirklich so viel sparen?«
»Direkt sicher nicht«, antwortete er, »aber durch unser Beispiel für den gesamten Staatsdienst unkalkulierbar viel!«
Frank lieferte aus dem Stand das ausschlaggebende Argument für Humphreys Plan. Er machte mich darauf aufmerksam, daß da eine tolle Publicity drinstecken würde. Begeistert schwärmte er schon von den Schlagzeilen, die wir kriegen würden: »DER MINISTER WEIST DEN WEG« oder »REGIERUNG AUF ABSPEKKUNGSKURS«, »HACKER ALS BEISPIEL VORAN«. Vielleicht würden wir auch eine Schlagzeile mit meinem Vornamen kriegen: »EINSPAREN, SAGT JIM«.
Ich erklärte Humphrey, ich sei einverstanden und bat ihn, seinen Vorschlag so schnell wie möglich in die Tat umzusetzen. Jetzt bin ich aber mal gespannt, wie das funktioniert. Auf alle Fälle bin ich im Moment sehr siegesgewiß.

19. Dezember

Sonntag morgen. Dies schreibe ich zu Hause, in meinem Wahlkreis.
Während der vergangenen Tage hatte ich keine Zeit für Tage-

bucheintragungen, denn die Sparmaßnahmen bringen eine Menge zusätzlicher Arbeit mit sich.
Aber das macht nichts, ich bin überzeugt davon, daß es sich lohnen wird.
Die Fahrt nach Hause am Freitag abend war ein einziger Alptraum. Ich kam erst mitten in der Nacht zu Hause an. Annie war schon schlafen gegangen. Offenbar hatte sie uns etwas zu essen gemacht, aber das war inzwischen verbrutzelt.
Ich wollte mit dem Taxi von Whitehall nach Euston fahren, aber es gab ein Gewitter, und es waren keine Taxis zu kriegen. Also fuhr ich mit der U-Bahn. Ich schleppte drei rote Aktenkoffer mit mir rum, die unheimlich schwer sind, wenn Bernard sie vollgestopft hat, und verpaßte in Euston den Zug. Hundemüde und völlig durchnäßt kam ich zu Hause an.
Ich entschuldigte mich bei Annie, daß ich sie geweckt hatte, und erzählte ihr von meiner Odyssee durch das Gewitter.
»Warum hast du dich nicht mit dem Dienstwagen nach Hause fahren lassen?« fragte sie besorgt und gab mir einen Kuß.
»Den habe ich abgeschafft«, erklärte ich ihr stolz. »Und den Fahrer bin ich auch los; und all diese wundervollen Büromöbel und den Schnapsschrank und das halbe Personal aus meinem Vorzimmer.«
»Die haben dich gefeuert!« fürchtete sie.
Annie und ihre ständigen überstürzten, geradezu lächerlichen panikmachenden Schlußfolgerungen. Ich erklärte ihr, daß das alles Sparmaßnahmen sind und daß ich als gutes Beispiel voranging: kein Luxus, keine Kinkerlitzchen, keine Privilegien.
Aber Annie hatte anscheinend kein Verständnis dafür. »Du hast sie doch nicht mehr alle!« explodierte sie. »Als Abgeordneter hast du zwanzig Jahre lang gejammert, daß du keine Arbeitsmöglichkeiten hast; jetzt hast du endlich, was du wolltest, und wirfst es einfach wieder weg.«
Ich versuchte wieder, ihr das zu erklären, aber sie ließ mich einfach nicht zu Wort kommen.
»Seit zwanzig Jahren wolltest du Minister der Krone sein – warum wolltest du das, wenn Minister sein nicht mehr bringt

als sparen müssen?«
Ich machte ihr klar, daß dieser Weg mich letzten Endes bestimmt bis zum Gipfel der Macht führen würde.
Annie war überhaupt nicht beeindruckt. »Und wie wirst du auf Reisen gehen als … *Premierminister?* Per Anhalter!?«
Ich fürchte, Annie wird nie Zugang zu den diffizileren Bereichen der Politik finden.

20. Dezember

Heute sind wir mit den Sparmaßnahmen einen gewaltigen Schritt vorangekommen.
Mit der Büroarbeit hängen wir noch ein bißchen nach, in meinem Vorzimmer sitzen jetzt zwölf Leute weniger rum. Bernard macht Überstunden, genau wie ich, aber es ist ganz klar, daß wir diese Typen da draußen nie gebraucht hätten; die haben doch nur meine Briefe gelesen und meine Briefe geschrieben und Termine vereinbart und telefoniert und Erwiderungen auf Anfragen entworfen …, im Grunde genommen waren die eine Barriere zwischen mir und der Außenwelt. Ich brauche all diese Leute nicht, die mich nur abschirmen. Ich bin ein Repräsentant des Volkes, ich sollte jederzeit und überall für jeden Bürger erreichbar sein.
Nichtsdestotrotz müssen wir in Zukunft solche Pleiten wie heute morgen vermeiden, als ich eineinhalb Stunden zu spät zur Eröffnung eines Kongresses kam. Das war besonders peinlich, weil es sich um den Betriebseffizienzkongreß handelte!
Und, da wir die Nachtschicht für das Reinigungspersonal abgeschafft haben (eine sehr effiziente Sparmaßnahme, meiner Ansicht nach), lief heute morgen eine staubsaugende Putzfrau in meinem Büro hin und her. Bernard und ich mußten wie die Wilden schreien, als wir die Termine für diese Woche besprachen. Aber ich bin sicher, daß wir diese kleinen Anfangsschwierigkeiten schon noch aus der Welt schaffen werden.
Morgen habe ich ein sehr wichtiges Gespräch mit Mr. Brough, dem Leiter der Personalplanung des Bezirkes Nord-Ost zum Thema Personalabbau. Ich kenne ihn noch nicht, aber Bernard

berichtet mir, der ist ganz wild darauf, Personal einzusparen. Aber mein größter Erfolg ist bis jetzt die umfassende Berichterstattung der Medien. Sogar ein Leitartikel im *Expreß*. Besser geht's nicht mehr.

Keine Delikatessen-Orgien unter Hackers »Mäßigungsregiment«

»Zu Hause beginnt das Sparen«, sagte Jim Hacker heute, als er ein Käsebrötchen von einem Pappteller aß, um ein Beispiel zu geben für Großbritanniens »Gourmand-Armee« melonetragender Bürokraten.

Sir Bernard Woolley erinnert sich:[1]

Ich erinnere mich sehr gut an Jim Hackers ersten Versuch, Sparmaßnahmen durchzusetzen. Ich hatte den Verdacht, obwohl ich immer noch sehr unerfahren war, daß Sir Humphrey Appleby eine potentiell unheilvolle Situation heraufbeschworen hatte.

Da ich so gut wie alles selbst machen mußte, wir hatten nur noch zwei Schreibkräfte im Privatsekretariat, war es mir absolut unmöglich, die Übersicht zu behalten. Es mußte zwangsläufig zu Irrtümern und früher oder später sogar zu einer Katastrophe kommen.

Die Katastrophe trat früher ein, als ich es erwartet hatte. Am 21. Dezember, am Tag, nachdem Hacker von der Presse hochgejubelt worden war, kam Ron Watson, ohne einen Termin zu haben, ins Mini-

[1] Im Gespräch mit den Herausgebern

sterium. Watson war der Generalsekretär der »Gewerkschaft Öffentlicher Transport und Verkehr und angegliederter Staatsbediensteter«. Er bestand darauf, sofort mit dem Minister über, wie er es nannte, »beunruhigende« Gerüchte über Kürzungen und Entlassungen, die seine Mitglieder betreffen würden, zu sprechen. Diese Gerüchte waren natürlich aufgrund der unzähligen Presseberichte, auf die Jim Hacker in geradezu grotesker Weise stolz war, entstanden.
Ich erklärte Watson, daß es nicht möglich sei, mit dem Minister zu sprechen, ohne vorher einen Termin vereinbart zu haben, und verließ das Vorzimmer, denn ich wurde vom Fraktionsgeschäftsführer erwartet.
Da wir ja kaum noch Personal hatten, mußte ich sogar Botengänge erledigen. Wenn jeder Arbeitsplatz besetzt gewesen wäre, hätte Watson, ohne einen Termin zu haben, noch nicht einmal die Chance gehabt, bis in Hackers Vorzimmer vorzudringen. Im Hinauslaufen hatte ich eine der Schreibkräfte gebeten, mit Watson einen Termin für ein Gespräch mit Hacker zu vereinbaren.
Nachdem ich das Vorzimmer verlassen hatte, hat offensichtlich Brough, der Leiter der Personalplanung, angerufen, um Bescheid zu sagen, daß er in Newcastle den Zug verpaßt hatte und deshalb den Termin nicht wahrnehmen könnte. Watson kriegte das mit, begriff, daß Hacker nun Zeit hatte und ging einfach in sein Büro.
Und da es aufgrund der Sparmaßnahmen auch keine Zweiten und Dritten Persönlichen Referenten mehr gab, hinderte ihn niemand daran. Und keiner konnte den Minister warnen, daß da nicht Brough, sondern Watson vor ihm stand.
Eine schlimmere Panne hätte überhaupt nicht passieren können.

21. Dezember

Tja, heute ist alles völlig zusammengebrochen. Die absolute Katastrophe.
Um 15.00 Uhr erwartete ich Mr. Brough, den Leiter der Personalplanung des Bezirkes Nord-Ost. Ein Mann kam in mein Büro, und ich nahm natürlich an, das sei Brough.
»Mr. Brough?« fragte ich.

»Nein«, sagte er, »mein Name ist Ron Watson. Mr. Brough mußte den Termin absagen.«
Jetzt nahm ich natürlich an, daß Brough Watson geschickt hatte, um sich von ihm vertreten zu lassen. Watson wollte etwas sagen, aber ich unterbrach ihn, dankte ihm fürs Kommen, bat ihn, Platz zu nehmen, und sagte: »Hören Sie, Mr. Watson, bevor wir uns unterhalten, möchte ich eines absolut klarstellen: Das muß alles unter uns bleiben. Wenn die Gewerkschaften davon erfahren würden, wäre in Großbritannien der Teufel los.«
»Ich verstehe«, behauptete er.
»Natürlich wird es zu Entlassungen kommen«, setzte ich fort. »Es ist nicht möglich, eine so aufgeblähte riesige Bürokratie zu verschlanken, ohne Leute rauszuschmeißen. Es werden *viele* dran glauben müssen.«
Er fragte mich, ob ich nicht erst noch Gespräche mit den Gewerkschaften führen würde.
Ich fuhr fort, mir mein eigenes Grab zu schaufeln. »Wir werden dieses Affentheater natürlich durchziehen«, sagte ich vergnügt und ahnte nicht, welche Katastrophe sich da über mir zusammenbraute, »aber Sie wissen ja, wie Gewerkschafter sind: Die sind stur wie Panzer und strohdumm.« Wie konnte ich nur einem völlig fremden Menschen gegenüber so etwas sagen?
»Alle, Minister?« fragte er höflich.
Diese Frage überraschte mich. Ich dachte, das müßte der doch eigentlich wissen, der muß doch andauernd mit denen verhandeln. »Naja, die meisten jedenfalls«, schränkte ich ein. »Die jagen sich doch nur gegenseitig die Mitglieder ab und wollen immer nur ins Fernsehen – und vor allem haben sie eine große Klappe.«
Ich kann mich ganz genau an jedes einzelne Wort erinnern, das ich gesagt habe. Die werden mir auf ewig unauslöschlich im Gedächtnis bleiben. Abgesehen davon, habe ich das alles jetzt auch noch schriftlich, denn sofort nachdem er aus meinem Büro verschwunden war, hat Watson dem »Standard« ein Interview gegeben.
Dann fragte mich dieser Mann, was mit den Fahrern und den Leuten sei, die im Transportdienst beschäftigt sind. »Die fliegen

sofort«, verkündete ich. »Wir vergeuden ein Vermögen für die, und die machen nebenbei faule Geschäfte.«

Nachdem ich das alles gesagt hatte, offenbarte Watson mir, daß er nicht Mr. Broughs Stellvertreter sei, sondern der Generalsekretär der Gewerkschaft Öffentlicher Transport und Verkehr und angegliederter Staatsbediensteter. Und daß er gekommen sei, um sich davon zu überzeugen, daß an den Gerüchten über Entlassungen seiner Mitglieder nichts dran sei!

Oh, mein Gott! ...

23. Dezember

Gestern und heute wurde mir die Vorfreude auf Weihnachten gründlich vermiest.

Alle Fahrer des Civil Service streiken. Nachdem ich im Zug alles über den Streik in der Presse gelesen hatte, schlich ich in mein Büro. Alle Zeitungen zitierten Ron Watson, der wiederum mich zitierte: »Natürlich gibt es Entlassungen. Es werden *viele* dran glauben müssen.«

Ich fragte Bernard: »Wie konnte Ihnen so etwas nur passieren!?«

»M.H.K., Minister«, antwortete er traurig.

Ich wußte nicht, was er meinte. Sollte mir vielleicht der M.H.K.-Orden verliehen werden? ... Oder *ihm*?

Er erklärte es mir. »*M*ir *h*ilft *k*einer ...« Er schluckte und schwieg traurig.

Schließlich wußten wir beide genau, warum es zu dieser Tragödie gekommen war.

Bernard erinnerte mich an die Termine, die ich heute wahrnehmen mußte. Eine Weihnachtsfeier im Büro, ein paar Gespräche – nichts Wichtiges. Ich verbrachte den Tag damit, mich vor der Presse zu verstecken. Ich wollte mit Sir Humphrey über unsere Situation sprechen, aber der war von früh bis spät nirgendwo zu finden.

Annie und ich waren für heute abend um acht zu einem Weihnachtsempfang in die französische Botschaft eingeladen worden. Ich bat Bernard, meinen Dienstwagen kommen zu lassen – aber

dann fiel mir ein, noch während ich es aussprach, daß es ja keine Fahrer gab. Also sagte ich ihm, er soll Annie anrufen und sie bitten, mich mit unserem Wagen abzuholen.
Bernard hatte schon daran gedacht und mit meiner Frau telefoniert. Die hatte ihm aber mitgeteilt, daß mit dem Wagen irgend etwas nicht in Ordnung sei und sie ihn in die Werkstatt bringen müßte. Ich erwischte sie zu Hause und sagte ihr, der Wagen könnte auch morgen noch in die Werkstatt und daß er es von Whitehall nach Kensington schon noch schaffen würde.
Annie holte mich ab, wir zogen uns für den Empfang um. Aber ich hatte mich wieder einmal geirrt, und dieser verdammte Schlitten gab in Knightsbridge den Geist auf. Während der Rush Hour. In strömendem Regen. Ich versuchte, ihn wieder in Gang zu bringen. Ich trug meinen Smoking. Ich bat Annie um den Schirm, sie sagte, ich hätte ihn. Ich wußte, sie hatte ihn. Wir schrieen uns an, sie stieg aus und knallte die Tür zu und verschwand, und ich stand verlassen neben dem kaputten Wagen, der den Rush-Hour-Feierabend-Harrod's-Weihnachtseinkaufs-Verkehr blokkierte, und mußte mir ein wütendes Hupkonzert und üble Beschimpfungen anhören.
Ich kam eineinhalb Stunden zu spät zum Empfang in der französischen Botschaft, naß von oben bis unten und mit Öl beschmiert. Ich trank sofort drei oder vier Glas Champagner – wer hätte das unter diesen Umständen nicht getan? Ich brauchte den Champagner!

Als ich ging, nicht gerade betrunken, aber schon ein bißchen sehr angetrunken, das muß ich zugeben, fielen mir die Schlüssel neben dem Wagen in den Rinnstein. Dann fielen sie in den Gulli, so daß ich mich auf den Bürgersteig legen mußte, als ich versuchte, sie dort wieder rauszuangeln, und plötzlich standen da zwei miese Typen von der Presse.
Heute morgen hatte ich einen furchtbaren Kater. Ich war müde und fühlte mich krank. Die Presse hatte die ganze Stadt mit der Nachricht von meiner angeblichen Trunkenheit überschwemmt. Es ist wirklich nicht zu fassen, wie verantwortungslos die heutzutage sind.

»Sparstrumpf« Jim Hacker liegt nach Champagnerparty in der Gosse

Die Schlagzeile einer anderen Zeitung lautete: »HACKER RUHT SCHLAFTRUNKEN UND UNBEHERRSCHT NACH EMPFANG VOR FRANZÖSISCHER BOTSCHAFT«.

Sir Humphrey las das sehr laut vor und bemerkte, das würde ja, vielleicht, schon etwas besser klingen als die erste Schlagzeile.

»Das finden Sie besser?« fragte ich.

»Naja . . ., es ist anders, das hat mehr Stil«, sagte Sir Humphrey.

Ich fragte, ob jemand noch irgend etwas anderes als »schlaftrunken und unbeherrscht« geschrieben hätte.

Bernard berichtete mir, William Hickey hätte geschrieben, ich sei »überreizt« gewesen. Dagegen hatte ich eigentlich nichts einzuwenden, bis Sir Humphrey hinzufügte: »Detailliert zitiert steht hier: ›Überreizt wie 1000 Mann‹.«

Mittlerweile hatte ich das Gefühl, daß es schlimmer nicht mehr kommen konnte. Aber ich hatte mich geirrt. Bernard legte mir vorsichtig den Leitartikel der *Times* auf den Schreibtisch, in dem zu meiner Überraschung und zu meinem Entsetzen behauptet wurde, ich hätte veranlaßt, daß das MVA zusätzliches Personal einstellt.

Hacker stellt 400 neue Verwaltungsbeamte ein

Von unserer politischen Redaktion

Als eine sogenannte »Sparmaßnahme« hat James Hacker, der Minister für Verwaltungsangelegenheiten, 400 weitere Verwaltungsbeamte eingestellt.

Ich forderte von Sir Humphrey eine Erklärung. Und er hatte sofort eine parat. Natürlich.

»Aber Minister, Sie hatten um diese Leute gebeten. Sie wollten eine umfassende Studie, einen Überblick, Zahlen und Fakten. Dem kann man mit nichtvorhandenen Beamten nicht gerecht werden. Das sagt einem doch der gesunde Menschenverstand.«

Während ich versuchte, diesen Kinnhaken zu verdauen, knallte er mir noch eine rechte Gerade an den Kopf. »Und, Minister, wenn Sie auf Ihrer Bürokratieaufsichtsbehörde bestehen wollen, wird man auch dort mindestens 400 Arbeitsplätze besetzen müssen.«

Ich war k.o. Mein Kopf dröhnte, ich fühlte mich todkrank, meine Karriere war anscheinend im Eimer, die Presse hatte mich an den Pranger gestellt, und meine Bürokratieaufsichtsbehörde, das einzige, was ich, seit ich in diesem Ministerium war, hatte durchsetzen können, mußte jetzt aufgegeben werden.

Aber, die ganze Zeit, seit meinem ersten Tag in diesem Ministerium, hatte ich den Eindruck, daß alle Beamten stets ihr Bestes getan haben, um mir auf jede nur erdenkliche Art und Weise zu

helfen. Sind die denn alle absolut unfähig? Oder bin ich unfähig? Tun die nur so, als ob sie mich unterstützen und blockieren heimlich alles, was ich durchsetzen will? Oder sind sie einfach nicht imstande, neue Arbeitsmethoden innerhalb des Ministeriums zu begreifen? Versuchen sie, mir zu helfen, indem sie mir die Ministeriumspolitik aufdrängen wollen? Gibt es einen Unterschied zwischen der Politik des Ministers und der Ministeriumspolitik? Warum stelle ich so viele Fragen, von denen jeder weiß, daß es darauf keine Antworten gibt? Wie tief ist der Ozean, wie hoch ist der Himmel? *[Irving Berlin – d.H.]*
Es herrschte Totenstille im Büro. Ich wußte nicht, was wir wegen der 400 neuen Leute zur Überwachung unserer Sparmaßnahmen und was wir wegen der 400 neuen Leute für die Bürokratieaufsichtsbehörde machen sollten; ich wußte überhaupt nichts mehr! Ich saß einfach nur da und wartete und hoffte, daß mein Kopf aufhören würde zu dröhnen und daß irgendwer irgendwann irgendwas vorschlagen würde.
Sir Humphrey tat mir den Gefallen. »Minister ... sollten wir die Sparmaßnahmen beenden und Ihre Bürokratieaufsichtsbehörde schließen, könnten wir sofort eine Presseverlautbarung herausgeben, daß Sie 800 Arbeitsplätze gestrichen haben.« Das hatte er sich natürlich vorher alles ganz genau ausgedacht, denn schon zauberte er eine kleine Mappe unter dem Arm hervor. »Wenn Sie diesen Vorschlagsentwurf vielleicht absegnen würden ...«
Ich traute meinen Augen nicht. Etwas so Unverschämtes wie diesen Vorschlag hatte ich noch nie gesehen. 800 Arbeitsplätze gestrichen? »Aber niemand macht diese Arbeit«, sagte ich ungläubig. »Wir haben noch keinen eingestellt.«

»Das ist ja noch eine Einsparung«, antwortete er sofort. »Dann haben wir ja außerdem noch 800 Abfindungen gespart.«
»Aber ...«, versuchte ich ihm klarzumachen, »... das ist doch Schwindel. Das ist betrügerisch, unaufrichtig, das sind manipulierte Zahlen, da streut man doch dem Bürger Sand in die Augen.«
»Es ist in der Tat eine Presseverlautbarung der Regierung«, sagte Humphrey. Ich habe in der Vergangenheit ein paar zynische Politiker kennengelernt, aber diese Bemerkung von meinem Stän-

digen Staatssekretär hören zu müssen, war wirklich ein starkes Stück.

Ich nickte schwach. Klar, wenn ich die Katastrophe, 400 neue Leute zur Realisierung von Sparmaßnahmen einstellen zu müssen, vermeiden wollte, dann mußte ich auch auf die 400 neuen Leute für meine geliebte Bürokratieaufsichtsbehörde verzichten. Ein unvermeidliches Quidproquo. *[Gegenleistung – d.H.]* Letzten Endes ist Politik die Kunst des Möglichen. *[Ein Zitat, das im allgemeinen Richard A. Butler – ehemals britischer Schatzkanzler, Lordsiegelbewahrer, Innenminister, Außenminister und ab 1965 Mitglied des Oberhauses – zugeschrieben wird. Tatsächlich stammt es aber von Bismarck (1815-1898), der 1867 im Gespräch mit Meyer von Waldeck sagte, ›Die Politik ist die Lehre vom Möglichen‹ – d.H.]*

Wie dem auch sei, eine überaus wichtige zentrale Frage – die Frage, die sich schon stellte, als dieses ganze entsetzliche Debakel seinen Anfang nahm – war bis jetzt immer noch unbeantwortet geblieben. »Aber Humphrey«, sagte ich, »wie werden wir denn den Civil Service nun wirklich abspecken?«

Es entstand wieder eine kleine Pause. Dann erwiderte er: »Tja ... ich nehme an, wir könnten uns von ein oder zwei Teeköchinnen trennen.«

4 Big Brother

30. Dezember

Über Weihnachten ist nichts Wesentliches passiert. Ich verbrachte die Woche im Wahlkreis. Als Vertreter der Partei in meinem Wahlkreis besuchte ich die üblichen Weihnachtsfeiern, im Altersheim, im Allgemeinen Krankenhaus und andere sorgfältig ausgewählte Zusammenkünfte, und alles ging reibungslos über die Bühne. Mein Foto erschien vier- oder fünfmal in unserem lokalen Käseblättchen, und ich vermied es, irgend etwas zu sagen, was mich zu irgend etwas verpflichtet hätte.

Dennoch spürte ich eine unbestimmte Art von Ressentiment, und mir wurde bewußt, daß ich mich in einer ausweglosen Konfliktsituation befinde. Der örtliche Parteivorstand, die Wählerschaft, meine Familie, sie alle sind stolz auf mich, weil ich ins Kabinett gekommen bin – aber andererseits nehmen sie es mir übel, daß ich jetzt weniger Zeit für sie habe, und sind wahnsinnig scharf darauf, mich andauernd darauf hinzuweisen, daß ich nichts Besonderes bin, schlicht und einfach nur ihr lokaler Abgeordneter, und daß ich mich davor hüten soll, größenwahnsinnig zu werden. Die bringen es wirklich fertig, vor mir zu Kreuze zu kriechen und mich gleichzeitig von oben herab zu behandeln. Ich weiß wirklich nicht, wie ich damit klarkommen soll.

Wenn ich ihnen doch nur erzählen könnte, was sich in Whitehall wirklich abspielt, dann wüßten sie, daß die Gefahr, daß ich größenwahnsinnig werde, absolut nicht besteht. Sir Humphrey Appleby wird da schon aufpassen.

Heute bin ich wieder in London und muß zu einem Fernsehinterview für »Topic« mit Robert McKenzie. Er stellte mir einen Haufen unangenehmer Fragen zum Thema »Nationale Inte-

grierte Datenbank«.
Kurz vor der Aufnahme sagte ich zu ihm, ich könnte sehr gut verzichten auf diese uralten öden Fragen wie: »Legen wir die Fundamente für einen Polizeistaat?«
Wenn ich jetzt noch einmal darüber nachdenke, war das möglicherweise ein Fehler.
Ich dachte, ich hätte ein bißchen viel rumgeschwafelt, aber Bob sagte mir, ich hätte hervorragend defensiv argumentiert. Ich gratulierte ihm dazu, daß er diesen alten Artikel von mir gefunden hatte – ein hinterlistiger Schachzug. Er sagte, eine seiner Assistentinnen, die für ihn recherchiert, hätte ihn gefunden und fragte mich, ob ich sie kennenlernen wolle. Ich lehnte ab – ich müßte sofort wieder ins Büro zurück und würde mir dort ihr Dossier ansehen!
Am Abend sah ich mir das Interview an. Ich glaube, ich war gut. Ich hoffe, Sir Humphrey ist zufrieden. Wenigstens ein bißchen.

2. Januar

Heute nachmittag war man in meinem Büro geteilter Meinung über meinen Fernsehauftritt vor drei Tagen. Wir kamen während der 16.00-Uhr-Konferenz, an der Sir Humphrey, Bernard und Frank Weisel teilnahmen, darauf zu sprechen.
Humphrey und Bernard waren der Meinung, ich sei fabelhaft gewesen.
»Sehr würdevoll, Minister, besser geht es kaum noch!« lobte Humphrey.
Aber der verbissen schweigende Frank stieß merkwürdige, nicht überhörbare Laute aus, während ich von Sir Humphrey und Bernard mit Lob überschüttet wurde. Als ich ihn nach seiner Meinung fragte, schnaubte er nur wie ein wütendes Pferd. Ich bat ihn, mir sein Schnauben zu übersetzen.

[Wir haben im BBC-Archiv ein vollständiges Protokoll von Robert McKenzies Interview mit James Hacker gefunden, das wir im Folgenden abdrucken – d. H.]

BBC tv

BRITISH BROADCASTING CORPORATION

DIESES MANUSKRIPT IST DAS PROTOKOLL EINER MAGNETISCHEN AUFZEICHNUNG (MAZ), NICHT DIE KOPIE EINES GESCHRIEBENEN TEXTES. DA FALSCHES ABHÖREN NICHT AUSGESCHLOSSEN WERDEN KANN UND ES IN EINIGEN FÄLLEN SCHWIERIG ZU IDENTIFIZIEREN IST, WER JEWEILS SPRICHT, ÜBERNIMMT DIE BBC KEINE GEWÄHR FÜR DIE ABSOLUTE RICHTIGKEIT.

TOPIC VOM 30. DEZEMBER: INTERVIEW ZWISCHEN ROBERT MCKENZIE UND DEM ABGEORDNETEN JAMES HACKER

McKenzie: Guten Abend. Werden wir von "Big Brother" überwacht? Wußten Sie, daß die Regierung ein Dossier über jeden von uns anlegt?
Das ganze hat den harmlos klingenden Namen "Nationale Integrierte Datenbank". Das bedeutet, daß mit einem Knopfdruck jeder Beamte Einblick in fast jeden Bereich Ihres Lebens nehmen kann - Ihre Krankheiten, Steuerbescheide, welchen Wagen Sie fahren, in welchem Haus Sie leben, Verkehrsvergehen, ob Sie arbeitslos waren, die Zensuren Ihrer Kinder: Er erfährt alles. Und dieser Beamte könnte zufällig Ihr Nachbar sein.
In jüngster Zeit wächst die Besorgnis über diese gefährliche, ja, totalitäre Waffe, die die Computerrevolution dem, der regiert, zu Füßen legt. Und der Mann, der über diese Waffe verfügt, unser Minister für Verwaltungsangelegenheiten, der Abgeordnete James Hacker, ist heute abend bei uns. Also, Minister: Legen Sie die Fundamente für einen Polizeistaat in unserem Land?

Hacker: Wissen Sie, ich bin froh, daß Sie mir diese Frage stellen.

Pause

BBC tv

BRITISH BROADCASTING CORPORATION

McKenzie: Bitte, Minister, hören wir die Antwort?

Hacker: Aber, aber natürlich. Ich bin ja dabei, Ihnen zu antworten - wenn ich dazu komme. Wie gesagt, ich bin froh, daß Sie mich das gefragt haben. Das ist eine Frage, die sich, wie ich meine, viele stellen. Und warum? Weil sehr viele Bürger ... die Antwort darauf wissen wollen. Ich möchte hier sehr deutlich machen, ohne um den heißen Brei herumzureden, daß man davon, glaube ich, ausgehen kann, daß dies eine überaus wichtige Frage für alle ist ..., und der Bürger hat ein Recht auf Antwort.

Pause

McKenzie: Minister, wir warten immer noch auf Ihre Antwort.

Pause

Hacker: Tut mir leid, wie war die Frage?

McKenzie: Also: Nehmen wir an, ich verärgere Sie in diesem Interview ..., dann könnten Sie in Ihr Büro fahren, und auf Knopfdruck sehen Sie meine Steuerdaten, meine Daten über Krankheiten, meine Vorstrafen ...

Hacker: Oh, kommen Sie, Bob. Sie wissen so gut wie ich, daß wir so etwas in diesem Land nicht tun. Das läßt sich auch gar nicht organisieren.

McKenzie: Wollen Sie damit sagen, Minister, daß Sie so etwas gern tun würden, daß Sie dazu aber noch nicht in der Lage sind?

Hacker: Wir sind dazu in der Lage. Wir könnten Sie durchaus überprüfen, wenn wir wollten - d.h. wir könnten Leute überprüfen. Natürlich nicht Sie, ich meine nicht Sie. Aber uns interessieren die Leute nicht, äh, d.h. wenn ich

BRITISH BROADCASTING CORPORATION

sage, uns interessieren die Leute nicht, dann meine ich nicht, daß uns die Menschen nicht interessieren, das tun sie natürlich - ich meine, uns interessieren die Menschen nicht in dieser Hinsicht. Wenn Sie verstehen, was ich meine ... ich meine, wir sind nicht daran interessiert, Menschen zu ... überprüfen.

McKenzie: Welchen Sinn hat die Datenbank sonst als den, den Bürger zu überprüfen.

Hacker: Wissen Sie, das ist auch eine sehr interessante Frage. (PAUSE) Wissen Sie, es ist doch so, die Leute sind aufgeschreckt worden durch ein, zwei dumme Artikel in der Presse. Das ist nur ein Computer, nichts weiter. Da werden Informationen gespeichert, die Regierungsgeschäfte werden beschleunigt, und wir müssen nicht noch Unmengen zusätzlicher Bürokräfte einstellen. Computer sind big, big business ... und unsere Freunde.

McKenzie: Aber Minister, geben Sie Informationen in den Computer ein, werden Sie irgendwann Informationen abrufen!

Hacker: Nicht notwendigerweise.

McKenzie: Das heißt, Sie geben 25 Millionen Pfund aus und sammeln Informationen, die Sie nie verwenden?

Hacker: Nein, ich meine, ja, äh, ich meine, wissen Sie, äh, wir erarbeiten Schutzbestimmungen.

McKenzie: Und wie sehen die aus?

Hacker: Wir diskutieren eine Reihe von Schutzbestimmungen. Das ist sehr fachspezifisch und natürlich sehr komplex, wissen Sie.

BRITISH BROADCASTING CORPORATION

McKenzie: Vielleicht kann ich Ihnen helfen. Ich will Ihnen einen Auszug aus einem Artikel vorlesen, den der Herausgeber von "Reform" vor zwei Jahren geschrieben hat. Ich glaube, sein Name war Jim Hacker. Der Artikel hatte den Titel "Big Brother und der verwaltete Bürger". Ich zitiere: "Wenn wir den Bürger vor der Bespitzelung durch die Regierung schützen wollen, sind drei Maßnahmen unerläßlich. Erstens: Kein Beamter darf ohne eine besondere schriftliche Genehmigung eines Ministers Zugang zu den Akten eines anderen Ministeriums haben. Zweitens: Nicht genehmigtes Schnüffeln muß als strafbare Handlung eingestuft werden. Und drittens: Jeder Bürger sollte das Recht haben, seine persönlichen Akten einzusehen und zu veranlassen, daß Fehler berichtigt werden." Das halten Sie von diesen Vorschlägen, Mr. Hacker? Kassandrarufe?

Hacker: Nein, also, dazu stehe ich, ich meine, das muß alles geschehen. Äh, zu gegebener Zeit.

McKenzie: Warum nicht sofort?

Hacker: Nun, Rom wurde nicht an einem Tag erbaut. Das wird alles geprüft ..., und für so etwas braucht man Zeit, wissen Sie.

McKenzie: Mr. Hacker, interviewe ich den früheren Herausgeber von "Reform" oder einen Sprecher des Beamtenapparates?

Hacker: Aber ich habe doch bereits Sicherheitsverordnungen durchgesetzt. Es gibt doch schon meine "Bürokratieaufsichtsbehörde", und ...

McKenzie: Mr. Hacker, ich habe irgendwie das Gefühl, in Zukunft brauchen wir viele von diesen Behörden.

Danke für das Gespräch.

Er antwortete mir nicht, sondern wandte sich an Sir Humphrey. »Ich gratuliere Ihnen«, begann er auf eine noch weniger charmante Art als sonst, wenn er mit Humphrey sprach. »Jim ist jetzt perfekt von Ihnen abgerichtet.« Humphrey unternahm den Versuch, sich zu entschuldigen und das Büro zu verlassen.
»Wenn Sie mich bitte entschuldigen wollen, Mister Wiesel...«
»Weisel!« schäumte Frank. Er wandte sich an mich. »Sie sagen doch nur noch das, worauf Sie von Ihren Bürokraten programmiert worden sind. Sind Sie ein Mensch oder ein Sprachrohr?«
Ich erwiderte ironisch: »Überaus komisch, Frank.«
»Offenbar kann ein politischer Berater das nur sehr schwer verstehen«, sagte Sir Humphrey auf herablassendste Art und Weise. »Aber ich bin lediglich ein Beamter, und unser Minister ist und bleibt mein ›Maître de plaisir‹.«
Frank kochte vor Wut und murmelte: »... ›Maître de plaisir‹ ... typisches Beamtengeschwätz ... Intellektuellengeschwafel ...« usw. Ich dachte einen Moment über »Maître de plaisir« nach und fragte Humphrey dann lächelnd: »Wenn der Minister aber eine Frau ist, wie nennen Sie die?«
Humphrey war sofort in seinem Element. Er blüht auf, wenn er Fragen, die gutes Benehmen oder das Protokoll betreffen, beantworten kann. »Ja, das ist eine überaus interessante Frage. Darauf suchten wir eine Antwort, als ich Erster Persönlicher Referent war und Dr. Edith Summerskill, so hieß sie damals, zum Minister ernannt wurde, das war, äh, 1947. Ich brachte es nicht fertig, sie meine *Maitresse* de plaisir zu nennen.«
Er schwieg. Aus Effekthascherei, dachte ich erst, aber dann sah ich ihm an, daß er noch mehr zu dem Thema zu sagen hatte.
»Und wie haben Sie das Problem gelöst?« fragte ich.
»Edith Summerskill und ich wurden getrennt«, lächelte er.
Frank fühlte sich verpflichtet, uns mit einer Kostprobe seiner plumpen Ironie zu erfreuen. »Das wird alles geprüft? Rom wurde nicht an einem Tag erbaut, hä, Sir Humphrey? Für so etwas braucht man Zeit, nicht wahr?«
Frank geht mir immer mehr auf die Nerven. Sein Mißtrauen gegenüber dem Civil Service steigert sich von Tag zu Tag. Ich

weiß wirklich nicht, warum; sie haben ihm doch ein Büro gegeben, er hat freien Zugang zu mir, und sie haben mir versprochen, daß er alle für ihn in Frage kommenden Papiere bekommt. Jetzt fängt er auch noch an, seine Aggressionen an mir auszulassen. Wenn er so weitermacht, dann ist das Maß aber wirklich bald voll – vielleicht war Frank noch voll von Sylvester.

Humphrey wollte gehen, ich auch, aber Bernard begann, mir die Termine für den nächsten Tag vorzulesen – und schon ging die Streiterei wieder los. Bernard sagte mir, er würde mich morgen früh um acht in Paddington erwarten, um mit mir nach Swansea zu fahren, wo ich mittags im KFZ-Zulassungszentrum anläßlich der Konferenz der Gemeindekämmerer eine Rede halten müßte. Dann erinnerte Frank mich daran, daß ich morgen abend in Newcastle erwartet werde, um bei der Nachwahlversammlung zu sprechen. Bernard wies mich darauf hin, daß ich nicht beide Termine wahrnehmen könnte, und das erklärte ich Frank. Frank machte darauf aufmerksam, daß die Nachwahl sehr wichtig für uns ist, während die Gemeindekämmererkonferenz in Swansea nichts weiter als ein Bürokratenfest sei, das erklärte ich Bernard. Dann erinnerte Bernard mich daran, daß der Konferenztermin schon seit langem bekannt sei und alle von mir erwarten würden, daß ich nach Swansea komme, das erklärte ich Frank, und dann erinnerte Frank mich daran, daß die Parteizentrale von mir erwarten würde, daß ich nach Newcastle komme; aber das erklärte ich Bernard nicht mehr, denn ich hatte die Nase voll davon, andauernd irgendwem irgend etwas zu erklären, und das machte ich auch klar. Also bat Frank Bernard, ihm zu erklären, warum ich doppelt gebucht sei. Bernard behauptete, kein Mensch hätte ihm etwas von Newcastle gesagt. Ich fragte Frank, warum er Bernard nichts davon gesagt hätte, und Frank fragte mich, warum *ich* Bernard nichts davon gesagt hätte. Und ich wies daraufhin darauf hin, daß ich ja nicht an alles denken könnte.

»Ich werde nach Swansea fahren«, entschied ich.

»Ist das eine Entscheidung, Minister?« fragte Bernard.

»Eine endgültige«, sagte ich.

Dann spielte Frank seine Trumpfkarte aus. »Der Premier

wünscht, daß Sie in Newcastle sind«, teilte er mit. Warum hatte er bis jetzt nichts davon gesagt, dieser Idiot? Ich fragte ihn, ob das wirklich wahr sei. Er nickte.
»Bernard, ich fahre doch lieber nach Newcastle«, sagte ich.
»Ist das eine Entscheidung?« fragte Frank.
»Ja, und zwar eine endgültige«, erklärte ich. »Und jetzt fahre ich nach Hause.«
»Ist *das* eine Entscheidung?« fragte Sir Humphrey. Ich war nicht sicher, ob er das fragte, um sich Klarheit zu verschaffen, oder ob er mich auf den Arm nehmen wollte. Dieser Mann ist für mich immer noch absolut undurchschaubar. Wie dem auch sei, er fuhr fort: »Minister, ich glaube, Sie haben eine falsche Entscheidung getroffen, wenn ich das sagen darf. Ihr Besuch in Swansea steht dort auf dem Programm, er ist angekündigt worden, da werden Sie schon hinmüssen.«
Dieses »Gespräch« wurde langsam unerträglich. Die scheinen wirklich von mir zu erwarten, zur gleichen Zeit an zwei verschiedenen Orten zu sein. Ich verlangte von ihnen, sie sollten sich etwas ausdenken, um mich irgendwie von Swansea nach Newcastle zu schaffen – Zug, Wagen, Hubschrauber, das wäre mir egal – und daß ich beiden Verpflichtungen nachkommen würde.
»Und jetzt«, verkündete ich, »fahre ich nach Hause – und das ist endgültig!«
»Endgültig endgültig?« fragte Bernard.
Der ist genauso undurchschaubar.
Als ich den Mantel anzog, gab Bernard George, meinem Fahrer, vier rote Aktenkoffer und bat mich, die heute abend noch durchzuarbeiten, denn es würde sich um die M-und-A-Ausschußpapiere und die Briefe, die vor Samstag noch rausmüssen, handeln.
»Und wenn Sie immer schön brav sind«, sagte Frank und bemühte sich auf seine dilettantische Art, Bernard zu imitieren, »dann gibt Ihnen Mami einen Keks.«
Muß ich es mir wirklich gefallen lassen, daß Frank mir andauernd das Leben schwermacht!? Ich habe schon diese verdammten Beamten am Hals, und Frank ist nur in diesem Ministerium, weil ich ausdrücklich darauf bestanden habe. Daran sollte ich ihn

vielleicht mal erinnern, so bald wie möglich.
Als ich nach Hause kam, war Annie beim Kofferpacken. »Ach, verläßt du mich endlich?« fragte ich vergnügt. Sie erinnerte mich daran, daß wir morgen Hochzeitstag haben und vereinbart hatten, nach Paris zu fliegen.
Ich war entsetzt!
Ich versuchte, ihr die Geschichte mit Swansea und Newcastle zu erklären. Sie hat keine Lust, ihren Hochzeitstag in Swansea oder Newcastle zu verbringen und schon gar nicht, um im KFZ-Zulassungszentrum mit den Teilnehmern der Gemeindekämmererkonferenz zu Mittag zu essen. Das kann ich verstehen. Sie sagte mir, ich soll beide Termine absagen, ich sagte, das könnte ich nicht, sie sagte, sie würde ohne mich nach Paris fliegen.
Also rief ich Bernard an. Ich sagte ihm, daß meine Frau morgen Hochzeitstag hat – Annie rief: »Du auch!« – und ich auch. Bernard machte einen dummen Witz, indem er irgend etwas von »was für ein Zufall« murmelte. Ich sagte ihm, daß ich morgen nach Paris will und nicht nach Swansea oder Newcastle und daß das endgültig sei und daß ich wüßte, daß ich heute schon einmal »endgültig« gesagt hätte, aber daß das nun endgültig endgültig sei – und daß er eben sehen müsse, wie er damit klarkommt. Dann sprach *er* drei Minuten, und als ich auflegte, war mir klar, daß ich morgen nach Swansea und Newcastle *muß*.
Diese Beamten können einem wirklich alles mögliche ein- oder ausreden. Anscheinend habe ich überhaupt keine eigene Meinung mehr.
Annie und ich schwiegen uns eine Weile wütend an, aber schließlich stellte ich ihr die wichtigste Frage des Tages: »Hast du mich im Fernsehen gesehen?« – (Ich war in London gewesen, sie war hier unten im Wahlkreis gewesen.)
»Ich habe jemanden gesehen, der aussah wie du.«
Ich fragte sie, was sie damit meint. Sie antwortete nicht.
»Frank hat behauptet, daß ich nur noch ein Beamtensprachrohr bin«, murmelte ich ärgerlich.
Annie sagte: »Ja.«
Ich war schockiert. »Du meinst . . ., er hat recht?«

»Natürlich«, meinte sie. »Du hättest doch einen Schauspieler engagieren und diese Phrasen dreschen lassen können. Der hätte das besser gekonnt als du. Und warum knallst du deine Unterschrift nicht mit einem *Stempel* auf deine Briefe oder läßt sie von einem Hilfsreferenten schreiben – der schreibt sie ja sowieso.«
Ich versuchte, mich zu beherrschen und ihr würdevoll zu antworten: »Ich lasse mir meine Briefe nicht von Referenten schreiben. Das tun nur Staatssekretäre.«
»Ich habe nichts mehr zu sagen, Mylord«, giftete sie.
»Denkst du etwa auch, ich bin eine Beamtenmarionette?«
»Ja. Die sollten sich vielleicht lieber Miß Piggy für deinen Job holen, die ist auch hübscher als du!«
Ich muß schon zugeben, ich fühlte mich tief verletzt und besiegt. Ich seufzte und setzte mich aufs Bett. Ich war, ehrlich gesagt, den Tränen nahe. Ist einem Kabinettsminister immer so zumute, fragte ich mich, oder bin ich nur eine entsetzliche Niete? Mir war nicht klar, was ich falsch gemacht hatte, aber irgend etwas mußte ich ja falsch gemacht haben.
»Ich weiß nicht, was ich machen soll«, murmelte ich leise. »Ich werde mit Arbeit überschwemmt. Ach, Annie, ich bin so deprimiert.«
Annie schlug vor, da wir ja nun doch nicht nach Paris fliegen würden, könnten wir wenigstens in der kleinen Trattoria an der Ecke bei Kerzenlicht zu Abend essen. Ich sagte, das ginge nicht, denn Bernard hatte mir ja aufgetragen, ich müßte heute abend mindestens drei rote Aktenkoffer durcharbeiten.
Annie entgegnete etwas, was meine Einschätzung meiner Situation total veränderte. Sie sagte: »Was soll das heißen ›Bernard hat mir aufgetragen‹! Als du noch Herausgeber vom ›Reform‹ warst, bist du anders gewesen – da bist du losgegangen, hast jeden wissen lassen, was du willst, und bekommen, was du verlangt hast. Was hat sich geändert? Du bist derselbe Mensch, aber jetzt läßt du es dir gefallen, daß die mit dir machen, was sie wollen.«
Und, urplötzlich, wurde mir klar, daß das stimmte. Sie hat recht. Darum ist Frank auch so auf mich losgegangen. Entweder ich packe sie an der Gurgel, oder sie packen mich an der Gurgel!

Hier geht es um das Gesetz des Dschungels, genau wie im Kabinett.

»Wie viele Artikel hast du früher bekommen, die du nach dem Redigieren zerrissen hast?« fragte sie.

»Dutzende«, erinnerte ich mich.

»Und wieviel ›amtliche Papiere‹ zerreißt du?«

»Keine«, antwortete ich. »Das darf ich nicht.«

Sie lächelte mich an, und mir wurde bewußt, daß ich mich noch nicht von dieser gewohnten selbstzerstörerischen Verhaltensweise befreit hatte.

»Das darfst du nicht?« Sie streichelte meine Hand. »Liebling, du bist der Minister. Du darfst alles, was du willst.«

Sie hat recht. Das bin ich. Ich darf. Ja, meine Beamten haben es geschafft, mich irgendwie abzurichten. Das ist mir jetzt klar. Ich bin Annie aus tiefstem Herzen dankbar, sie verfügt wirklich über einen bemerkenswert gesunden Menschenverstand. Haha, die werden sich noch wundern. Ich konnte es plötzlich kaum noch erwarten, wieder ins Ministerium zu kommen. Mein guter Vorsatz für das Neue Jahr ist, ab sofort alles selbst in die Hand zu nehmen.

4. Januar

Heute lief es besser.

Aber nur ein bißchen besser. Mein Verhalten entsprach jetzt wirklich dem eines Chefs, aber unglücklicherweise schien sich an seinem Verhalten überhaupt nichts zu ändern.

Ich ließ Humphrey herbeizitieren. Ich glaube nicht, daß er es mag, herbeizitiert zu werden.

Ich machte ihm klar, daß Frank und Bob McKenzie absolut recht haben. Die Nationale Integrierte Datenbank muß entscheidend umorganisiert werden.

Zu meiner Überraschung stimmte er unterwürfig zu. »Ja, Minister«, murmelte er.

»Wir werden alle nur erdenklichen Sicherheitsbestimmungen einbauen«, fuhr ich fort.

»Ja, Minister«, murmelte er wieder.
»Sofort«, fügte ich hinzu.
Damit hatte er nicht gerechnet, ich hatte ihn überrumpelt.
»Äh ... was genau meinen Sie mit – sofort?«
»Ich meine sofort.«
»Oh, ich verstehe, Sie meinen sofort, Minister.«
»Schön, daß Sie es auch sofort kapiert haben, Humphrey.«
Soweit, so gut. Aber nachdem er zu Beginn des Gespräches voll und ganz akzeptiert hatte, daß alles grundlegend geändert werden muß, fing er jetzt an, milde lächelnd, meinen Entschluß zu zerpflücken.
»Die Sache ist nur die«, begann er, »wenn ich Sie, mit Verlaub, darauf hinweisen darf, Minister, daß diese Regierung erst ein paar Monate im Amt ist und daß es furchtbar viel zu tun gibt ...«
Ich unterbrach ihn. »Humphrey«, wiederholte ich bestimmt, »wir werden die Datenbankbestimmungen ändern. Sofort!«
»Aber das können wir nicht, Minister«, sagte er, Farbe bekennend.
»Ich kann«, sagte ich und dachte an das harte Gespräch, das ich gestern abend mit Annie gehabt hatte.
»Ich bin der Minister.«
Und schon änderte er wieder seine Taktik. »Ja, natürlich sind Sie ein Minister, Minister«, sagte er und schaltete in Sekundenbruchteilen von Einschüchtern auf Kriechen um. Ich fegte sein unterwürfiges Gelaber vom Tisch. »Ach, hören Sie auf, mir Honig ums Maul zu schmieren, Humphrey«, erwiderte ich. »Ich will, daß alle Bürger das Recht haben, ihre eigenen Daten zu sehen, und ich will Gesetze, die Unbefugten Zugang zu Personendaten verbieten.«
»Wenn Sie es wünschen«, sagte Sir Humphrey, »dann muß es sein.«
Das nahm mir den Wind aus den Segeln. »Richtig«, sagte ich. »Gut«, sagte ich. »Dann fangen wir sofort damit an«, sagte ich und fragte mich, welcher Haken an der Sache war.
Ich hatte recht. Da war ein Haken dran. Ich schwieg einen Moment, und Sir Humphrey nahm die Gelegenheit wahr, um

mir zu erklären, daß wir sofort damit anfangen können, wenn das Kabinett zustimmt, die Sache dem Ministeriumsausschuß vorzulegen, und dann anfangen können, sie dem Verwaltungsausschuß vorzulegen. Danach geht alles reibungslos, selbstverständlich, über die Bühne – direkt in den Kabinettsausschuß! Und dann wieder zurück ins Kabinett. Ich unterbrach ihn und wies ihn darauf hin, daß wir ja im Kabinett angefangen hätten.
»Aber nur, um den politischen Aspekt abklopfen zu lassen, Minister«, erklärte mir Sir Humphrey. »Zu diesem Zeitpunkt wird das Kabinett sich im einzelnen mit den Vorschlägen befassen müssen.«
Ich gab in diesem Punkt nach, äußerte aber, daß wir, nachdem das Kabinett zum zweiten Mal beraten hatte, sofort anfangen könnten. Sir Humphrey stimmte zu – aber unter dem Vorbehalt, daß, falls das Kabinett irgendwelche Einwände geltend macht, was bestimmt der Fall sein würde, die Vorschläge noch einmal dem Ministeriumsausschuß, dem Verwaltungsausschuß, dem Kabinettsausschuß und dem Kabinett vorgelegt werden müßten.
»Ja, das weiß ich selbst«, gab ich schroff zurück. »Ich gehe davon aus, daß das Kabinett keine Einwände machen wird.« Sir Humphrey zog die Augenbrauen nach oben und enthielt sich, deutlich sichtbar, eines Kommentars.
Das hatte ich natürlich alles nicht gewußt – die vielschichtigen Mechanismen der Gesetzgebung können einem ja auch in der Opposition oder auf den Abgeordnetenbänken nicht deutlich werden.
»Also, nachdem das zum zweiten Mal dem Kabinett vorgelegen hat, fangen wir sofort damit an. Richtig?«
»Ja«, bestätigte er, »es dem Vorsitzenden des Unterhausausschusses vorzulegen. Und dann dem Parlament – und dort natürlich erst zur Beratung im Ausschuß.«
Aber plötzlich ging mir ein Licht auf. Plötzlich wurde mir klar, daß er eine Vernebelungstaktik anwandte. Wie durch ein Wunder fiel es mir wie Schuppen von den Augen.
»Humphrey. Sie sprechen von Gesetzgebung – aber ich spreche von administrativen und verfahrenstechnischen Änderungen.«

Humphrey lächelte selbstgefällig. »Aber bitte bedenken Sie, daß die erforderlichen Gesetze, die dem Bürger das Recht geben, Klage zu erheben, überaus kompliziert sind, und es würde dementsprechend lange dauern, um sie zu entwerfen, zu verabschieden und zu erlassen.«
Darauf hatte ich sofort eine Antwort parat. »Wir brauchen doch keine Gesetze, damit ein Bürger seine eigenen Daten sehen darf, oder?«
Sir Humphrey dachte intensiv darüber nach. »Nei – ein«, gab er schließlich, mit größtem Widerwillen, zu.
»Gut, dann fangen wir sofort damit an.«
Erste Runde gewonnen, dachte ich.
Aber Sir Humphrey gab sich noch nicht geschlagen. »Minister«, begann er, »ich nehme an, wir könnten das schon ein bißchen vorantreiben, aber es gibt noch große administrative Probleme.«
»Hören Sie«, beharrte ich, »das muß doch alles schon mal geprüft worden sein. Mit der Datenbank beschäftigt man sich schon seit einigen Jahren, die ist doch nicht über Nacht aus dem Nichts aufgetaucht – diese Probleme muß man doch diskutiert haben.«
»Ja, das hat man«, bestätigte er mir.
»Und zu welchem Schluß ist man gekommen?« fragte ich.
Humphrey antwortete nicht. Ich dachte erst, er würde nachdenken. Dann dachte ich, er hätte mich nicht verstanden, aus irgendeinem merkwürdigen Grund. Also fragte ich ihn noch einmal: »Und zu welchem Schluß ist man gekommen?« Diesmal ein bißchen lauter, zur Sicherheit. Aber: wieder keine sichtbare Reaktion. Ich dachte, er sei plötzlich krank geworden.
»Humphrey«, fragte ich, ich machte mir langsam Sorgen um seine Gesundheit und seinen Geisteszustand, »können Sie mich hören?« »Meine Lippen sind versiegelt«, erwiderte er durch seine nicht versiegelten Lippen.
Ich bat ihn, mir das genauer zu erklären.
»Ich bin nicht befugt, über Pläne früherer Regierungen zu sprechen.« Das verwirrte mich.
»Warum nicht?« fragte ich.
»Minister ..., würden Sie es gern sehen, wenn all das, was Sie

sagten und in Ihrem eigenen Büro taten, später einem Ihrer Opponenten weitergegeben würde?«
Daran hatte ich noch nie gedacht. Natürlich, das wäre ja entsetzlich. Das wäre ja eine ständige Bedrohung. Ich würde ja in meinem eigenen Büro nicht mehr frei und offen sprechen können.
Sir Humphrey wußte, daß er einen Volltreffer gelandet hatte. Und wie immer nutzte er seinen Vorteil schamlos aus. »Wir dürfen doch auf gar keinen Fall Ihren politischen Gegnern Munition gegen Sie liefern – und umgekehrt auch nicht.«
Ja, sicher, das leuchtete mir ein, aber was diese Sache angeht, gibt es da einen entscheidenden Unterschied. Ich wies Humphrey darauf hin, daß Tom Sargent mein Vorgänger war und daß der bestimmt nichts dagegen hätte. Tom ist ein anständiger Kumpel. Letzten Endes geht es bei der Datenbank ja nicht um parteipolitische Belange, Politiker aller Parteien sind sich ja absolut einig.
Aber Sir Humphrey wollte nicht nachgeben. »Es geht ums Prinzip, Minister«, beharrte er und fügte hinzu, daß das gegen Sitte und Moral verstoßen würde.
Das war ein unwiderlegbares Argument. Ich will natürlich nichts tun, was gegen Sitte und Moral verstößt. Ich kann wohl davon ausgehen, daß ich nie erfahren werde, was hier vor sich ging, bevor ich herkam. Ich sehe keine Möglichkeit, wie man das umgehen könnte.
Also, was haben wir bis jetzt erreicht? Wir haben festgestellt, daß wir keine Gesetze brauchen, damit ein Bürger seine eigenen Daten einsehen kann, aber wir sind uns auch darüber im klaren, daß es eine Menge (noch) nicht bekannter administrativer Probleme gibt, die erst einmal gelöst werden müssen.
Heute kam noch ein anderes Problem auf den Tisch. Bernard berichtete, daß wegen des negativen (genauer gesagt, sagte Bernard, »nicht ganz vorteilhaften«) Presseechos auf mein Interview in »Topic« der andere Sender mich heute abend unbedingt in »World in Focus« haben will. Das ist schon komisch, wenn man wirklich etwas sehr Wichtiges zu sagen hat, ist das Fernsehen nie daran interessiert, aber in dem Moment, wo irgend etwas

Triviales in die Hose geht, klingelt den ganzen Tag das Telefon. Ich sagte ihm erst, er soll Nein sagen, aber dann sagte er, daß die über das Thema Datenschutz auch dann reden würden, wenn ich nicht kommen würde und daß dann niemand da wäre, der meinen Standpunkt vertreten würde.
In Anbetracht dessen, daß wir heute nur einen winzigen Schritt vorangekommen waren, fragte ich Humphrey, was ich denen über Sicherheitsbestimmungen für die Datenbank erzählen könnte. »Das Beste wäre vielleicht, wenn Sie daran erinnern, Minister, daß Rom nicht an einem Tag erbaut wurde.«
Ein toller Vorschlag!
Wenn ich noch einmal, während ich diese Tagebucheintragungen mache, über das Gespräch mit Humphrey nachdenke, habe ich das Gefühl, daß wir heute *überhaupt nicht* vorangekommen sind. Aber es muß doch eine Möglichkeit geben, Sir Humphrey und das MVA dazu zu bringen, das zu tun, was ich ihnen sage.
[Angesichts von Hackers Erfahrungen und Enttäuschungen müssen wir uns daran erinnern, daß jeder Ausschuß in Whitehall endlos weitermacht, sofern nicht veranlaßt wird, daß er seine Arbeit einstellt. Wer weiß, vielleicht gibt es sogar noch einen Ausschuß, der sich mit dem Krimkrieg (1853-56) beschäftigt. Sehr wahrscheinlich gibt es noch einen Lebensmittelkartenausschuß und einen Personalausweisausschuß – d. H.]

6. Januar

Heute habe ich, durch einen glücklichen Zufall, ein bißchen mehr darüber erfahren, wie man mit Sir Humphrey umgehen muß.
Im Rauchsalon des Unterhauses sah ich Tom Sargent sitzen. Ich fragte ihn, ob ich mich zu ihm setzen dürfte, er freute sich sehr, mich wiederzusehen.
»Na, wie fühlt sich Tom in der Opposition?« wagte ich ein kleines Späßchen.
Als guter Politiker, der er zweifellos ist, antwortete er nicht direkt auf meine Frage. »Und wie gefällt es Jim in der Regie-

rung?« fragte er zurück.
Ich sah keinen Grund, um den heißen Brei herumzureden, und meinte, daß es mir ehrlich gesagt, nicht so sehr gefallen würde, wie ich es eigentlich erwartet hatte.
»Hat Humphrey dich unter Kontrolle?« fragte er lächelnd.
Ich überhörte die Frage und beklagte, daß es wahnsinnig schwer sei, voranzukommen. Er nickte, also fragte ich ihn: »Hast *du* immer alles geschafft?«
»Ich habe so gut wie nichts geschafft«, erwiderte er vergnügt. »Ich habe die Taktik, die er draufhat, erst nach einem Jahr kapiert – und dann war schon wieder Wahl.«
Aus unserem Gespräch ergab sich, daß die Taktik, die Tom meinte, Humphreys Verzögerungstaktik war.
Wie Tom mir anvertraute, hat Humphrey fünf Phasen drauf. Ich machte mir während unseres Gespräches Notizen, vielleicht konnte ich die noch mal gebrauchen.

Phase 1: Humphrey wird sagen, daß die Regierung erst ein paar Monate im Amt ist und daß es furchtbar viel Arbeit gibt (Tom blickt wirklich durch. Genau das hatte Humphrey mir gestern gesagt).

Phase 2: Wenn ich nach Phase *1* weiter darauf bestehe, wird er erklären, daß er die Absicht zu schätzen weiß, daß man wirklich etwas tun sollte – und mich fragen, ob ich sicher sei, daß man auf diesem Weg zum Ziel kommen könnte.

Phase 3: Dann, wenn ich immer noch nicht entmutigt bin, wird er den Standpunkt wechseln und nicht mehr sagen, *wie* ich etwas machen soll, sondern *wann* ich es machen soll; d. h.: »Nein, Minister, das ist leider nicht der richtige Zeitpunkt, aus den verschiedensten Gründen.«

Phase 4: Tom zufolge geben viele Minister sich mit Phase 3 zufrieden. Sollte das nicht der Fall sein, wird er vorgeben, daß das betreffende Projekt in Schwierigkeiten geraten sei – in technische, politische und/oder juristische (juristische sind ihm am liebsten, weil er die vollkommen unverständlich formulieren kann und so immer wieder Zeit gewinnt).

Phase 5: Schließlich, da die ersten vier Phasen sich über drei Jahre erstreckt haben, sagt er in Phase 5: »Tja, Minister, wir nähern uns den nächsten Wahlen. Sind Sie sicher, Sie können diese Politik durchbringen?«

Die einzelnen Phasen können jeweils auf drei Jahre erweitert werden, und Sir Humphrey wird absolut nichts unternehmen, wenn der Minister nicht dauernd hinter ihm her ist. Humphrey nimmt an, und das zu recht, daß der Minister immer sehr viel zu tun hat.

[Den gesamten Vorgang nennt man »kreative Trägheit« – d. H.]

Tom fragte mich, welche Politik ich denn durchbringen möchte. Als ich ihm erläuterte, daß ich verhindern will, daß die Nationale Integrierte Datenbank einmal zum »Big Brother« wird, brüllte er vor Lachen.

»Ich nehme an, er tut so, als ob das etwas völlig Neues sei?«

Ich nickte.

»Dieser clevere alte Sack«, sagte Tom. »Wir haben drei Jahre daran gesessen. Wir hatten ein Weißbuch fast fertig, aber dann wurden Wahlen angesetzt. Ich habe alles vorbereitet.«

Ich traute meinen Ohren nicht. Ich fragte, was es mit den administrativen Problemen auf sich habe. Tom behauptete, es gibt keine – die hat er alle schon gelöst. Und Tom vermutete auch richtig, daß Humphrey auf meine Fragen nach Unterlagen meines Vorgängers mit eisigem Schweigen geantwortet hatte.

»Dieser raffinierte Scheißkerl hat sie verschwinden lassen.«

Wie auch immer, da ich jetzt diese fünf Phasen kenne, sollte es mir in Zukunft eigentlich möglich sein, mit Humphrey ganz anders umzuspringen. Tom gab mir den Rat, nichts davon verlauten zu lassen, daß wir miteinander gesprochen haben, denn das würde den ganzen Spaß verderben. Er warnte mich auch vor den »drei Spielarten des Beamtenschweigens«, die Humphreys letzte Zuflucht seien, wenn er absolut in der Klemme steckt:

1: Das Schweigen, wenn sie einem die Fakten nicht sagen wollen: DAS DEZENTE SCHWEIGEN.
2: Das Schweigen, wenn sie nicht die Absicht haben, irgend etwas zu unternehmen: DAS STÖRRISCHE SCHWEIGEN.
3: Das Schweigen, wenn man sie erwischt hat und sie kein Bein mehr auf die Erde kriegen. Dann deuten sie an, daß sie sich selbst entlasten könnten, wenn sie nur die Freiheit hätten, über alles zu sprechen, aber daß sie viel zu rechtschaffen seien, um auch nur ein Sterbenswörtchen zu sagen: DAS MUTIGE SCHWEIGEN.

Zum Schluß verriet mir Tom, was Humphreys nächster Schritt sein würde. Er fragte mich, wie viele rote Aktenkoffer sie mir für heute abend mitgegeben hätten: Drei? Vier? »Fünf«, gestand ich, ein wenig kleinlaut.
»Fünf?« Er konnte sein Erstaunen darüber, daß ich sowas mit mir machen ließ, nicht verbergen.
»Haben sie dir gesagt, daß der fünfte nicht besonders wichtig ist?«
Ich nickte. »Gut. Ich wette mir dir, du findest bestimmt unten im fünften Koffer ein Memo, in dem genau erklärt wird, warum weitere Schritte wegen der Datenbank verschoben werden sollten ... und wenn du es nicht findest und nicht liest, werden sie keinen Finger rühren, aber in sechs Monaten werden sie dir vorhalten, daß sie dich doch detailliert informiert haben.«
Ich wollte Tom noch etwas anderes fragen, er war ja wirklich unheimlich nett und hilfsbereit. Er war jahrelang im Amt. Auf verschiedenen Regierungsposten. Ich sagte zu ihm: »Hör mal, Tom, du kennst doch alle Tricks der Verwaltung.«
»Nicht alle«, grinste er, »nur ein paar hundert.«
»Gut«, sagte ich. »Wie kann man *die* denn austricksen? Wie bringt man die dazu, etwas zu tun, was sie nicht tun wollen?«
Tom lächelte wehmütig und schüttelte den Kopf. »Mein lieber Freund«, erwiderte er, »wenn ich das wüßte, wäre ich wohl kaum in der Opposition.«

7. Januar

Ich habe gestern bis in die tiefe Nacht meine roten Aktenkoffer durcharbeiten müssen, so daß ich das, was ich entdeckt habe, erst heute in mein Tagebuch eintragen kann.
Tom hatte mir wirklich sehr geholfen. Beim Abendessen erzählte ich Annie von dem Gespräch mit ihm. Sie konnte nicht verstehen, warum Tom als Oppositionsmitglied so hilfsbereit gewesen war.
Ich erklärte ihr, daß die Opposition nicht wirklich die Opposition ist. Die nennt man nur Opposition. Tatsächlich sind sie nur die Opposition im Exil. Der Beamtenapparat ist die eigentliche Opposition.
Gleich nach dem Abendessen nahm ich mir die roten Aktenkoffer vor, und siehe da: Ganz unten im fünften Koffer fand ich eine »Sachvorlage« zum Thema Datenbank. Nicht nur, daß sie ganz unten im fünften Koffer lag, um ganz sicher zu sein, hatten sie sie auch noch zwischen die Seiten eines achtzigseitigen Berichtes über Fürsorgeverfahrensfragen versteckt.
Ach, übrigens, Tom hat mir noch seine gesamten privaten Unterlagen über die Datenbank geliehen, die hatte er behalten, als er aus dem Amt scheiden mußte. Unheiml. nützlich!
In der Vorlage waren alle erwarteten Verzögerungsfloskeln zu finden: »Thema noch in der Diskussion... Programm noch nicht vollständig... nicht übereilen... falls keine gegenteilige Anweisung, schlage ich vor, weitere Entwicklung abzuwarten.«
Annie schlug vor, ich solle Humphrey anrufen und ihm sagen, daß ich damit nicht einverstanden sei. Ich zögerte – es war 2.00 Uhr morgens, der würde doch bestimmt tief schlafen.
»Warum sollte der schlafen dürfen, wenn du noch arbeiten mußt?« fragte mich Annie. »Der hält dich schon seit drei Monaten auf Trab. Jetzt bist du dran.«
»Aber das kann ich doch unmöglich machen«, protestierte ich.
Annie schaute mich an. »Wie ist denn seine Nummer«, fragte

ich, als ich nach unserem Adreßbuch griff.
Annie, klug wie sie ist, fügte hinzu: »Das lag ja immerhin im fünften Aktenkoffer. Du hättest es doch gar nicht früher finden können, nicht wahr?«
Humphrey meldete sich mit einem merkwürdigen Grunzen. Ich hatte ihn offensichtlich geweckt. »Humphrey, entschuldigen Sie, daß ich jetzt noch anrufe. Ich hoffe, ich habe Sie nicht beim Essen oder sonstwas gestört, hm!?«
»Nein«, sagte er, ein bißchen verwirrt. »Gegessen haben wir schon. Wie spät ist es denn?«
»Zwei Uhr morgens«, sagte ich munter.
»Um Gottes willen!« Das hörte sich an, als ob er endlich wachgeworden war.
»Wir haben eine Krise!?«
»Nein, keine Krise. Ich sitze immer noch über meinen Akten und weiß, Sie arbeiten auch die Nacht durch.«
»Oh, ja«, sagte er und unterdrückte ein Gähnen. »Unsereiner findet ja nie Ruhe.«
Ich ließ ihn wissen, daß ich mich gerade mit dem Datenbankpapier beschäftigen würde.
»Oh, Sie haben es gefun ...« Er korrigierte sich, ohne eine Pause zu machen, »Sie haben es gelesen.«
Ich sagte ihm, ich hätte mir gedacht, ich müßte ihm sofort mitteilen, daß ich nicht glücklich damit sei, daß ich wüßte, er würde dankbar sein, sich noch ein wenig mit etwas anderem beschäftigen zu dürfen, und daß ich hoffte, es würde ihm nichts ausmachen, daß ich angerufen hatte.
»Aber nein, Minister, es ist mir immer ein Vergnügen, wenn Sie mich anrufen«, log er; ich glaube, er hat den Hörer auf die Gabel geknallt.
Nachdem ich aufgelegt hatte, fiel mir ein, daß ich vergessen hatte, ihm zu sagen, daß ich morgen früh vor der Kabinettssitzung unbedingt noch mit ihm darüber sprechen müßte. Ich war schon dabei, den Hörer wieder abzunehmen, als Annie meinte: »Nein, ruf ihn jetzt nicht an.«
Ich war zwar überrascht, daß sie auf einmal so viel Verständnis

und Rücksichtnahme für Sir Humphrey bewies, aber sie hatte ja recht. »Nein, ich glaube, es ist ein bißchen spät.«
Sie lächelte: »Ja. Gib ihm noch zehn Minuten.«

8. Januar

Heute morgen habe ich in der Schlacht, die ich schlage, um Humphrey und mein Ministerium in den Griff zu kriegen, wieder einen kleinen Sieg errungen, trotzdem ist die Schlacht noch nicht gewonnen.
Ich hatte die Notizen, die ich mir während des Gespräches mit Tom Sargent gemacht hatte, mit ins Büro genommen, und Sir Humphrey stieg, genau wie Tom es vorausgesagt hatte, mit seiner Verzögerungstaktik in den Ring.
»Humphrey«, begann ich, »haben Sie Ihre Vorstellung bezüglich der Sicherheitsbestimmungen für die Datenbank zu Papier gebracht?«
»Minister«, erwiderte er glaubhaft, »ich weiß Ihre Absicht wirklich sehr zu schätzen. Ich bin auch der Ansicht, daß Datenschutz notwendig ist, aber sind Sie sicher, daß man auf diesem Wege zum Ziel kommt?«
»Es ist *mein* Weg«, sagte ich entschlossen und hakte den ersten Einwand in meinem kleinen Notizbuch ab. »Und das ist meine Entscheidung.«
Humphrey war überrascht, daß sein Einwand so schnell vom Tisch gefegt worden war, ohne stundenlange Diskussion – so überrascht, daß er sofort zu seiner Phase 2 überging.
»Aber, Minister, das ist leider nicht der richtige Zeitpunkt, aus den verschiedensten Gründen.«
Ich hakte Nummer 2 in meinem Notizbuch ab und erwiderte: »Der Zeitpunkt ist goldrichtig! Die Sicherheitsbestimmungen sollten parallel zur Datenbank entwickelt werden, nicht später. Das sagt einem doch der gesunde Menschenverstand, nicht wahr.«
Humphrey war gezwungen, seinen dritten Einwand vorzubringen. Tom hatte seine Taktik wirklich wahnsinnig gut analysiert.

»Bedauerlicherweise, Minister«, sagte Humphrey verbissen, »haben wir das alles schon einmal versucht, aber, wissen Sie ... wir stießen auf alle nur denkbaren Schwierigkeiten.«
Ich hakte Nummer 3 in meinem kleinen Büchlein ab. Humphrey hatte meine Abhakerei inzwischen mitgekriegt und versuchte, mir über die Schulter zu schauen, um zu sehen, was da drin stand. Ich hielt das Notizbuch so, daß ihm das nicht möglich war.
»Welche Schwierigkeiten denn?« fragte ich.
»Technische, zum Beispiel«, gab Humphrey vor.
Da ich Toms Unterlagen sorgfältig gelesen hatte, konnte ich ihm sofort antworten. »Da gibt es überhaupt kein Problem«, sagte ich unbekümmert. »Ich habe mich erkundigt. Wir benutzen zum Abruf der Daten dasselbe Programm wie das US-Außenministerium und das Innenministerium in Schweden. Also, technische Probleme sehe ich da nicht.«
Humphrey wurde deutlich sichtbar immer nervöser, aber er machte hartnäckig weiter. »Ja, aber es gibt auch immense administrative Probleme, Minister. Das geht *alle* Ministerien etwas an. Auf interministerieller Ebene müßte ein Ausschuß ...«
Ich unterbrach ihn mitten im Satz. »Nein«, erklärte ich bestimmt. »Wenn Sie sich das genau anschauen, dann werden Sie sehen, daß die vorhandenen Sicherheitsbestimmungen ausreichen, das ist nur eine Erweiterung. Sonst noch was?«
Humphrey starrte mich ungläubig an. Er konnte einfach nicht verkraften, daß ich die Situation so meisterhaft beherrschte. Ich konnte ihm ansehen, daß er überlegte, ob ich nur ein paar Schüsse ins Blaue abgefeuert hatte. Da er einen Moment schwieg, entschloß ich mich, ihm wieder auf die Sprünge zu helfen.
»Juristische Probleme?« schlug ich hilfsbereit vor.
»Ja, Minister«, stimmte er sofort zu, in der Hoffnung, daß er mich endlich erwischt hatte. Juristische Probleme waren nun mal sein Lieblingsthema.
»Gut, gut«, sagte ich und hakte die vorletzte Phase auf meiner kleinen Liste ab. Er versuchte schon wieder rauszufinden, was in meinem Notizbuch stand.

»Es stellt sich die Frage«, begann er vorsichtig, »nach der rechtlichen Befugnis ...«
»Die kann ich Ihnen beantworten«, verkündete ich distinguiert. »Die haben wir.« Er sah mich aus großen Augen verwundert an. »Das Personal, das in Frage kommt, ist durch die Personalvereinbarungen gebunden.«
Dagegen konnte er nichts einwenden, denn ich hatte natürlich recht. Nach einem seiner letzten Strohhalme greifend, brachte er vor: »Ja, aber, Minister, da wird man zusätzlich Personal einstellen müssen. Werden Sie das auch bestimmt im Kabinett und in der Parlamentsfraktion durchsetzen können?«
»Ja, da bin ich absolut sicher«, sagte ich. »Sonst noch was?« Ich schaute in mein Notizbuch. »Nein, sonst wäre da nichts mehr. Gut, also dann fangen wir jetzt endlich an, hm?«
Humphrey schwieg. Ich fragte mich, ob er jetzt dezent, störrisch oder mutig war. Störrisch, glaube ich.
Schließlich sagte *ich* etwas. »Sie sind ja unheimlich still«, bemerkte ich. Die Stille wurde noch stiller. »Äh, übrigens, Humphrey ... sagen Sie mal, warum sind Sie eigentlich so still?«
Ihm wurde klar, daß er etwas sagen mußte, oder das Spiel war aus. »Minister, Ihnen ist offenbar nicht ganz klar, wieviel Arbeit das mit sich bringen wird.«
Beiläufig fragte ich, ob er sich nie zuvor mit Datenschutz beschäftigt hätte, unter einer anderen Regierung vielleicht, denn ich glaubte, mich an schriftliche Antworten auf parlamentarische Anfragen zu erinnern.
Seine Antwort hörte sich ungefähr so an: »Minister, zunächst einmal waren wir uns darüber einig, daß Fragen dieser Art gegen Sitte und Moral verstoßen. Und zum zweiten, wenn früher einmal Untersuchungen durchgeführt wurden, was nicht zutrifft, oder nicht notwendigerweise, oder es ist mir nicht erlaubt zu sagen, ob es sie gab, *wüßte* man von einer Projektgruppe, die sich, hätte sie existiert, worüber ich nicht sprechen darf, inzwischen, wenn sie jemals existiert hätte, aufgelöst hätte, und die Mitglieder wären zurückgekehrt in ihre Ministerien, wenn es derlei Mitglieder gegeben hätte.« Vielleicht hat er es auch anders formuliert,

aber der Inhalt war derselbe.
Ich wartete, bis sein sintflutartiges Geschwafel verebbt war, und knallte ihm dann mein Ultimatum um die Ohren. Ich machte ihm klar, daß ich darauf bestehe, daß mir diese Unterlagen für die Datenbank sofort zur Verfügung gestellt werden. Er sagte mir, das ist nicht möglich. Ich sagte ihm, es ist möglich. Er sagte mir, es ist nicht möglich. Ich sagte ihm, es ist möglich. So machten wir eine ganze Weile weiter (»es ist – ist es nicht, es ist – ist es nicht«), wie zwei Dreijährige, die sich mit finsteren Blicken um ein Spielzeug streiten, bis Bernard reinkam.
Ich wollte ihm nicht verraten, daß ich von Tom erfahren hatte, daß die Sicherheitsbestimmungen detailliert ausgearbeitet bereitlagen, denn dann hätte ich kein As mehr im Ärmel gehabt.
Während ich noch über dieses verzwickte Problem nachdachte, las Bernard mir meine Termine vor: Kabinettssitzung um zehn, mittags eine Rede vor der »Anglo-amerikanischen Gesellschaft«, und am Abend das Interview in »World in Focus«. Ich fragte ihn, ob er den Mittagstermin nicht streichen könnte. »Das wird nicht gehen, Minister«, antwortete er, »Ihr Besuch ist angekündigt und steht auf dem Programm.«
Und plötzlich ging mir ein Licht auf. Vor meinem geistigen Auge entwickelte sich ein ungemein schöner Plan, die Idee des Jahrhunderts!
Ich sagte Humphrey und Bernard, sie müßten sich das Interview heute abend unbedingt ansehen.
[Es folgt das Protokoll von Hackers Auftritt an jenem Abend in »World in Focus«, einem politischen Magazin der lokalen Londoner Produktionsgesellschaft Thames Television. Hacker konnte mit diesem Interview seinen ersten wahrhaft bedeutenden Sieg über seine Beamten verbuchen – d.H.]

DIES IST EIN NICHT KORRIGIERTES PROTOKOLL. ES DARF OHNE DIE ZUSTIMMUNG DES PROGRAMMDIREKTORS NICHT IN UMLAUF GEBRACHT WERDEN:

WORDL IN FOCUS - 8. JANUAR - HACKER-INTERVIEW

MODERATOR Und unser Gesprächspartner heute abend ist der Abgeordnete Jim Hacker, Minister für Verwaltungsangelegenheiten und der Mann, der im Zentrum der Kontroverse um den Big-Brother-Computer steht. Godfrey Finch unterhält sich mit ihm.

FINCH Minister, wie Sie wissen, hat es in dieser Woche einen Aufschrei der Empörung gegeben wegen der Dossiers, die die Beamtenbürokratie offenbar über jeden Bürger in diesem Land anlegen will. Es gibt Gerüchte, Sie könnten sich mit Ihrer Politik nicht durchsetzen. Sie würden Personendatenschutz für jeden Bürger anstreben, aber Ihre Bemühungen würden immer wieder - was für Sie sehr frustrierend sein muß - vom Beamtenapparat zunichte gemacht.

HACKER Wissen Sie, Godfrey, es wird sehr viel Unsinn geredet über den Civil Service - das ist ein fabelhafter, effizienter, professioneller Apparat. Er arbeitet mit enormer Energie und mit Tempo. Sie finden überall viele talentierte und hingebungsvolle Menschen, die alles in ihrer Macht Stehende tun, um der Regierung zu helfen, aus politischen Ideen Gesetze zu machen.

THAMES

FINCH Vielen Dank für den Werbespot, Minister. Aber vielleicht beginnen wir jetzt mit dem Interview?

HACKER Entgegen dem, was Sie sagen, sind der Civil Service und ich stets derselben Ansicht bezüglich der Datenbank gewesen. Und ich freue mich, sagen zu können, daß wir jetzt soweit sind: Was erarbeitet wurde, legen wir dem Bürger vor. D.h., heute kann ich sagen, vom 1. März an hat jeder Bürger Großbritanniens das absolute Recht auf Einsicht in seine Personendaten. Und er kann jede Information überprüfen, die die Regierung je von ihm bekommen hat. Zweitens: Kein Beamter hat das Recht, ohne schriftliche Genehmigung eine Ministers Personendaten aus einem anderen Ministerium zu überprüfen. Und ich werde in der nächsten Woche im Unterhaus Gesetze vorlegen, die es dem Bürger ermöglichen, Klage zu erheben gegen jeden Beamten, der sich unbefugt Zugang zu seinen Personendaten verschafft hat.

FINCH Ich finde, das klingt ja alles sehr erfreulich, Minister, aber warum haben Sie nicht früher darüber gesprochen? Das hätte die Bevölkerung beruhigt.

HACKER Offen gesagt, ich habe nicht gedacht, daß der Civil Service die Termine einhalten würde, Godfrey. Aber sie haben mich davon überzeugt, daß sie es können. Und überdies hat mein lieber Staatssekretär sich mit seiner Beamtenehre dafür verbürgt. Wenn jetzt noch irgendetwas schiefgeht..., dann werden Köpfe rollen.

Sir Bernard Woolley erinnert sich:[1]

Jim Hacker hat immer gesagt, die Idee für diesen brillanten Trick hätte er mir zu verdanken gehabt, wegen der unbeabsichtigten Doppelbedeutung seiner Worte »... ist angekündigt und steht auf dem Programm«.

Wie dem auch sei, ich persönlich glaube, Hacker war inspiriert von Edward Heath's berühmtem politischen Kunstgriff, den er als Premierminister anwandte, als er ankündigen wollte – fest in den Klauen der Civil-Service-Opposition –, daß die Weihnachtsgratifikation für Ruhegeldempfänger um zehn Pfund erhöht werden würde. Nachdem sein Vorhaben in »Nummer 10« viele Wochen lang blockiert worden war, kündigte er das einfach eines Abends in einem Fernsehinterview als fait accompli an. Er hatte es geschafft. Spät zwar, aber er hatte es geschafft.

Ich kann mich noch sehr gut daran erinnern, daß Humphrey Appleby stocksteif und mit versteinertem Gesicht vor dem Fernsehapparat saß, als Jim sein Interview gab; das fiel mir ganz besonders in dem Moment auf, als Jim sagte, daß sein lieber Staatssekretär mit seiner Beamtenehre dafür bürgen würde.

Da sah Humphrey mich an und sagte: »Das ist doch nicht zu schaffen!«

Ich antwortete nicht.

Dann fuhr er fort: »Na, Bernard, was halten Sie von dem ›Auftritt‹ unseres Ministers?«

Ich sah mich gezwungen, ihm zu sagen, daß das meiner Meinung nach »schachmatt« bedeuten würde.

9. Januar

Heute war mein glücklichster Tag, seit ich Minister bin.

»Haben Sie mich gestern abend im Fernsehen gesehen«, fragte ich Humphrey fröhlich, als er verbiestert ins Büro schlich und aussah wie ein Zwietracht säender Sauerampfer bei einer Beerdigung.

»Natürlich«, erwiderte er mit zusammengepreßten Lippen.

[1] Im Gespräch mit den Herausgebern

Eigentlich spielte es überhaupt keine Rolle, ob er mich gesehen hatte oder nicht, denn die Morgenpresse hatte über mein Fernsehinterview ausführlich berichtet.
»Na, wie war ich?« fragte ich in aller Unschuld. »Gut?«
»Ein überaus bemerkenswerter Auftritt, Minister, wenn ich das sagen darf«, antwortete er mit gekünstelter Zweideutigkeit.
»Sie dürfen, Sie dürfen«, sagte ich und tat so, als hätte ich das nicht zur Kenntnis genommen.
»Minister, wir haben die ganze Nacht hart gearbeitet. Ich freue mich, Ihnen mitteilen zu können, daß wir für Sie ein paar Vorschläge erarbeitet haben, die es Ihnen ermöglichen würden, die angestrebten Ziele zu den genannten Terminen zu erreichen.«
Mit anderen Worten, er hat fünf Minuten gebraucht, um die Vorschläge, die Tom im letzten Jahr, als er noch Minister war, entworfen hatte, wieder ans Tageslicht zu bringen.
»Gut gemacht, Humphrey«, sagte ich mit kindlicher Unbefangenheit. »Sehen Sie, ich habe der Nation gesagt, wie fabelhaft Sie sind und hatte recht. Ich habe mich auf Sie verlassen.«
»Ganz recht, Minister«, knurrte er mit zusammengepreßten Zähnen.
In einer kleinen Mappe hatte er seine Vorschläge mitgebracht.
»Sind das Ihre Vorschläge?« fragte ich.
»Ja.«
»Und hier sind meine«, sagte ich und legte meine kleine Mappe auf den Schreibtisch.
»Sie haben auch Vorschläge erarbeitet?« fragte er überrascht.
Ich bat Humphrey, er solle mir seine Datenschutzbestimmungen vorlesen, dann würde ich ihm meine vorlesen, und dann könnten wir beides miteinander vergleichen.
Humphrey fing an vorzulesen. »Erstens: ... Personendaten ... 1A: ... Sicherheitsvorkehrungen müssen getroffen werden im Hinblick auf ...«
Ich hielt es einfach nicht mehr länger aus. Ich fing an, aus meinen Unterlagen vorzulesen, und gemeinsam, unisono, lasen wir: » ... 2: Kriterien ... die Einsichtsnot und das Einsichtsrecht. 1 A (i)

Die Einsichtsnot. Nur jene Dienststellen, denen Informationen *gegeben* wurden, dürfen beanspruchen, prima facie, einsichtsnotwürdig zu sein.«

Wir sahen uns an.

»Offenbar sind wir derselben Meinung, Humphrey«, stellte ich fest.

»Wo sind diese Vorschläge hergekommen?« fragte er fordernd.

Ich schwieg. Nach einem kurzen Augenblick wiederholte er: »Wo sind die Vorschläge hergekommen!?«

»Humphrey«, erwiderte ich in einem leicht tadelnden Ton, »meine Lippen sind versiegelt.«

5 Die Schrift an der Wand

10. Januar

Die Hilfe, die ich von Tom Sargent im Zusammenhang mit der Nationalen Integrierten Datenbank erhielt, wird denen, die außerhalb der ungewöhnlichen Welt der Politik stehen, vielleicht merkwürdig vorkommen. So seltsam das einer Öffentlichkeit auch erscheinen mag, die zahllose beleidigende Reden liest, in denen Mitglieder der beiden großen Parteien sich gegenseitig als unfähig, unaufrichtig, dümmer als die Polizei erlaubt und fahrlässig beschimpfen, so sind Freundschaften über die Parteigrenzen hinweg doch überaus häufig. Tatsächlich ist es sehr viel leichter, mit einem Mitglied der Oppositionspartei befreundet zu sein als mit einem Mitglied der eigenen Partei: Zu Mitgliedern der Opposition steht man nicht in derselben Weise in direkter persönlicher Konkurrenz um ein Amt, wie das bei den eigenen Kollegen der Fall ist. Während unserer Jahre in der Opposition haben meine Kabinettskollegen und ich naturgemäß erbitterte Konkurrenzkämpfe ausgefochten. In den vergangenen drei Monaten waren wir alle so sehr mit dem Versuch beschäftigt, mit der *wahren* Opposition – den Beamten – fertig zu werden, daß wir eigentlich gar keine Zeit mehr hatten, uns gegenseitig fertigzumachen. Aber auf Grund der Atmosphäre, die in letzter Zeit im Kabinett herrscht, habe ich so eine Ahnung, daß wieder irgendein politischer Winkelzug in der Luft liegt. Es gibt noch eine Menge andere Dinge, die mich betreffen, über die ich an diesem Wochenende ein bißchen nachdenken konnte. Schon sehr bald (in meiner ersten Woche als Minister, um genau zu sein) erkannte ich, daß bürgernahe Politik echte Probleme mit sich bringt. Man hat mir klargemacht, daß die Menschen keine Macht mehr besitzen,

wenn sie keine Geheimnisse mehr haben.
Es ist wirklich paradoxerweise so, daß eine Regierung bürgernäher ist, wenn sie weniger bürgernah ist. Bürgernahe Politik ist ungefähr so wie Theater: Das Publikum erlebt eine Vorstellung. Und darauf reagiert es. Aber um etwas öffentlich vorführen zu können, bedarf es zunächst – genau wie beim Theater – einer Menge Aktivitäten hinter den Kulissen. Und während der Proben muß alles mögliche gekürzt oder geändert werden, und der Öffentlichkeit darf das Ganze erst vorgeführt werden, wenn alles stimmt.
Bei alledem gibt es aber einen Haken – nämlich die Tatsache, daß die Beamten vor den Ministern Geheimnisse haben. Sie behaupten zwar, sie hätten keine, aber ich bin ganz sicher, daß sie welche haben. Natürlich bin ich inzwischen auch ganz und gar dafür – aus den Gründen, die ich gerade genannt habe –, vor der Öffentlichkeit bestimmte Dinge geheimzuhalten, aber mir, als dem gewählten Vertreter des Volkes, sollte man die Entscheidung überlassen, wann das Volk in Unkenntnis gelassen wird. Es sollte nicht Aufgabe der Beamten sein, *mich* in Unkenntnis zu lassen.
Es ist leider so überaus schwer, ihnen das klarzumachen.
Ich habe auch einige allgemeine Lektionen gelernt. Humphrey gegenüber darf ich niemals meine Hoffnungen oder Ängste zeigen, wenn es sich vermeiden läßt – vor allem Ängste im Zusammenhang mit der Partei. Wenn man seine politischen Schwächen offenbart, dann machen sie einen zur Schnecke. Man muß sie im unklaren lassen.
Ich muß, das weiß ich jetzt, immer dafür sorgen, daß sich die Beamten *zuerst* festlegen. Man darf niemals sagen, »ich meine ...« – man muß immer sagen, »was meinen *Sie* ...?«
Ich weiß jetzt auch Bescheid über »Ja« und »Nein«. Aus einem »Nein« kann man immer ein »Ja« machen, – aber nicht umgekehrt. Abgesehen davon sollte man, wenn man »Nein« sagt, das von jemandem im Privatsekretariat sagen lassen – aber wenn man »Ja« sagt, dann umgeht man die am besten und ruft selbst an. Auf diese Weise haben sie den Schwarzen Peter, und ich bin fein

raus.
Überhaupt ist einer der wesentlichen Punkte, daß man selbst telefoniert. Das ganze System ist darauf angelegt, einen daran zu hindern, igend etwas selbst zu tun. Wenn es nach den Beamten geht, darf man niemals telefonieren oder ein Problem lösen. Wehe dem Minister, der sich ans Telefon hängt, um zum Beispiel ein Handelsabkommen mit einem anderen Land unter Dach und Fach zu bringen. Von allen Seiten werden Beamte auf einen einstürmen und Sätze absondern wie: »Das ist eine Angelegenheit für das Außenministerium«, »die richtigen Kanäle«, »die Politik hängt am seidenen Faden ... das ist Ihnen doch klar, oder?«, »und wenn irgendwas schiefgehen würde?«, »es geht um Ihren Kopf, Minister!« und dergleichen mehr.
Das alles kann eine bedeutende Persönlichkeit des öffentlichen Lebens wie mich ganz schön fertigmachen. Wenn man nicht aufpaßt, dann haben sie einen am Ende soweit, daß man sich nicht mehr traut, »Potters Bar« anzurufen.
Darüber hinaus wird alles, was man tut, sorgfältig beobachtet und überwacht. Bernard hört alle meine Telefongespräche mit, außer denen, die ich auf der Privatleitung führe. Dahinter steht der theoretische Gedanke, daß er sich auf diese Weise wertvolle Notizen für mich machen kann und umfassend über meine Ansichten und Aktivitäten informiert ist. Stimmt – aber wie wir wissen, sind Informationen ein zweischneidiges Schwert.
[Es ist kein Zufall, daß die meisten wirklich einflußreichen Ämter auf der Welt von »Sekretären« bekleidet werden – von Ständigen Staatssekretären, Generalsekretären, Parteisekretären usw. Als »Sekretär« – vom lateinischen »secretus«, was soviel wie »abgeschieden« oder »geheim« heißt – bezeichnet man Personen, denen Geheimnisse anvertraut werden, jene Informationen, die niemand sonst kennt: die Elite – d.H.]

Ich muß allerdings gestehen, daß ich es als außerordentlich angenehm empfinde, daß ich auf diese Weise meine Kritik an meinen Beamten loswerden kann – in dem Bewußtsein, daß Bernard jedes Wort von mir mithört.
In einem meiner roten Aktenkoffer lag heute abend die dritte Fassung eines Berichts an den Expertenausschuß[1] über den Personalüberhang in der Verwaltung. Der Bericht gefällt mir immer noch nicht. Morgen früh werde ich eine Menge Fragen dazu stellen müssen.

11. Januar

Humphrey und ich hatten ein Gespräch wegen des Berichts an den Expertenausschuß. Ich sagte Humphrey, daß ich mit dem Bericht noch immer nicht zufrieden bin, und er bot freundlicherweise an, ihn umzuschreiben. Damit schien es mir jedoch nicht getan. Zum wiederholten Male erläuterte ich ihm, worum es ging. »Seit sechs Wochen wartet der Expertenausschuß auf unsere Zahlen zum Personalüberhang in der Verwaltung. Dreimal habe ich Beamten in einfachsten Worten Anweisungen gegeben, und jedesmal bekam ich von ihnen einen völlig unverständlichen Bericht. Genau das Gegenteil, worum ich gebeten hatte, stand da drin.«
»Mit Verlaub, Minister«, entgegnete Sir Humphrey, »woher wissen Sie, daß das Gegenteil drin steht, wenn er völlig unverständlich ist?« Er ist wirklich ein Meister darin, Antworten zu geben, die an der Sache völlig vorbei gehen.
»Ich will ja nichts weiter«, erklärte ich zermürbt, »als daß drinsteht, daß der Civil Service absolut überbeamtet ist und abgespeckt werden muß.«
»Ich bin sicher, wir alle wollen, daß das drinsteht«, log mein

[1] Der 1970 eingerichtete Expertenausschuß – auch Think Tank genannt – setzt sich aus Mitgliedern der Beamtenschaft und aus unabhängigen Wissenschaftlern, aus Politologen, Soziologen etc. zusammen. Er berät das Kabinett, fertigt Studien zu speziellen Problemstellungen an und liefert alle sechs Monate eine Strategiekritik der Regierungspolitik

Ständiger Staatssekretär. Und das steht auch in dem Bericht.«
»Nein, das steht nicht drin.«
»Doch, es steht drin.«
Dann hielten wir uns eine Weile abwechselnd vor: »Oh, nein, es steht nicht drin«, »oh, doch, es steht drin«, »oh, nein, es steht nicht drin«, usw. Dann las ich ihm Sätze aus dem Entwurf vor. Da heißt es z. B., daß eine schrittweise Verringerung um etwa einhunderttausend Leute »nicht im öffentlichen Interesse« liegt. Übersetzung: Es liegt sehr wohl im öffentlichen Interesse, aber es liegt nicht im Interesse der Beamtenschaft. »Die öffentliche Meinung läßt einen solchen Schritt noch nicht zu«, steht da drin. Übersetzung: Die öffentliche Meinung läßt ihn zu, aber die Beamtenschaft nicht. Dann heißt es weiter: »Dies ist allerdings ein dringliches Problem, und wir schlagen daher vor, einen Königlichen Ausschuß ins Leben zu rufen.« Übersetzung: Dieses Problem ist verdammt lästig, aber wir hoffen, daß es bis zum Bericht eines Königlichen Ausschusses – in vier Jahren – alle Leute vergessen haben oder wir jemand anderen finden, dem wir die Schuld daran in die Schuhe schieben können.
[Hacker begriff allmählich die verschlüsselte Sprache des Civil Service. Weitere Beispiele waren:
»Ich glaube, wir müssen sehr vorsichtig sein.« Übersetzung: Wir werden das nicht machen.
»Haben Sie die Auswirkungen gründlich durchdacht?« Übersetzung: Sie werden das nicht machen.
»Das ist eine etwas verblüffende Entscheidung.« Übersetzung: Idiotisch!
»Nicht ganz aufrichtig.« Übersetzung: Kriminell.
»Mit Verlaub, Minister…«. Übersetzung: Minister, das ist die dümmste Idee, die ich jemals gehört habe. – d. H.]

Humphrey sah keinen Ausweg aus dieser Sackgasse. »Minister, dann kann ich nur vorschlagen, daß wir den Entwurf umschreiben. Na, großartig!«
»Humphrey«, sagte ich, »würden Sie mir eine klare Antwort auf eine klare Frage geben?«

Diese Frage kam völlig unerwartet für ihn, und er hielt einen Moment inne, um nachzudenken.
»Wenn Sie nicht erwarten, daß ich mich ordinärer Verallgemeinerungen und vulgär-grober Vereinfachungen wie ›ja‹ oder ›nein‹ bedienen soll«, formulierte er auf eine durch und durch geniale, gleichwohl ausweichende Art, »werde ich alles mir mögliche tun.«
»Meinen Sie, ›ja‹?«, fragte ich.
Er schien heftig mit sich zu ringen. »Ja«, sagte er schließlich.
»Gut«, sagte ich. »Hier ist die klare Frage.«
Sir Humphrey machte ein langes Gesicht. »Oh«, sagte er, »ich dachte, das war sie schon.« Ich ließ mich nicht aus der Ruhe bringen. »Humphrey, werden Sie in Ihrem Bericht an den Expertenausschuß meine Meinung unterstützen, daß der Beamtenapparat überbesetzt ist, oder nicht? Ja oder nein? Eine klare Antwort!«
Hätte ich die Frage noch direkter stellen können? Ich glaube nicht. Humphreys Antwort lautete: »Minister, wenn Sie mich um eine klare Antwort bitten, dann würde ich sagen, daß im großen und ganzen, wenn die Zusammenhänge transparent werden, dem Durchschnitt der Ministerien entsprechend, man in abschließender Analyse vermutlich zu recht sagen kann, daß man letzten Endes, ganz allgemein gesprochen, vermutlich zu dem Schluß gelangt, daß an allem – präzise formuliert und ganz gleich, wie man es betrachtet – vermutlich nicht viel dran ist.«
Während sich in meinem Kopf noch alles drehte, fügte er – zweifellos im Bemühen um noch mehr Klarheit – hinzu: »Soweit wir das zum gegenwärtigen Zeitpunkt beurteilen können.«
Ich unternahm noch einen letzten Versuch. »Heißt das ›ja‹ oder ›nein‹?«, fragte ich, ohne noch allzuviel Hoffnung zu haben.
»Ja« und »nein«, entgegnete er, was wirklich eine große Hilfe war.
»Und wenn«, versuchte ich es anders, »und wenn man Sie *nicht* um eine klare Antwort bitten würde?«
»Ah«, entgegnete er fröhlich, »dann würde ich Zeit gewinnen wollen, Minister.«

Humphrey wird sich nie ändern. Ich jedenfalls werde ihn bestimmt nie ändern können. Heute habe ich nichts erreicht. Nein, nicht nur nichts, absolut nichts, und auch das nur mit Mühe! Unser Gespräch endete damit, daß Humphrey vorschlug, ich solle den Entwurf mit nach Hause nehmen und mich zwei Tage lang damit beschäftigen, weil ich dann vielleicht feststellen würde, daß eben doch genau das drinsteht, was ich drin haben will. Natürlich ein absolut blödsinniger Vorschlag, reine Zeitverschwendung. Er will mich bloß kleinkriegen.
»Und wenn nicht drinsteht, was ich drin haben will?« fragte ich gereizt.
Sir Humphrey lächelte. »Dann werden wir ihn gern für Sie umschreiben, Minister«, versprach er.
Wir fangen also wieder von vorn an.

12. Januar

Ich habe sehr sorgfältig über das nachgedacht, was gestern über die Bühne gegangen ist. Ich habe nicht die Absicht, diesen Entwurf an das Ministerium zurückzugeben, damit er noch einmal umgeschrieben wird. Ich schreibe den Bericht selber und werde ihn erst dann vorlegen, wenn es zu spät ist, um irgend etwas daran zu ändern.
Ich erzählte Bernard davon, und er hielt das für eine gute Idee. Ich sprach mit ihm unter dem Siegel der Verschwiegenheit darüber, und ich hoffe, ich kann ihm vertrauen. Ja, das kann ich bestimmt.
[Hacker hatte nicht mit dem Druck gerechnet, den der Civil Service auf seine Mitglieder auszuüben vermag. Mehrmals fragte Sir Humphrey in den darauffolgenden zwei Wochen nach der vierten Fassung des Berichts, und ihm fiel auf, daß Bernard Woolley ausweichende Antworten gab. Schließlich wurde Bernard auf einen disziplinarischen Drink in Sir Humphreys Club in Pall Mall eingeladen. Wir fanden einen Vermerk über dieses Gespräch unter Sir Humphreys privaten Papieren – d. H.]

B.W. kam auf einen Drink in den Club.
Ich fragte ihn nach dem Bericht des Ministeriums an den Expertenausschuß. Er fragte: »Sie meinen den Bericht des Ministers?« Eine sehr vielsagende Bemerkung.
Als Entgegnung auf meine Frage, warum wir ihn noch nicht zurückbekommen haben, schlug er vor, ich sollte doch den Minister fragen. Eine höchst unbefriedigende Antwort.
Ich erklärte, ich zöge es vor, ihn zu fragen. Da er stur blieb und schwieg, stellte ich fest, daß er offenbar nicht antworten wolle.
»Ja und nein«, sagte er. Er weiß sehr wohl, daß das eine meiner Lieblingsantworten ist, und ich sah mich gezwungen, ihn wegen dieser Unverschämtheit zurechtzuweisen.
Auf weitere Fragen erklärte B.W. beharrlich, daß der Minister gewissenhaft seine roten Aktenkoffer durcharbeite, aber er weigerte sich wiederholt, mir eine Erklärung dafür zu geben, warum sich der Bericht so verzögert. Statt dessen riet er mir, mich diesbezüglich an den Minister zu wenden, da er (B.W.) der *Persönliche* Referent des Ministers sei.
Er fühlte sich anscheinend nicht ganz wohl in seiner Haut, und offensichtlich hatte er sich dem Minister gegenüber verpflichtet, eine bestimmte Information streng vertraulich zu behandeln. Daher beschloß ich, dafür zu sorgen, daß er sich noch um ein wesentliches unwohler fühlte – so unwohl, daß er sich gezwungen sehen würde, nach einer Möglichkeit zu suchen, wie er sowohl mich als auch seinen Minister zufriedenstellen kann (und damit zu beweisen, daß er das Zeug dazu hat, nach ganz oben zu kommen), oder sich für eine von beiden Seiten zu entscheiden und damit seine Unfähigkeit zu offenbaren, in einer Sturmböe zu balancieren.
Ich erinnerte ihn also daran, daß er für das MVA arbeitet und daß – so lobenswert es auch ist, seinem Minister gegenüber Loyalität zu wahren – Minister im Schnitt lediglich elf Monate amtieren, wohingegen Bernards Laufbahn, so hofft er, bis zu seinem 60. Lebensjahr dauern wird.
B.W. verstand es, das Beste aus der Situation zu machen. Er entschloß sich, mir eine hypothetische Frage zu stellen, was stets eine gute Idee ist.

Er fragte mich, *falls* ein rein hypothetischer Minister mit dem Entwurf für den Bericht an einen Ausschuß nicht zufrieden wäre, und *falls* der hypothetische Minister die Absicht hätte, diesen Entwurf durch einen – rein hypothetischen – Entwurf zu ersetzen, den er selbst mit seinen politischen Beratern in seiner Parteizentrale ausgearbeitet hat, und *falls* dieser Minister die Absicht hätte, seinen eigenen Entwurf so knapp vor dem Termin vorzulegen, daß keine Zeit mehr wäre, ihn umzuarbeiten, und *falls* der hypothetische Persönliche Referent von diesem hypothetischen Entwurf wüßte, streng vertraulich – müßte dann der hypothetische Persönliche Referent diese Information an den Ständigen Staatssekretär des hypothetischen Ministeriums weitergeben?
Eine gute Frage. Natürlich habe ich B.W. geantwortet, daß ein Persönlicher Referent derlei Informationen niemals weitergeben sollte, wenn sie ihm streng vertraulich mitgeteilt wurden.
B.W. ist doch vielversprechender, als ich dachte.

(Appleby – Papiere 23/RPY/13c)

23. Januar

Zwei Wochen sind vergangen, seit ich beschloß, mich um den Bericht an den Expertenausschuß selbst zu kümmern. Mit meiner endgültigen Fassung geht es gut voran. Frank und seine Jungs arbeiten fieberhaft daran, und auch ich habe mir manche Nacht damit um die Ohren geschlagen. Offenbar bringt die Situation Humphrey zur Weißglut, was mir unbeschreibliches Vergnügen bereitet.
Heute fragte er mich wieder nach meiner Neufassung der Neufassung des Entwurfs. »Was ist mit dem Bericht?«, wollte er wissen.
»Sie meinen den an den Expertenausschuß?«, fragte ich, um Zeit zu gewinnen.
»Ja, Minister.«
»Wozu brauchen Sie den?« fragte ich.
»Damit wir ihn umschreiben können.«
»Das wird nicht nötig sein.«

»Ich glaube doch, Minister.«
»Humphrey«, sagte ich mit Nachdruck, »Entwürfe auszuarbeiten, ist kein Monopol der Beamten.«
»Das ist eine hochspezialisierte Fertigkeit«, erwiderte er, »die nur wenige aus der Verwaltung beherrschen.«
»Dummes Zeug«, sagte ich. »Das ist doch nicht schwer. Das ist doch so einfach wie ›Dame‹ spielen.« »Aber da kann, wer nicht aufpaßt, weggepustet werden«, antwortete er. Witzig ist er ja manchmal, das muß man ihm schon lassen.
Ich lachte über seine Bemerkung und wechselte das Thema. Aber er ließ nicht locker: »Kann ich den Entwurf dann bitte haben?«
»Natürlich«, sagte ich mit einem Lächeln. Er wartete. Vergebens.
»Wann, Minister?« fragte er und versuchte seinerseits zu lächeln, aber gleichzeitg biß er die Zähne zusammen.
»Später«, antwortete ich vage.
»Aber *wann*?« knurrte er durch sein verkniffenes Lächeln.
»Sie sagen doch immer, wir dürfen nichts überstürzen«, entgegnete ich. Daran hatte er schwer zu schlucken.
Dann bat er mich um eine klare Antwort. So eine Unverfrorenheit!
Na gut, da er anfing, meine Formulierungen zu benutzen, schlug ich ihm seine um die Ohren.
»Zu gegebener Zeit, Humphrey.« Das machte mir unheimlichen Spaß. »Wenn es soweit ist. Wenn die Zeit reif ist. Wenn der Moment gekommen ist. Sofort nach Abschluß der notwendigen Verfahren. Selbstverständlich wird nichts überstürzt, das verstehen Sie doch.«
»Minister«, sagte er, und allmählich ging ihm auch das letzte Quentchen Humor verloren, »diese Angelegenheit drängt.«
Er geriet aus der Fassung. Fabelhaft! Meine Taktik erwies sich als triumphaler Erfolg. »Drängt?« fragte ich höflich. »Sie lernen ja eine Menge neue Wörter.« Ich glaube, ich bin noch nie in meinem Leben zu jemandem so grob gewesen. Es machte wirklich ungeheuren Spaß. Ich muß das öfter probieren.
»Vergeben Sie mir, wenn ich das sage«, begann Sir Humphrey, und sein Ton war eisig, »aber allmählich habe ich den Verdacht,

Sie verbergen etwas vor mir.«

Ich tat schockiert, überrascht, verwirrt, ahnungslos – eine ganze Palette falscher Gefühle. »Humphrey!«, sagte ich und gab meiner Stimme den Ausdruck tiefster Bestürzung, »wir haben doch wohl keine Geheimnisse voreinander?«

»Verzeihung, Minister, aber manchmal ist man gezwungen, die Möglichkeit in Betracht zu ziehen, daß Vorgänge auf eine Art und Weise gehandhabt werden, die alles in allem – auch in Anbetracht denkbarer Zugeständnisse – irgendwie ..., ich will mich nicht zu vornehm ausdrücken ..., meinem Gefühl nach ... vielleicht nicht ganz aufrichtig ist!« Humphrey ließ seinen Beschimpfungen gegen mich freien Lauf – in der größtmöglichen Unverblümtheit, derer er in einer solchen Krise fähig war. Nicht ganz aufrichtig, allerdings! Natürlich – ebenso wie es gegen die Regeln des Parlaments verstößt, jemanden als Lügner zu bezeichnen, so gehört das auch in Whitehall zu den Dingen, die man nicht tut.

Ich entschloß mich also, endlich reinen Tisch zu machen. Ich sagte ihm, daß ich den Entwurf selbst umgeschrieben habe, daß ich sehr zufrieden damit bin und daß ich nicht möchte, daß er ihn erneut umschreibt.

»Aber ...«, begann Sir Humphrey.

»Kein Aber«, unterbrach ich ihn scharf. »Die Verwaltung hat nichts weiter zu bieten als eine dauernde Verzögerungstaktik.«

»Ich würde die Verzögerungen in der Verwaltung nicht als Taktik bezeichnen, Minister«, entgegnete er freundlich. »Das hieße, Lethargie mit Strategie verwechseln.«

Ich fragte ihn, ob er nicht bereits einen Ausschuß zur Untersuchung von Verzögerungen in der Verwaltung ins Leben gerufen habe. Er bejahte das.

»Was ist daraus geworden?« fragte ich.

»Oh«, sagte er und versuchte, die Angelegenheit beiseite zu schieben, »er hat noch nicht getagt.«

»Warum nicht«, wollte ich wissen.

»Es gab da ... anscheinend eine Verzögerung«, räumte er ein.

Ich muß Humphrey unbedingt klarmachen, daß ein echter Wunsch nach radikalen Reformen in der Luft liegt. Ich erinnerte

ihn daran, daß der Allparteien-Ausschuß für Verwaltungsangelegenheiten, den ich initiiert habe, ein großer Erfolg ist.
Das war vermutlich ein Fehler, denn er fragte mich sofort, was er erreicht habe. Ich war gezwungen zuzugeben, daß er *bis jetzt* eigentlich noch nichts erreicht hat, aber ich betonte, daß die Partei davon sehr angetan ist.
»Tatsächlich?« fragte er. »Wieso?«
»Na, letzten Montag war zum Beispiel sogar ein Dreispalter im *Daily Mail*«, erwiderte ich stolz.
»Aha«, sagte er kalt, »die Regierung mißt ihren Erfolg also nach Spaltenbreite, was?«
»Ja ... und nein«, sagte ich und lächelte.
Aber er war zutiefst besorgt wegen meiner Neufassung des Entwurfs für den Bericht.
»Minister«, begann er streng, »nicht nur, daß die Fakten, die Sie vorlegen möchten, unwahr sind – die Vorlage wäre, was viel schwerer wiegt, unklug.« Eine von Humphreys bisher aufschlußreichsten Feststellungen, glaube ich. »Wir hatten das doch alles schon mal: Die Expansion der Verwaltung ist die Folge parlamentarischer Gesetzgebung und nicht bürokratischen Machtstrebens.«
Allmählich habe ich den Eindruck, daß Sir Humphrey das wirklich glaubt.
»Ich soll also«, faßte ich zusammen, »in der nächsten Fragestunde dem Parlament sagen, daß es selbst schuld sei, wenn uns die Verwaltung über den Kopf wächst?«
»Aber das ist die Wahrheit, Minister«, bestätigte er mit Nachdruck. Er scheint nicht zu kapieren, daß ich nicht die Wahrheit brauche, sondern etwas für das Parlament.
Ich wurde deutlich: »Humphrey, Sie sind mein Ständiger Staatssekretär. Werden Sie mich unterstützen?«
»Wir unterstützen Sie immer, Minister, aber wir tragen lieber Ihr Banner als Ihre Bahre.«
Es schien mir, als lag etwas leicht Bedrohliches in dem, was er sagte. Ich wollte wissen, was er damit gemeint hatte. Während ich mich immer mehr aufregte, wurde er immer eisiger.

»Ich hätte erwartet«, verkündete er mit schneidender Stimme und übertrieben deutlicher Artikulation, wobei er ein wenig an Dame Edith Evans als Lady Bracknell erinnerte, »daß es völlig klar sei, was ich meine. Sie können diesen Bericht auf keinen Fall einem Gremium vorlegen, dessen Empfehlungen veröffentlicht werden.« Wie üblich ging er völlig an der Sache vorbei. Ich erläuterte, daß ich die Fakten gerade deshalb vorlege, *weil* der Bericht veröffentlicht wird. *Ich*, der Minister, habe zu entscheiden, wann etwas geheimgehalten wird, nicht die Ministerialbeamten.

Damit hatte ich ihm anscheinend den Todesstoß versetzt. Dann, nach einer ziemlich langen Denkpause, fragte er, ob er noch etwas bemerken dürfe.

»Wenn Sie's klar formulieren können, gern«, erwiderte ich.

»Wenn Sie schon diese verdammt dämliche Sache tun wollen«, sagte er, »dann nicht auf so verdammt dämliche Art und Weise.«

24. Januar

Heute vormittag, auf dem Weg zu Nummer 10, zeigte mir Bernard die Tagesordnung für das Kabinett. Zu meinem Entsetzen erfuhr ich, daß das Kabinett über meinen Vorschlag, das Grundbuchamt zu schließen, beraten sollte – jedenfalls hieß es da, der Vorschlag sei von mir. In Wirklichkeit hatte ich bis zu diesem Zeitpunkt noch nie davon gehört. Es handelt sich dabei um einen Plan, durch Zusammenlegung mehrerer Ämter eine Reduzierung von Behörden mit autonomem Status zu erreichen, deren Anzahl in der letzten Zeit um neundreiviertel Prozent gestiegen ist. Wie Bernard mir erklärte, habe ich diesen Vorschlag unterschrieben. Ich habe keinen Schimmer, wann das gewesen sein soll – vermutlich lag er in der vergangenen Woche irgendwann in einem der roten Aktenkoffer, aber ich kann mich nicht daran erinnern. Seit mehr als einer Woche habe ich ausschließlich an dem Bericht für den Expertenausschuß gearbeitet. Wie auch immer – schließlich kann ich mich nicht an jedes Papier erinnern, das mir um ein oder zwei Uhr morgens in die Finger kommt. Eigentlich kann

kann ich mich an kaum eines erinnern. Da muß es doch noch ein besseres System geben.
Bernard versicherte mir, daß ich eigentlich nicht allzu viel über den Vorschlag wissen müßte, weil er gerüchteweise – über seinen guten Draht zu den anderen Persönlichen Referenten – gehört habe, daß der Vorschlag ohne lange Diskussionen »abgenickt« werden würde, wie er das nannte.
[Bedauerlicherweise war diese Situation keineswegs so ungewöhnlich, wie der Leser vielleicht annehmen mag. Sowohl der Zeitdruck als auch die komplizierte Materie vieler Gesetzesvorlagen führten dazu, daß Minister dem Kabinett immer wieder Maßnahmen vorschlagen mußten, die sie selbst entweder gar nicht gelesen oder nicht ganz begriffen hatten. Daher wird bisweilen unterschieden zwischen ministerieller Politik – d.h. politischen Maßnahmen, zu denen der Minister dezidierte Ansichten hat oder für die er sich persönlich engagiert – und der Politik des Ministeriums, also dem Normalfall – d.H.]

25. Januar

Heute war der bisher schwärzeste Tag. Vielleicht nicht nur der schwärzeste Tag, seit ich Minister bin, sondern der schwärzeste Tag überhaupt, seit ich in die Politik gegangen bin.
Ich bin tief deprimiert.
Trotzdem habe ich das Gefühl, daß ich die Ereignisse des Tages in mein Tagebuch eintragen muß. Das mache ich jetzt – alles schön der Reihe nach.
Sir Humphrey war heute vormittag offenbar bei der üblichen wöchentlichen Zusammenkunft der Ständigen Staatssekretäre. Anscheinend wurde er von einigen seiner Kollegen gerügt, als er damit herausrückte, daß ich den Entwurf für den Bericht an den Expertenausschuß geschrieben habe.
Humphrey hat sich wohl bei Bernard über mein Verhalten beklagt, und Bernard – er scheint der einzige zu sein, dem ich voll und ganz vertrauen kann – berichtete mir gleich darüber. Offenbar hat Sir Frederick Stewart (Ständ. Staatssek. im Außenministe-

rium) wörtlich zu Sir Humphrey gesagt, wenn Minister anfangen, Entwürfe zu schreiben, dann diktieren sie demnächst auch noch die Politik.
Unglaublich!

Aber es stimmt natürlich. Ich habe gelernt, daß derjenige, der den Entwurf schreibt, am Ende der Sieger ist.

[Aus diesem Grund war es damals innerhalb der Verwaltung üblich, das Protokoll einer Sitzung zu schreiben, noch ehe die Sitzung stattgefunden hat. Dadurch wird zweierlei erreicht. Erstens hilft es dem Vorsitzenden oder Schriftführer, dafür zu sorgen, daß die Diskussion den zuvor vereinbarten Leitlinien folgt und irgend jemand die richtigen Argumente vertritt. Und zweitens, da sich vielbeschäftigte Männer im allgemeinen nicht genau daran erinnern können, was bei einer Sitzung beschlossen wurde, ist es außerordentlich sinnvoll und praktisch, wenn man das im voraus festlegt. Nur wenn die bei einer Sitzung erzielten Beschlüsse sich grundlegend von dem unterscheiden oder diametral dem entgegengesetzt sind, was vorab ins Protokoll geschrieben wurde, müssen die Beamten es umschreiben. Das führt dazu, daß vorgefertigte Protokolle bisweilen die Ergebnisse einer Sitzung diktieren – ungeachtet dessen, was von denen, die tatsächlich anwesend sind, vielleicht gesagt oder vereinbart wurde – d. H.]

Sir Humphrey und Sir Frederick sprachen gerade über Humphreys Plan (*nicht meinen*, wie ich hinzufügen möchte), die Zahl der autonomen Regierungsbehörden zu reduzieren, als Dr. Donald Hughes[1] zu ihnen stieß, der ihre Unterhaltung mitangehört hatte.

Hughes ließ durchblicken, daß der Expertenausschuß in seinen Empfehlungen die Reduzierung der Zahl autonomer Regierungsbehörden befürwortet. Diese Nachricht erschütterte Sir Humphrey zutiefst – schließlich liegen dem Ausschuß noch gar nicht

[1] Dr. Donald Hughes war der politische Chefberater des Premierministers. Man hatte ihn aus der Industrie in die Regierung geholt. Ein knallharter, intelligenter und zäher Mann – und er hegte keinerlei Sympathie für hochrangige Verwaltungsbeamte

alle Fakten aus den Ministerien vor, z. B. unsere!
Aber wie es scheint, hat er inoffiziell einen Bericht vorgelegt, und daran wird sich natürlich nichts mehr ändern – egal, was von unserer Seite dazu noch gesagt wird.
Dr. Hughes machte Sir Humphrey gegenüber die zynische Bemerkung, daß die Leute im Expertenausschuß die Klarheit ihrer erhabenen Gedanken nicht durch so etwas Triviales wie Fakten von Ministern gefährden!
Sir Humphrey war zunächst nicht unglücklich über die Mitteilung von Donald Hughes. Natürlich sah er – als erfahrener Beamter, der er war – bei einem Vorschlag zur Verringerung und Vereinfachung der Verwaltung des Regierungsapparates sofort eine größere Anzahl neuer Mitarbeiter, speziell eingestellt zur Durchführung dieser Aufgaben, vor seinem geistigen Auge.
Aber der Plan sieht ganz anders aus. Bei einer eilig angesetzten Besprechung heute morgen um neun Uhr früh *[eine Tautologie – d. H.]* teilte mir Humphrey mit, Dr. Donald Hughes habe folgendes festgestellt:

1) Daß Jim Hacker ständig versucht, den Personalüberschuß in der Verwaltung abzubauen.
2) Daß er schließlich seinen Willen bekommen wird.
3) Und daß, um die Sache zu erleichtern, das Schatzamt, das Innenministerium und das Civil-Service-Ministerium die Abschaffung des Ministeriums für Verwaltungsangelegenheiten vorgeschlagen haben.
4) Und daß »der Premier über den Plan erfreut gelächelt hat«, (so seine Worte).

Entsetzlich! Mein Job steht auf dem Spiel.
Der Premier ist offenbar entzückt von der Idee, weil er sie für klar, sauber, dramatisch und – aus politischer Sicht – sehr populär hält.
Der Plan sieht vor, daß alle Aufgaben des MVA von anderen Ministerien mit übernommen werden.
Und was wird aus mir? Der Presse und der Öffentlichkeit gegenüber soll, wie es aussieht, die Sache so dargestellt werden, daß ich mich mit einer bürgernahen, beherzten Politik der Selbstauf-

opferung durchgesetzt habe. Und dann soll ich ins Oberhaus wegbefördert werden.
Donald Hughes ließ seiner Schadenfreude freien Lauf und meinte, auf diese Weise würde der Premier »auf einen Schlag ihm applaudieren, ihn protegieren und ihn kastrieren«. Er schlug vor, ich sollte doch den Titel »Lord Hacker of Kamikaze« annehmen.
Allem Anschein nach war Hughes mit sich außerordentlich zufrieden und auch mit diesem Plan – vermutlich deshalb, weil er selbst einen Kreuzzug gegen die aufgeblähte Bürokratie und die Verschwendungssucht innerhalb der Verwaltung führt. Das Groteske daran ist, daß ich in dieser Hinsicht mit ihm völlig einer Meinung bin – bloß nicht auf Kosten meines Jobs, das nun wirklich nicht!
Offensichtlich hatte mich mein Instinkt nicht im Stich gelassen, ich hatte gespürt, daß innerhalb des Kabinetts wieder irgendein politischer Hickhack im Gange ist, und es werden uns wohl ein paar harte Auseinandersetzungen bevorstehen. Alle sind gegen uns. Die Ständigen Staatssekretäre des Schatzamtes, des Innenministeriums und des Civil-Service-Ministeriums werden mehr Macht und Einfluß bekommen. Ebenso wie meine Kabinettskollegen, die diesen Ministerien vorstehen. Und natürlich war mir immer bewußt, daß im MVA, politisch gesehen, kein Blumentopf zu gewinnen ist und daß der Premier mir damit möglicherweise den Schierlingsbecher gereicht hat (schließlich habe ich Martins Wahlkampf um den Parteivorsitz gegen den Premier geführt), dessen Motto im übrigen lautet: »In der Niederlage Bosheit und im Sieg Rache«.
Allerdings hat Donald Hughes, das muß ich fairerweise zugeben, auch deutlich gemacht, daß Humphrey dann ebenfalls seinen Hut nehmen müßte.
»Kennen Sie die Stellenvermittlung in der Horseferry Road?«, fragte er Humphrey mit boshaftem Unterton. »Der 17er Bus hält genau vor der Tür.«
Das ist das einzig halbwegs Amüsante, was ich in den letzten 24 Stunden gehört habe. Ich glaube nicht, daß Humphrey einen Bus benutzt hat, seit er Student in Oxford war.

Also war ich, als Humphrey mich heute morgen auf den neuesten Stand der Ereignisse brachte, bestürzt. Ich konnte es im ersten Moment kaum glauben. Ich gestand Humphrey, ich sei bestürzt.
»Sie sind bestürzt?« fragte er. »Ich bin bestürzt.«
Und daran kann es ja auch gar keinen Zweifel geben, denn die Situation ist bestürzend.
Die ganze Sache scheint tatsächlich so zu laufen, wie Humphrey sie mir geschildert hat. Ich glaube nicht, daß Donald Hughes ihn auf den Arm genommen hat. Humphrey hat diesen Vorschlag, den das Schatzamt, das Innenministerium und das Civil-Service-Ministerium gemeinsam eingebracht haben, gestern selbst gesehen. Und Hughes hat einen sehr guten Draht zum Premier – er muß also wissen, wenn etwas in der Luft liegt.
Ich fragte Humphrey, wie das nun mit mir weitergeht, ob ich wirklich ins Oberhaus wegbefördert werden soll. (Was ich im übrigen auf jeden Fall ablehnen werde, falls man es mir anbietet.)
»Es gibt da ein Gerücht«, erwiderte Humphrey mit bedeutungsvollem Unterton, »demzufolge Sie auf einen neuen Posten gesetzt werden sollen. Minister mit allgemeiner Verantwortung für den Arbeitsfrieden.«
Das war die schlimmste Nachricht von allen. Arbeitsfrieden. Das bedeutet Streiks.[1]
Von jetzt an werde ich an jedem Streik in England schuld sein. Fabelhaft! Während ich mir einen Moment lang ausmalte, was dann los sein würde, wurde ich in meiner Träumerei unterbrochen, als Sir Humphrey in düsterem Tonfall fragte: »Haben Sie mal daran gedacht, was mit *mir* wird, Minister? Die schicken mich wahrscheinlich zu Fischerei und Landwirtschaft. Der Rest meiner Laufbahn wird dem Streit um Kabeljaufangquoten gewidmet sein.« Bernard wagte ein verhaltenes Lächeln, worauf Humphrey sich ihm zuwandte: »Und was Sie betrifft, junger Mann – falls Ihr Minister ins Gras beißt, wird Ihr Ruf als Nachwuchs-

[1] Da hatte Hacker völlig recht. Nach demselben euphemistischen Prinzip wurde das Kriegsministerium in Verteidigungsministerium umbenannt, und das Ministerium, das für die Arbeitslosigkeit verantwortlich war, hieß Arbeitsministerium

star, den Sie ja genießen, für immer im Eimer sein. Vermutlich verbringen Sie den Rest Ihrer Laufbahn in der KFZ-Zulassungsstelle in Swansea.«

»Mein Gott«, stieß Bernard hervor.

Schweigend saßen wir da, jeder versunken in seine eigenen trüben Gedanken. Nach einer ganzen Weile entfuhr mir ein Seufzer. Dann Humphrey. Dann Bernard.

An der ganzen Sache ist natürlich Sir Humphrey schuld. Die Zahl der autonomen Regierungsbehörden verringern? Ein idiotischer Vorschlag, der nur unseren Feinden in die Hände arbeitet. Das habe ich gegenüber Humphrey erklärt. Er erwiderte, das Ganze sei meine Schuld, weil ich dem Expertenausschuß den schrittweisen Abbau der Verwaltung vorgeschlagen habe. Ich wies das als absolut lächerliche Unterstellung zurück, wo doch der Expertenausschuß unseren Bericht noch nicht einmal *gesehen* hat. Aber Humphrey rückte schließlich damit heraus, daß von der Partei eine Rohfassung des Berichts bereits an den Premier geschickt worden war.

Na schön, vielleicht steht uns beiden das Wasser bis zum Hals. Jedenfalls war es sinnlos, sich darüber zu streiten, und so bat ich Humphrey um Vorschläge.

Aber wie gewöhnlich ... absolutes Schweigen.

»Wir könnten ein Papier vorlegen«, sagte er schließlich. »Wem denn?« fragte ich. Eine unheimlich tolle Idee!

Humphrey fragte, ob *ich* denn irgendwelche Vorschläge hätte. Ich hatte keine. Wir schauten Bernard an.

»Was meinen Sie, Bernard?«

»Ich finde das alles bestürzend«, steuerte er bei. Er ist wirklich eine große Hilfe.

Dann schlug Humphrey vor, daß wir in dieser Angelegenheit zusammenarbeiten sollten. Das war nun allerdings ein ganz neuartiger Gedanke, gelinde gesagt. Ich hatte immer geglaubt, es sei seine Aufgabe, bei *jeder* Gelegenheit, mit mir zusammenzuarbeiten.

Das kam mir fast wie ein Eingeständnis vor. Außerdem versteht er unter Zusammenarbeit, daß er mir vorschreibt, was ich tun

soll. Und jetzt sieht man ja, wohin uns das geführt hat! Trotzdem fragte ich ihn, was er vorzuschlagen hätte.
»Mit Verlaub, Minister«, begann er. Das war nun wirklich zuviel. Ich sagte ihm, diese Ausdrucksweise könne er sich sparen! Ich weiß doch, was »mit Verlaub« in seinem Jargon bedeutet: Damit will er im allgemeinen andeuten, daß meine Vorschläge dummes Zeug sind.
Aber Humphrey wiederholte, er sei *wirklich* der Ansicht, daß wir zusammenarbeiten sollten. »Ich brauche Sie«, stellte er fest.
Ich muß zugeben, ich war ziemlich gerührt.
Dann schlug er zu meinem großen Erstaunen vor, daß wir Frank Weisel hinzuziehen sollten.
Humphrey hat sich offensichtlich gebessert. Allerdings kommt das möglicherweise zu spät!
»Sehen Sie, Minister, wenn vom Premierminister Pläne unterstützt werden, kann Whitehall allein das nicht blockieren. Die Pläne von Ministern kann man leicht blockieren ...« – er korrigierte sich sofort – »... bearbeiten. Beim Premierminister ist das komplizierter.«
Kurz gesagt, er meint, wir müssen sowohl im Parlament als auch in Whitehall aktiv werden, um diesen Plan zu verhindern. Darum ist er der Ansicht, daß Frank nützlich sein könnte, im Parlament die Hinterbänkler für mich zu mobilisieren.
Ich warf ein, daß es vielleicht auch von Nutzen sein könnte, wenn Frank die Presse auf unsere Seite bringt. Humphrey wurde bleich und schluckte, war dann aber – das spricht nun wieder für ihn – einverstanden. »Wenn es keine andere Möglichkeit gibt, dann eben auch die Presse«, murmelte er.

26. Januar

Frank war gestern nirgendwo zu finden, darum haben wir erst heute mit ihm gesprochen. Er hatte gerade von der Sache erfahren. Wir wollten wissen, was er dazu meint. Soweit ich mich erinnern kann, war dies das erste Mal, daß ich ihn sprachlos erlebt habe. Er saß nur da und schüttelte traurig den Kopf. Ich

fragte ihn, was er vorzuschlagen hätte.
»Ich kann dazu noch nichts sagen ... ich bin bestürzt«, erwiderte er.
Wir pflichteten ihm bei, daß das alles bestürzend sei.
Ich sprach ein Machtwort. »Wir dürfen nicht länger herumlaufen wie aufgescheuchte Hühner. Wir müssen etwas tun, damit dieses Ministerium nicht dichtgemacht wird. Frank, Sie wenden sich über das Fraktionsbüro an die Hinterbänkler und die Parteiführung, damit das hier beendet wird, noch ehe es anfängt.«
»Verzeihen Sie bitte, daß ich so penibel bin, Minister, aber man kann nichts beenden, ehe es angefangen hat«, warf Bernard ein, unser aufgescheuchtes Oberhuhn. In schwierigen Situationen ist er wirklich nicht zu gebrauchen.
Frank gab zu bedenken, daß meine Idee wohl nicht sonderlich gut sei, weil der Plan bei den Hinterbänklern vermutlich sehr gut ankommen würde. Ich klärte ihn also darüber auf, daß der Plan ja eigentlich von Humphrey stammt.
Bernard hatte sich in einer schlaflosen Nacht überlegt, man könnte vielleicht eine Publicitykampagne in der Presse starten, mit ganzseitigen Anzeigen voll des Lobes über das Ministerium. Er hatte auch schon ein paar Slogans parat: »Administration rettet die Nation« und »Freude am Papierkrieg«.
Das verschlug uns einfach die Sprache. Dann kam er mit: »Was dem Seemann die Sextanten, sind dem Bürger die Beamten«.
Manchmal kann ich an Bernard wirklich verzweifeln.
Nach einer langen Pause stellte Humphrey düster-drohend fest: »Es gibt keinen Zweifel, die Schrift ist an der Wand.«
Keiner von uns sieht irgendeinen Hoffnungsschimmer, wie man die Katastrophe abwenden kann.
Es ist bestürzend!

27. Januar

Das Leben muß weitergehen, selbst wenn das Damoklesschwert über uns schwebt.
Heute hatten wir eine Besprechung, in der es um den Europaß

ging. Das war etwas völlig Neues für mich, ich hatte noch nie davon gehört. Offenbar hatten Informationen darüber in einem meiner roten Aktenkoffer gelegen, aber die letzten Nächte war ich zu deprimiert und abgelenkt, um irgend etwas von dem zu kapieren, was ich da las.

So wie ich das verstehe, ist der Europaß ein neuer europäischer Personalausweis, den alle Bürger von EG-Ländern bei sich tragen sollen. Das Außenministerium, sagt Humphrey, wäre bereit zuzustimmen als ein Quidproquo für eine Einigung über den Butterberg, den Weinsee und das Milchmeer, den Lammkrieg und den Kabeljaustunk.

Offensichtlich will der Premier, daß ich das Gesetz vorlege.

Das paßt mir ganz und gar nicht.

Humphrey zeigte sich erstaunt über meine Reaktion. Er hielt es für eine gute Idee, weil doch bekannt sei, daß ich pro-europäisch bin, und er meint, daß ein Europaß die Verwaltung auf lange Sicht enorm vereinfachen würde.

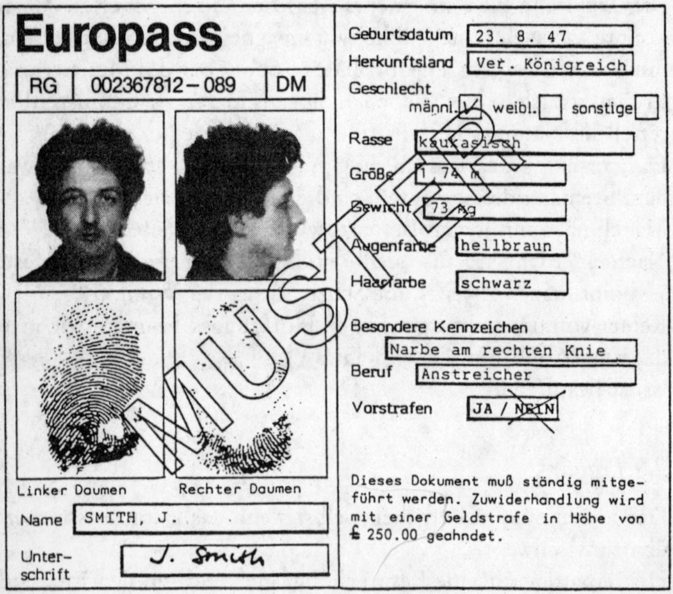

Europass

RG 002367812-089 DM

Geburtsdatum 23. 8. 47

Herkunftsland Ver. Königreich

Geschlecht männl. ✓ weibl. sonstige

Rasse kaukasisch

Größe 1,74 m

Gewicht 73 kg

Augenfarbe hellbraun

Haarfarbe schwarz

Besondere Kennzeichen Narbe am rechten Knie

Beruf Anstreicher

Vorstrafen JA / ~~NEIN~~

Linker Daumen Rechter Daumen

Name SMITH, J.

Unterschrift J. Smith

Dieses Dokument muß ständig mitgeführt werden. Zuwiderhandlung wird mit einer Geldstrafe in Höhe von £ 250.00 geahndet.

MUSTER

Frank und ich versuchten, den beiden Beamten zu erklären, daß es politischen Selbstmord bedeuten würde, wenn ich einen solchen Plan vorlegen müßte. Der britische Bürger will nicht zum Mitführen von Ausweispapieren gezwungen werden. Man wird mich beschuldigen, ich würde versuchen, den Polizeistaat einzuführen – wo ich mich doch noch gar nicht von der ganzen Aufregung wegen der Datenbank erholt habe. Ich höre die Hinterbänkler schon rufen: »Haben wir dafür zwei Weltkriege gewonnen?«
»Aber es ist wirklich kaum mehr als eine Art Führerschein«, wehrte Humphrey ab.
»Der letzte Nagel für meinen Sarg ist das«, protestierte ich.
»Sie haben vielleicht eine Chance, wenn Sie ihn ›Euro-Club-Express‹ nennen«, meinte Bernard. Ich sagte ihm, er soll die Klappe halten oder verschwinden.
Frank fragte, warum *wir* das Gesetz vorlegen sollen und nicht das Außenministerium. Eine gute Frage.
»Soweit ich weiß«, erläuterte Humphrey, »hatte der Premier das auch tatsächlich vorgeschlagen, aber der Außenminister meinte, das sei Aufgabe des Innenministeriums, und der Innenminister sah daran im wesentlichen eine Aufgabe für uns, und der Premier stimmte zu.«
Frank stellte richtig fest: »Keiner möchte das Päckchen haben.«
Kann man es ihnen verdenken, wenn sie es doch schon alle ticken hören? Humphrey bemerkte dann mit tieftrauriger Stimme, daß die Gesetzesvorlage für den Personalausweis wohl die letzte Amtshandlung unseres Ministeriums sein würde.
Im Gegensatz zu Humphrey und Bernard – den Beamten – zerbrachen sich Frank und ich noch immer den Kopf darüber, wie das Außenministerium so etwas wie den Europaß überhaupt auch nur in Erwägung ziehen kann. Wir sind uns beide einig, daß das eine wundervolle Munition für die Anti-Europäer wäre. Ich fragte Humphrey, ob dem Auswärtigen Amt nicht klar sei, welche katastrophalen Folgen das für den europäischen Gedanken hat.
»Und *ob* denen das klar ist, Minister«, sagte er. »Deshalb sind

sie ja dafür.«

Jetzt verstand ich gar nichts mehr. Bis dahin hatte ich immer geglaubt, das Auswärtige Amt sei ›pro Europa‹. »Ist es das denn nicht?« fragte ich Humphrey.

»Ja und nein«, entgegnete er (was sonst!?), »mit Verlaub gesagt. Das Auswärtige Amt ist für Europa, weil es eigentlich dagegen ist. Auch die Beamten waren sich einig in dem Wunsch, alles zu tun, um zu verhindern, daß der Gemeinsame Markt funktioniert. Darum sind wir beigetreten.«

Mir war schleierhaft, was er meinte, und ich bat ihn um nähere Erläuterungen. Seine Beweisführung lief im wesentlichen auf folgendes hinaus: Großbritannien verfolgt seit mindestens 500 Jahren immer dasselbe außenpolitische Ziel – die Schaffung eines nichtvereinten Europa. Für dieses Ziel haben wir mit den Holländern gegen Spanien gekämpft, mit den Deutschen gegen die Franzosen, mit den Franzosen und Italienern gegen die Deutschen, und mit den Franzosen gegen die Italiener und die Deutschen.

[Der holländische Aufstand gegen Philip II. von Spanien, die Napoleonischen Kriege, der 1. Weltkrieg und der 2. Weltkrieg – d. H.]

Mit anderen Worten – divide et impera. Und das Auswärtige Amt sieht keinen Grund, warum wir das ändern sollten, wenn das bis jetzt so gut funktioniert hat.

Das war mir natürlich alles bekannt, aber ich hielt es sozusagen für altrömischen Schnee von gestern. Humphrey dagegen meint, das sei aktuelle Politik. Da wir die EG unbedingt aufbrechen wollten, erklärte er, mußten wir hinein. Vorher haben wir versucht, sie von außen aufzubrechen, aber das hat nicht geklappt.

[Eine Anspielung auf die nutzlose und kurzlebige britische Mitgliedschaft in der EFTA, der Europäischen Freihandelszone, die 1960 ins Leben gerufen wurde und aus der das United Kingdom 1972 wieder austrat – d. H.]

Und jetzt, wo wir drin sind, können wir in dem Gemischtwarenladen Europa alles durcheinanderwirbeln. Wir haben jetzt die

Deutschen auf die Franzosen gehetzt, die Franzosen auf die Italiener, die Italiener auf die Holländer – und im Auswärtigen Amt ist man beglückt. Es ist alles wie in alten Zeiten. Das verschlug mir wirklich den Atem. Ich hatte immer geglaubt, daß wir alle, die wir öffentlich für Europa eintreten, dem europäischen Gedanken verpflichtet sind. Das äußerte ich gegenüber Sir Humphrey, und der kicherte nur.
Ich fragte ihn also: »Wenn wir nicht dem europäischen Gedanken verpflichtet sind, warum fordern wir dann, noch mehr Mitglieder aufzunehmen?«
»Aus demselben Grund«, kam die Antwort. »Das kann man durchaus mit der UNO vergleichen. Je mehr Mitglieder sie hat, um so mehr Streitereien wird es geben, um so nutzloser und ohnmächtiger wird sie.«
Ich sagte Sir Humphrey, das alles sei doch von einem abscheulichen Zynismus. Selbstgefällig stimmte er mir zu. »Ja, Minister, wir nennen es Diplomatie. Das hat Großbritannien zu dem gemacht, was es heute ist, wissen Sie!?«
Für Frank indessen war das Problem mit dem Europaß noch nicht gelöst. Er konnte sich gar nicht beruhigen: »Was halten denn die anderen EG-Länder davon, daß man diesen Ausweis immer bei sich haben soll? Werden die sich nicht auch weigern?«
Sir Humphrey winkte ab. »Die Deutschen werden begeistert sein, die Franzosen ignorieren ihn, und die Italiener und Iren sind viel zu chaotisch, um ihn einzuführen. Lediglich die Briten werden es übelnehmen.« Da hat er natürlich recht.
Ich muß sagen, das Ganze sieht mir langsam nach einem Komplott aus, damit ich von der Bildfläche verschwinde. Frank hält in diesem Fall nichts von einer Verschwörungstheorie – er meint, ich würde ja sowieso verschwinden, wenn mein Ministerium verschwindet.
Aber irgendwie werde ich das Gefühl nicht los, daß der Premier auf Nummer Sicher gehen will. Frank meinte, ich sollte bloß nicht paranoid werden, aber ich glaube, er wäre auch paranoid, wenn überall Verschwörer lauern würden.
»Wir stehen doch auf Ihrer Seite, Minister.« Sir Humphrey wollte

mich trösten. Das Leben steckt voller Überraschungen.
Dann kam mir eine Idee. Mir fiel ein, daß Martin auch auf meiner Seite sein würde. Ich weiß nicht, wieso ich nicht früher daran gedacht habe. Martin ist der Außenminister und – das weiß ich ganz sicher – er ist aus tiefster Überzeugung pro Europa (Humphrey meint, er sei »naiv«). Außerdem habe ich seinen Wahlkampf gegen den Premier geleitet, und er läuft nur Gefahr zu verlieren, wenn ich aus dem Kabinett gedrängt werde.
Wir haben für morgen eine Besprechung mit ihm in der Parteizentrale vereinbart. Ich weiß nicht so genau, *wie* er helfen kann, aber irgendein Druckmittel wird uns schon gemeinsam einfallen.

28. Januar

Es ist noch mal gutgegangen. Die Schlacht ist gewonnen. Meine Karriere, Humphreys Karriere und das MVA sind durch einen brillanten Schachzug politischer Opportunität gerettet worden, auf den ich außerordentlich stolz bin. Ein bißchen Glück war natürlich auch im Spiel. Aber heute war ein sehr befriedigender Tag.
Wir versammelten uns zu einer konspirativen Sitzung in Martins Büro. Er konnte sich wieder mal seine zweitklassigen Witzchen nicht verkneifen.
»Das macht Ihnen so leicht keiner nach, Jim.«
Ich muß wohl etwas verdutzt ausgesehen haben.
»Sie wollten die Bürokratie abbauen, und das haben Sie geschafft. Sie haben den Überbau eingerissen – und sich selbst begraben.«
Ich war mir nicht sicher, ob ich jetzt lächeln sollte oder ihm zu seinem Scharfsinn gratulieren, oder was.
Sir Humphrey setzte noch eins drauf und meinte süffisant: »König Pyrrhus von Whitehall.« Wahrscheinlich wollte er uns daran erinnern, daß er studierter Altphilologe ist.
Ich kam gleich zur Sache. »Fällt *Ihnen* nicht irgendwas ein?« fragte ich Martin.
Ihm fiel nichts ein. Also saßen wir wieder mal nur da und schwiegen uns an.

Dann fing Frank abermals an, sich laut über das ungelöste Rätsel Gedanken zu machen, weshalb der Premier den Europaß einführen will. »Mir ist das schleierhaft. Dem Premier müßte doch klar sein, wie sehr das der Regierung schadet.«
Ich stimmte ihm zu und meinte, dieser Europaß sei das Schlimmste, was der Regierung passiert ist, seit ich ins Kabinett berufen wurde.
[Wir glauben nicht, daß Hacker den Satz wirklich so gemeint hat, wie er ihn hier schreibt – d. H.]

Martin war über den Europaß nicht weiter beunruhigt. »Jeder weiß, daß das auf keinen Fall durchkommen wird«, behauptete er. Wen meint er mit »jeder«? Ich jedenfalls wußte nicht, daß der Europaß nicht durchkommen würde – aber schließlich habe ich bis gestern ja *überhaupt* nichts davon gewußt.
»Der Premier«, fuhr Martin fort, »muß das Spiel mitmachen, bis nach der Verleihung des Napoleon-Preises.«
Beim Napoleon-Preis, so erfuhr ich, handelt es sich um eine Auszeichnung, die alle fünf Jahre von der NATO verliehen wird. Eine Goldmedaille, eine große Zeremonie in Brüssel, und 100.000 Pfund. Der Premier liegt sehr gut im Rennen. Den Preis kriegt der Staatsmann, der sich am intensivsten für die Einheit Europas eingesetzt hat – seit Napoleon. *[Hitler nicht mitgerechnet – d. H.]*
»Die Jury kommt in sechs Wochen zusammen«, sagte Martin. »Und natürlich wird der Premier den Dampfer nicht zum Kentern bringen, bevor er ihn nicht im Sack hat.«
Mir war so, als hörte ich Bernard irgend etwas murmeln, daß man Dampfer nicht in Säcke packen könne, aber es war sehr leise – vielleicht habe ich mich verhört. Er wollte nicht wiederholen, was er gesagt hatte – also habe ich mich wohl doch nicht verhört.
»Und wenn«, fuhr Martin fort und kam damit endlich zur Sache, »der Preis erst einmal verliehen ist, wirft der Premier die Europässe natürlich auf den Müll.«
Mir kam da eine fabelhafte Idee. Ich konnte sie noch nicht richtig formulieren, aber in meinem Hinterkopf nahm sie allmählich

Gestalt an. Ich brauchte erst noch ein paar Einzelheiten.
»Martin«, fragte ich, »wie viele Leute wissen Bescheid über den Empfänger des Napoleon-Preises?«
»Das ist top secret«, sagte er. Ich war enttäuscht – top secret bedeutet, daß es jeder weiß.
Aber diesmal war das anscheinend anders. »Nein, es ist wirklich absolut geheim«, bekräftigte Martin.
Ich war so begeistert, daß ich mich vor Aufregung nur mehr bruchstückhaft ausdrücken konnte. »Verstehen Sie denn nicht?« sagte ich. »Hinterbänkler ..., Indiskretionen ...«
Humphrey war verwirrt und fragte, ob es denn nicht genügt, wenn es top secret ist.
In diesem Augenblick stand mir Gott zur Seite. Die Tür ging auf, und Dr. Donald Hughes trat ein. Er entschuldigte sich und meinte, er würde später wiederkommen, aber ich bat ihn zu bleiben, er käme wie gerufen, da ich ihn um Rat fragen möchte, und er möge doch Platz nehmen.
Er tat so, als würde er mir liebend gern helfen. »Wenn es«, schränkte er dann ein, »allerdings um die Frage geht, wie man aus Rührei wieder Spiegelei machen kann, werde auch ich machtlos sein, ratschlagmäßig, meine ich.«
Ich wollte ihm schmeicheln und meinte, er würde ganz sicher nicht machtlos sein. Ich ließ ihn wissen, daß ich in einem tiefen moralischen Dilemma stecke – was natürlich eine reine Erfindung des Augenblicks war.
Dann beschrieb ich Hughes mein Dilemma. Ich erzählte ihm, ich wüßte, daß ein Hinterbänkler beabsichtigt, eine Anfrage an den Premier einzubringen, ob der Europaß in Großbritannien eingeführt werden soll oder nicht.
Hughes wurde sichtlich nervös. »Welcher Hinterbänkler? Der Europaß ist top secret.«
»Wie der Empfänger des Napoleon-Preises?« fragte ich.
Wir schauten uns abschätzend in die Augen. Ich wußte noch nicht genau, was ich jetzt tun sollte, aber zum Glück kam mir Bernard mit einer sehr einfallsreichen Antwort zu Hilfe. »Ich glaube, der Minister meint einen hypothetischen Hinterbänkler«,

sagte er. Der gute alte Bernard.
Hughes meinte, das sei höchst unwahrscheinlich.
Ich ging darauf nicht ein und führte aus, daß es – falls die Frage gestellt wird – nur zwei mögliche Antworten gibt: Wenn der Premier »Ja« sagt, hätte das furchtbare Folgen für unser Land. Und wenn der Premier »Nein« sagt, dann hätte das furchtbare Folgen für Europa. »Und für den Premier persönlich«, fügte ich hinzu. »Napoleonpreismäßig.«
Hughes nickte und wartete ab. Ich fuhr also fort. »Nehmen wir mal an, ein hypothetischer Minister würde vorher von dieser hypothetischen Anfrage Wind bekommen – was sollte er tun?«
»Wenn er ein loyaler Minister ist und verantwortungsbewußt handelt«, führte er bedächtig aus, »dann sorgt er dafür, daß die Anfrage nicht eingebracht wird. Das ist doch selbstverständlich.«
»Einen Abgeordneten zu beeinflussen und ihn von einer Anfrage abbringen zu wollen, ist aber eine schlimme Sache«, warnte ich.
Natürlich wußten wir beide, daß es – bis jetzt – eine solche Anfrage und diesen Hinterbänkler nicht gibt – daß es sie aber geben könnte, wenn ich dafür sorgen würde.
»Vielleicht könnte man ihn umstimmen«, bot ich ihm an, »wenn man ihm erklärt: ›Ändern Sie bitte Ihre Anfrage und fordern Sie den Premier auf, den Gerüchten bezüglich der Schließung des Ministeriums für Verwaltungsangelegenheiten ein Ende zu machen.‹«
Jetzt war es raus! Ich hatte ihm einen Handel vorgeschlagen. Hughes dachte einen Augenblick nach und überlegte, ob es für ihn eine Möglichkeit gibt, wie er da wieder rauskommt. Aber es gab keine. Und er wußte mit der Situation umzugehen, das muß man ihm lassen.
Er hatte genau die richtigen Floskeln parat. »Aber ich bin sicher ... was immer Sie veranlaßt hat zu denken ... ohne Frage wird es die vollste Unterstützung geben« usw.
Dann meldete sich Humphrey, der meine Strategie nun endlich kapiert hatte, zu Wort und versetzte Hughes den Todesstoß. »Aber vor ein paar Tagen sagten Sie doch noch, daß ein Plan zur Abschaffung des Ministeriums ausgearbeitet würde, und der

Premier habe erfreut gelächelt.«
»Ich meinte natürlich ironisch, spöttisch«, verbesserte Donald Hughes mit sanfter Stimme, »nicht erfreut. Ich meine, dieser Vorschlag war doch geradezu grotesk. Einfach lachhaft, nicht diskussionswürdig. Ein Scherz.« Fabelhaft gemacht – ich ziehe meinen Hut vor ihm.
Ich bat ihn dann um eine entsprechende Mitteilung vom Büro des Premiers, in der das Gerücht dementiert wird und die innerhalb von 24 Stunden jedem Ministerium zur Kenntnisnahme vorgelegt wird.
»Damit wir alle etwas davon haben, scherzmäßig«, sagte ich.
»Halten Sie das wirklich für erforderlich?« fragte er.
»Ja«, antworteten Humphrey, Bernard, Frank, Martin und ich. Unisono.
Hughes meinte, wenn wir darauf bestehen, ließe sich das sicher arrangieren und er würde sich gern darum kümmern, und es habe ihn außerordentlich gefreut, mit uns zu plaudern. Dann entschuldigte er sich und ging. Vermutlich raste er geradewegs zu »Nummer 10«.
Spiel, Satz und Sieg. Eine meiner großartigsten Leistungen. Ich bin außerordentlich zufrieden mit mir.
Nachdem Donald Hughes gegangen war, fragte Bernard, ob Hughes das wirklich in Ordnung bringen kann. »Haben Premierminister denn keine eigene Meinung?« fragte er.
»Natürlich«, erwiderte ich Bernard. »Aber wie Präsident Nixons Kumpel Chuck Colson einmal sagte: Wenn du sie erst einmal am Sack gepackt hast, hast du sie auch bald mit Herz und Verstand in der Hand.«

6 Das Recht auf Einsicht

1. Februar

Heute mußte ich mich mit einer Umweltangelegenheit auseinandersetzen. Eine Abordnung unterschiedlichster Umweltschützer brachte mir eine Petition ins Ministerium. Sechs dicke Hefte gefüllt mit Unterschriften. Das müssen ein paar tausend Unterschriften sein, wenn nicht sogar Hunderttausende.
Sie protestierten gegen meine Gesetzesvorlagen, die wir entworfen haben, um dem Verordnungschaos und dem Paragraphendikkicht im gegenwärtigen Verwaltungssystem ein Ende zu machen.
Ich erklärte ihnen, daß ich durch diese neuen Gesetze frischen Wind in die Amtsstuben bringen und klare Zuständigkeiten und einfache Verfahrensweisen schaffen will, daß wir außerdem noch öffentliche Gelder sparen werden und daß sie das doch eigentlich begrüßen müßten.
Wie dem auch sei, diese typischen Repräsentanten der Hampstead-Mittelklasse machten sich Sorgen um einen Ort namens Hayward's Spinney. Offenbar wird der, wenn meine Pläne realisiert werden, seinen derzeitigen »Status besonderen Schutzes« verlieren – so wie ein, zwei andere Orte auch –, weil es einfach nicht länger ökonomisch ist, sie in dem jetzigen, von mir selbst gewünschten, Zustand zu erhalten.
Aber anscheinend halten ein paar von diesen Spinnern Hayward's Spinney für einen lebenden Beweis britischer Urlandschaft. »Da leben schon seit Generationen Dachse«, sprudelte ein älterer Oberschicht-Sozialist von der patrizischen Sorte wie Michael Foot heraus.
»Wie können Sie das wissen«, fragte ich neugierig lächelnd. »Es steht im *Guardian*«, sagte ein junger Mann in Nagelschuhen

leidenschaftlich.
Ha, da hat man auch alle Veranlassung, irgend etwas zu glauben! Man muß nur eine Woche im öffentlichen Leben stehen, und schon fängt man an, sich zu fragen, ob die Zeitungen wenigstens das Datum der Wahrheit entsprechend drucken! Naja, der temperamentvolle junge Mann knallte mir ein Exemplar des *Guardian* auf den Schreibitsch.
Ich überflog den Artikel, den er rot eingerahmt hatte. Also, eigentlich stand im Guardian: »Da li[1]eben schon seit Generatoren[2] Dachse«.
Das las ich laut vor und lachte, mußte aber feststellen, daß die überhaupt keinen Humor haben. Dann sagte diese mitteländliche Frau in dem braunen Tweedrock, der ihre viel zu breiten Hüften umhüllte, herausfordernd: »Was würden Sie wohl sagen, wenn eines Morgens in Ihrem Garten ein Haufen Bürohäuser stehen, gebaut von einer Truppe Riesendachse?«
»Riesendachse?« Ich bemühte mich, über diese Monty-Pythonesque Vision nicht zu lachen, während ein anderer von diesen Freaks selbstgerecht hinzufügte: »Der Mensch ist bestimmt nichts Besonderes, Mr. Hacker. Auch wir sind bloß ein Teil der Natur. Der Mensch ist nicht die Krone der Schöpfung. Menschen sind bloß Tiere, wissen Sie.«
Ja, das wußte ich allerdings schon, ich kam nämlich gerade aus dem Unterhaus.
Bernard half mir, sie nach ungefähr zehn Minuten loszuwerden. Ich machte ihnen keine Versprechungen, sondern gab ihnen nur die üblichen Phrasen mit auf den Weg: » ... werden wir prüfen ... Die verschiedenen Ansichten werden wir zum gegebenen Zeitpunkt zu würdigen wissen.«
Aber ich war unheimlich sauer, weil keiner im Ministerium mich gewarnt hatte, daß durch die Landgemeindenverwaltungsvereinheitlichung der Sonderstatus für dieses »Biber-Dingsbums« aufgehoben wird.
Bernard korrigierte mich vorsichtig: »Sie meinen ›Dachs-Kolo-

[1,2] Der *Guardian* ist berühmt für seine druckfehlerteuflischen Eskapaden – d. H.

nie‹, Minister ... in Hayward's Spinney, East Warwickshire.«
Es ist wirklich nicht so, daß ich auf die Dachse pfeife, aber warum haben meine Mitarbeiter zugelassen, daß ich mich hinstelle und dem Parlament und der Presse erkläre: »Die Vereinheitlichung der Landgemeindenverwaltung bedeutet keinen Verlust an Lebensqualität.«
Darüber sollte ich morgen unbedingt mit Humphrey reden.
Ich werde mir diese ganze Geschichte überhaupt vom Halse schaffen, warum soll ich noch mehr Zeit mit so läppischen Gesprächen vergeuden, Zeit, die ich brauche, um mich mit den jüngeren Beamten zu unterhalten, um zu erfahren, welche Probleme sie haben, um im großen und ganzen herauszufinden, wie dieses Ministerium effizienter geführt werden kann.
[Wir stießen auf einen bemerkenswerten Memo-Schriftwechsel, der in dieser Woche zwischen Sir Humphrey Appleby und Bernard Woolley stattfand. *Siehe Seite 166ff.* *– d.H.]*

SIR BERNARD WOOLLEY ERINNERT SICH:[1]
Da ich damals noch sehr jung und unerfahren war, verwirrte mich so etwas immer noch ein bißchen und ich wußte nicht, was ich machen sollte, um Sir Humphreys Ratschläge in die Praxis umzusetzen, denn der Minister machte seine Termine selber und war der absolute Herrscher in seinem Büro.
Ich sehnte mich nach einem Gespräch mit Sir Humphrey, und als es dazu kam, begann ich es mit dem Versuch, ihm zu erklären, daß ich den Minister nicht davon abhalten könnte, das zu tun, was er tun will, wenn er die Zeit dazu hatte.
Sir Humphrey war ungeheuer wütend! Er fragte mich, warum der Minister Zeit hätte. Er sagte mir, ich hätte dafür zu sorgen, daß der Minister nie Zeit hätte und daß es meine Schuld wäre, wenn er sie hätte. Meine Aufgabe sei es, ihn pausenlos auf Trab zu halten. Der Minister müßte Reden halten, Provinzbesuche machen, Abordnungen empfangen, zu Gelagen ins Ausland fliegen, mit Bergen von Aktenkof-

[1] Im Gespräch mit den Herausgebern

MINISTRY OF
ADMINISTRATIVE AFFAIRS

From the Permanent Under Secretary of State

B.W. —

Wie ich höre, hat sich der Minister eigenmächtig zu nicht beaufsichtigten Besprechungen mit untergeordneten Mitgliedern des Ministeriums verabredet – mit Stellvertretenden Persönlichen Referenten, Ersten Persönlichen Referenten bis hinunter zu höheren Verwaltungsbeamten. Ich bitte um eine Erklärung.

H.A.

1. 2.

MINISTRY OF
ADMINISTRATIVE AFFAIRS

From the Private Secretary

Sir Humphrey

Der Minister möchte Mitglieder des Ministeriums auf allen Ebenen kennenlernen und sich ein Bild davon machen, was sie tun, und warum sie es tun.

B. W. 1. Febr.

MINISTRY OF
ADMINISTRATIVE AFFAIRS

From the Permanent Under Secretary of State

B.W.–

Diese Besprechungen müssen umgehend unterbunden werden. Wenn der Minister mit Untergebenen redet, wird er womöglich etwas erfahren, wovon wir nichts wissen. Unsere Position hier könnte unterminiert werden.

H.A. 2.2.

MINISTRY OF
ADMINISTRATIVE AFFAIRS

From the Private Secretary

Sir Humphrey

Der Minister ist der Ansicht, daß diese Besprechungen unsere Kenntnisse erweitern. Er hat auch den Wunsch geäußert, das Ministerium besser zu führen, da jetzt alles gut läuft.

B.W. 2. Febr.

MINISTRY OF
ADMINISTRATIVE AFFAIRS

From the Permanent Under Secretary of State

B.W. —

Ich glaube, Sie sollten sehr vorsichtig sein. Ihre letzten Mitteilungen haben mich sehr verwundert, und ich frage mich, ob der Minister wirklich ganz aufrichtig ist. Ich kann nicht umhin, an Sie zu appellieren, diese Angelegenheit dringend und eingehend zu durchdenken, und sich die Frage zu stellen, ob Sie sich über die Auswirkungen hinreichend Gedanken gemacht haben. Wenn ein Minister in diesem Bereich aktiv wird, dann können bedauerliche, möglicherweise sogar verhängnisvolle Folgen nicht ausbleiben.

A. 3.2.

[Übersetzung: »Ob Sie sich über die Auswirkungen hinreichend Gedanken gemacht haben« bedeutet »Sie machen in Ihrem Job absoluten Mist«. »Dann könnten bedauerliche, möglicherweise sogar verhängnisvolle Folgen nicht ausbleiben« bedeutet »wenn Sie so weitermachen, laufen Sie Gefahr, Ihre Karriere bei der Kriegsgräberkommission fortsetzen zu müssen« – d. H.]

MINISTRY OF
ADMINISTRATIVE AFFAIRS

From the Private Secretary

Sir Humphrey

Ich wäre dankbar, wenn Sie mir in dieser Angelegenheit weiteren Rat geben würden

B.W. 3. Febr.

MINISTRY OF
ADMINISTRATIVE AFFAIRS

From the Permanent Under Secretary of State

B.W. — Bitte beachten Sie folgende Punkte:

1. Sie sprechen von erweiterten Kenntnissen. So wünschenswert dieses Bestreben auch ist, bitte denken Sie daran, daß es töricht ist, seine Kenntnisse auf Kosten seiner Autorität zu erweitern.
2. Wenn ein Minister anfängt, tatsächlich sein Ministerium zu führen, dann läuft eben nicht alles gut. Es ist nicht Aufgabe des Ministers, das Ministerium zu führen. Das ist meine Aufgabe – ich verfüge über 25 Jahre Ausbildung und Erfahrung.
3. Würde man dem Minister erlauben, das Ministerium zu führen, dann hätten wir:
   a. Chaos
   b. Veränderungen
   c. öffentliche Debatten

MINISTRY OF
ADMINISTRATIVE AFFAIRS

From the Permanent Under Secretary of State

d. Überprüfung von außen

4. Ein Minister hat drei Funktionen:

a. Er ist ein Anwalt. Er läßt die Aktionen des Ministeriums im Parlament und beim Bürger glaubwürdig erscheinen.

b. Er ist unser Mann in Westminster – er steuert unsere Gesetzesvorlagen durchs Parlament (wohlgemerkt *unsere*, nicht seine).

c. Er schafft für uns die Brötchen ran. Seine Aufgabe ist es, im Kabinett um das Geld zu kämpfen, das *wir* brauchen, um *unsere* Arbeit zu tun.

BITTE NEHMEN SIE ZUR KENNTNIS: Es ist nicht seine Aufgabe, mit Ersten Persönlichen Referenten und höheren Verwaltungsbeamten ministeriale Verfahrens- und Vorgehensweisen zu diskutieren.

H. A. 4.2.

fern und Krisen und Katastrophen überhäuft werden.
Und wenn der Minister in seinem Terminkalender Lücken lassen würde, dann müßte ich ihm da sofort etwas reinschreiben. Und ich hätte dafür zu sorgen, daß er seine Zeit irgendwo verbringt, wo er uns nicht in die Quere kommen und keinen Schaden anrichten konnte – im Unterhaus zum Beispiel.
Aber ich erinnere mich auch, daß es mir gelang, etwas Boden gutzumachen, als ich Sir Humphrey darüber informieren konnte, daß der Minister – und das sogar, während wir miteinander sprachen – in ein völlig belangloses Gespräch über die Rettung von ein paar Dachsen in Warwickshire verwickelt sei.
Er war so erfreut darüber, daß ich ihm vorschlug, ich sollte vielleicht versuchen, noch ein paar andere bedrohte Arten zu finden, mit denen man den Minister beschäftigen könnte. Sir Humphrey antwortete, daß ich da nicht lange suchen müßte – Persönliche Referenten, die ihre Minister nicht beschäftigen, seien auch eine bedrohte Spezies.

2. Februar

Heute morgen brachte ich die Geschichte mit diesen bedrohten Pelztieren und die Tatsache, daß ich dem Parlament erklärt hatte, die Vereinheitlichung der Landgemeindenverwaltung würde keinen Verlust an Lebensqualität zur Folge haben, zur Sprache.
Sir Humphrey sagte, daß ich so etwas dem Parlament gegenüber nicht erklärt hätte. Die Rede hätte folgende Worte enthalten: »Kein *signifikanter* Lebensqualitätsverlust.«
Ich dachte, das wäre dasselbe, aber Sir Humphrey belehrte mich eines Besseren. »Im Gegenteil, der Unterschied ist signifikant, Minister. Angreifbar als ›Lebensqualitätsverlust‹ ist fast alles; doch man kann auch fast alles verteidigen als ›nicht signifikanten Lebensqualitätsverlust‹. Dabei ist von Signifikanz, daß man sich klar ist über die Signifikanz von signifikant.«
Ich erklärte ihm, fünf dicke Hefte voller Unterschriften könne man ja wohl kaum insignifikant nennen. Humphrey schlug mir vor, die Hefte einmal durchzublättern. Das tat ich, und zu meinem größten Erstaunen sah ich, daß in jedem Heft nur eine

Handvoll Unterschriften zu finden war, zusammen waren es höchstens hundert. Ein unglaublich hinterlistiger Trick – ein Pressefoto von einer Petition, die sechs dicke Hefte umfaßt, ist natürlich viel eindrucksvoller als eine Namensliste, für die ein Stückchen Klopapier gereicht hätte.

Bedrohte Dachse sind natürlich ein gefundenes Fressen für die Presse, und eine negative Publicity könnte schweren Schaden anrichten. Aber Humphrey hatte schon eine Presseerklärung vorbereitet, in der steht, daß Hayward's Spinney nicht bedroht ist, sondern nur aus dem Register gestrichen wird; daß es überall in Warwickshire sehr viele Dachse gibt; daß ein Zusammenhang besteht zwischen Dachsen und Brucellose; und aus der mehrmals hervorgeht, es gebe keinen »signifikanten Lebensqualitätsverlust«.

Wir baten unseren Pressesprecher zu uns, der es, wie Humphrey, für unwahrscheinlich hielt, daß die überregionale Presse darüber schreiben würde; ein paar Zeilen auf einer Innenseite vom *Guardian* wären aber kein Problem. Wir waren uns alle einig, daß nur die intellektuelle Mittelschicht in den Städten die ländlichen Bezirke erhalten will, weil die da ja nicht leben müssen. Die lesen immer nur darüber.

Ich bat unseren Pressesprecher, noch einmal alle Hebel in Bewegung zu setzen, und fügte lachend hinzu: »Stellen Sie sich bloß mal vor, Bill, jemand würde schreiben, ich hätte ein Todesurteil für eine ganze Armee von Bibern unterschrieben.«

Bill und Humphrey lächelten gequält. Bernard sagte: »Ähm ... Dachse, Minister ... Biber hätten eine Marine.«

Ich kann Bernards spitzfindige Kalauer wirklich nicht mehr länger ertragen.

Damit hatten wir die Probleme aus dem Tierreich zufriedenstellend behandelt. Ich setzte unser Gespräch fort, indem ich meine wichtige Grundsatzfrage stellte: »Warum hat mir niemand alle Fakten vorgelegt, bevor ich im Parlament meine Erklärung abgegeben habe?«

Humphrey begründete das mit einem erschreckenden Satz: »Minister«, sagte er sanft, »es gibt Leute, die die Ansicht vertreten,

und das durchaus überzeugend, daß es gelegentlich einige Dinge gibt, die ein Minister lieber nicht wissen sollte.«
Ich traute meinen Ohren nicht, aber es kam noch besser.
»Minister«, fuhr er salbungsvoll fort, »Ihre Antworten im Parlament und auf der Pressekonferenz waren superb. Sie waren überzeugend und überzeugt. Die Kritiker sind verstummt, doch wären Sie auch ebenso überzeugend gewesen, wenn die ökologische pressure group Sie vorher bearbeitet hätte?«
Eine Unverschämtheit! Als ob irgend jemand mich unter Druck setzen könnte, als ob irgend jemand mit mir machen könnte, was er will!
Ich war zutiefst erschüttert von der Unverfrorenheit, mit der Humphrey für sich das Recht in Anspruch nahm, mich, den Vertreter des britischen Volkes, in Unwissenheit halten zu dürfen. Absolut ungeheuerlich. Das sagte ich ihm auch.
Er versuchte, mir einzureden, daß das doch nur in meinem Interesse läge; ein verlogeneres Argument habe ich wirklich noch nie gehört. Ich sagte ihm, das sei unerhört, und das würde ich mir nicht gefallen lassen, und das dürfte nie wieder passieren. Und ich werde aufpassen, daß es nicht noch einmal passiert!

10. Februar

Während der vergangenen Woche haben Frank Weisel und ich hart an den Plänen für die Umorganisation dieses Ministeriums gearbeitet. Ich will unter anderem erreichen, daß ausgewählte Beamte aller Ränge mir direkt Bericht erstatten.
Heute versuchte ich, Sir Humphrey das neue System zu erklären, er weigerte sich aber leider erfolgreich, mir zuzuhören.
Er unterbrach mich sofort, als ich zu sprechen begann, und meinte, er hätte mir was zu sagen, was ich möglicherweise nicht gern hören würde. Das sagte er so, als wenn das etwas völlig Neues wäre!
Wie der Zufall so spielt, hatte ich vergessen, mein Diktiergerät auszuschalten, so daß sein Vortrag für die Nachwelt aufgezeichnet wurde. Also, er sagte wörtlich folgendes: »Minister, tradi-

tionsgemäß war die Zuweisung von Aufgabenbereichen an leitende Beamte stets in dem Sinn determiniert, den amtierenden Minister a priori von administrativen Lappalien zu entlasten, indem die geschäftsführerischen Belange jenen übertragen wurden, die durch Erfahrung und Qualifikation über günstigere Prämissen für die Verrichtung so niederer Obliegenheiten verfügten; wodurch ihre politischen Oberherren freigestellt wurden für die schwerwiegenderen Pflichten und tiefergreifenden Überlegungen, den unvermeidbaren Konkomitanten ihrer exaltierten Position.«

Ich konnte mir wirklich nicht vorstellen, warum er gedacht hatte, ich würde das nicht hören wollen. Das klang doch faszinierend. Vermutlich hatte er gedacht, ich würde es ihm übelnehmen – aber wie könnte man jemandem das, was er gesagt hat, übelnehmen, wenn man kein einziges Wort verstanden hat?

Also bat ich ihn wieder einmal, sich ein einziges Mal in seinem Leben klar auszudrücken. Dieser Wunsch haut ihn jedesmal vom Hocker, denn er ist immer davon überzeugt, daß er sich klar ausgedrückt hat.

Dessenungeachtet dachte er einen Moment angestrengt nach und entschied sich dann eindeutig dafür, mir das alles in ganz schlichten und einfachen Worten zu erklären.

»Sie sind nicht hier, um dieses Ministerium zu führen«, sagte er.

Ich war erstmal ein bißchen sprachlos. Dann antwortete ich: »Ich glaube schon, Humphre ..., und der Bürger glaubt das bestimmt auch.«

»Mit Verlaub«, sagte er. Ich konnte mich mit Mühe davon abhalten, ihm eine aufs Maul zu hauen. »Sie irren sich, und der Bürger irrt sich.«

Dann erklärte er mir, daß es *seine* Aufgabe sei, das Ministerium zu führen; meine Aufgabe sei es, Politik zu machen, dafür zu sorgen, daß Gesetze erlassen werden und – vor allem – im Kabinett das Budget des Ministeriums sicherzustellen.

»Ich habe manchmal den Verdacht«, hielt ich ihm vor, »daß das Budget das einzige ist, was Sie wirklich interessiert.«

»Das ist auch überaus wichtig«, antwortete er säuerlich. »Wenn

sich niemand darum kümmert, haben wir womöglich bald ein so kleines Ministerium, das selbst ein Minister führen könnte.«
Ich bin sicher, daß er mir so etwas eigentlich nicht sagen darf. Schwamm drüber, ich nahm es ihm nicht übel, denn ich weiß, daß ich mit beiden Beinen fest auf der Erde stehe.
»Humphrey«, fragte ich unnachgiebig, »ist das eine fundamentale Meinungsverschiedenheit über das Wesen der Demokratie?«
Wie immer, wenn er direkt unter Beschuß gerät, strampelte der alte Radfahrer sofort rückwärts: »Nein, Minister«, sagte er in seinem öligsten Ton mit dem mir nun schon so vertrauten Gesichtsausdruck eines Schnulzensängers, »nur ein Abgrenzungsdisput. Ich bin nun mal der Ansicht, daß die profan-lästige Pflicht, ein Ministerium zu führen, unter Ihrer Würde ist. Ich finde, Sie sind zu Höherem berufen.«
Diese Honig-ums-Maul-Schmiererei beeindruckte mich selbstverständlich überhaupt nicht. Ich bestand darauf, daß etwas unternommen wird, sofort! Zu diesem Zweck, dabei ließen wir es erst einmal bewenden, würde er sich meine Umorganisationspläne ansehen. Er versprach, sein Bestes zu tun, um sie in die Praxis umzusetzen, und wird zu diesem Zweck meine Vorschläge in weit abgestecktem Rahmen von einem Untersuchungsausschuß prüfen lassen, so daß wir letzten Endes auf der Basis von langfristigen Überlegungen die richtigen Entscheidungen treffen können. Er argumentierte, das sei besser, als sich voreilig in übereilte und vielleicht schlecht durchdachte Aktionen zu stürzen, die möglicherweise unvorhersehbare Auswirkungen haben könnten. Das scheint mir absolut befriedigend zu sein; er hatte damit zugegeben, daß umfassende Reformen nötig sind, und wir werden bestimmt in der Lage sein, sie in meinem Sinne zu realisieren.
Während ich mich innerlich wahnsinnig darüber freute, daß ich Humphrey und seinen Beamten den Papierkram überlassen konnte, machte ich klar, daß ich ab sofort auf direktem Zugang zu allen Informationen bestehe. Abschließend machte ich ihm unmißverständlich deutlich, daß ich nie wieder den Satz hören will: »Es gibt Dinge, die ein Minister lieber nicht wissen sollte.«

12. Februar

Heute ist Sonnabend, und ich bin zu Hause in meinem Wahlkreis. Ich machte mir große Sorgen um Lucy. *[Hackers Tochter, damals 18 Jahre alt – d. H.]* Sie kommt mir manchmal wirklich ziemlich unausgeglichen vor. Ich nehme an, das ist meine Schuld. Ich habe in den vergangenen Jahren kaum noch Zeit für sie gehabt, dauernd bin ich unterwegs und arbeite Tag und Nacht, es ist offensichtlich kein Zufall, daß praktisch alle meine erfolgreichen Kollegen im Unterhaus erbitterte Kämpfe mit ihren Familien durchstehen müssen und Kinder haben, die ständig Ärger machen. Aber das kann doch nicht nur meine Schuld sein. Ein bißchen ist sie selber schuld! Und ob!

Sie war die halbe Nacht unterwegs und kam erst sehr spät zum Frühstück runter, gerade als Annie und ich früh zu Mittag essen wollten. Sie nahm sich die *Mail* und verzog dabei angeekelt das Gesicht – ich nehme an, weil es nicht der *Socialist Worker* oder die *Prawda* war.

Ich hatte beim Frühstück die Zeitungen flüchtig durchgeblättert, wie üblich, und die Überschrift eines kleinen Artikels auf der Innenseite des *Guardian* hatte mir schlagartig die gute Laune verdorben: »HACKER, DER DACHSMÖRDER.« Der Artikel war gegen mich zurechtfrisiert, um den behämmerten sentimentalen Liberalen eine Freude zu machen – das ist ja auch kein Wunder, denn jede Zeitung muß ihren typischen Leser befriedigen.

> Hacker gab zu: Die Aufhebung des Sonderstatus von Hayward's Spinney bedeutet womöglich das Ende der Dachskolonie. Ein Sprecher von der Gesellschaft zur Erhaltung der britischen Tierwelt sagte: »Hacker hat das Todesurteil für die Dachse unterleichnet.«

Der gute alte *Grauniad*[1].
Großmütig verzichtete ich darauf, zu Lucy »Guten Abend« zu sagen, als sie runterkam, und scherzhaft zu bemerken »Besser als ein sit-in«, als sie uns erzählte, sie hätte ein »penn-in« gehabt.
Ich fragte sie aber, warum sie erst mitten in der Nacht nach Hause gekommen war, worauf sie antwortete, unheimlich wichtigtuerisch: »Es gibt Dinge, die mein Daddy lieber nicht wissen sollte.« »Jetzt fang du nicht auch noch damit an«, protestierte ich laut und wütend, was sie ein bißchen verwirrte – sie konnte ja nicht wissen, daß Humphrey ...
Sie sagte mir, sie sei mit den »Thin-Fifth's« unterwegs gewesen.
Irgendwie hatte ich sie nicht richtig verstanden und sagte: »Du hast Dünnpfiff? ... Dann geh zum Arzt!«
Sie sah mich mitleidig lächelnd an und meinte von oben herab: »Die ›Thin-Fifth's‹ sind 'ne linke Hardrockband.«
Da sie mir während unseres letzten Gesprächs erklärt hatte, sie sei jetzt Maoistin, befürchtete ich das Schlimmste und sagte: »Ach ja ... und du singst da die Internationale?«
»Nein, Pjotr singt.«
»Pjotr?«
»Ja, Pjotr!«
»Wer ist denn Pjotr?«
»O Mann, der ist doch mindestens schon fünfzehnmal hiergewesen«, sagte sie in einem unheimlich ätzenden Ton; diesen Ton hört man von Teenagern nur, wenn sie mit ihren Vätern reden.
Dann drängte Annie, die eigentlich genau wußte, daß ich über das Wochenende fünf rote Aktenkoffer durcharbeiten mußte, wir müßten einkaufen fahren, der Abfluß in der Küche sei verstopft und der Rasen müßte gemäht werden. Als ich sie etwas irritiert darauf hinwies, daß Bernard mir aufgetragen hatte, ich müßte unbedingt alle Akten durcharbeiten, erwiderte sie: »Die haben Zeit.«
»Annie«, begann ich, »wie du vielleicht bemerkt haben dürftest, bin ich jetzt Kabinettsminister, Mitglied im Kabinett Ihrer Maje-

[1] Der Guardian ist immer noch berühmt für seine druckfehlerteuflischen Eskapaden

stät, das ist ein überaus verantwortungsvoller Job.«

Annie hatte nicht das geringste Verständnis für mich. Sie antwortete bloß, daß ich 23.000 Beamte hätte, die mir helfen könnten, sie hätte aber nicht mal einen. »Mit deinen Memos kannst du später spielen«, sagte sie, »jetzt wird der Abfluß repariert.«

Ich kam nicht mehr dazu, ihr eine passende Antwort zu geben, denn in diesem Moment lümmelte Lucy sich über den Tisch, und von ihrem Messer fiel ein Klacks Marmelade auf meine Kabinettspapiere. Ich nahm ihr das Messer weg, um damit die Marmelade zu entfernen, aber dabei schmierte ich auch noch Butter drauf.

Ich bat Lucy, einen Lappen zu holen, eine einfache schlichte Bitte, und zuckte zusammen, welchen Gefühlsausbruch ich damit provoziert hatte. »Den hol dir selber«, fauchte sie mich an. »Du bist hier nicht in Whitehall, verstehst du.« »Ja, Minister ...« »Nein, Minister ...« »Bitte, darf ich Ihnen die Schuhe ablecken, Minister?«

Ich war sprachlos. Annie verteidigte mich sofort, aber doch nicht so entschieden, wie ich es eigentlich von ihr erwartet hatte. »Lucy, mein Kind«, sagte sie in einem sanft tadelnden Ton, »das ist nicht fair. Diese Beamten machen vielleicht einen Kotau vor Daddy, aber die würden ihn doch nicht ernst nehmen.«

Das war zuviel. Ich machte Annie klar, daß ich gerade einen bedeutenden Sieg in meinem Ministerium errungen hatte. Und um ihr das zu beweisen, zeigte ich stolz auf meine fünf mit Papieren vollgestopften roten Aktenkoffer.

Sie war der Meinung, das würde genau das Gegenteil beweisen. »Du hattest Sir Humphrey Appleby für ein paar Wochen im Griff, doch jetzt haben sie dich wieder in die Mangel genommen.«

Sie begriff nicht, was ich meinte. Ich erklärte ihr, wie ich das sah: Daß Humphrey mir, in einem Wortschwall, gesagt hatte, daß es Dinge gibt, die ein Minister lieber nicht wissen sollte, würde doch bedeuten, daß er etwas vor mir verbirgt. Wichtige Informationen womöglich. Also hätte ich darauf bestanden, daß ich ab sofort alles erfahre, was in meinem Ministerium vorgeht.

Aber ihre Antwort veranlaßte mich, meine Situation noch einmal zu überdenken. Sie lächelte mich an und sagte voller Liebe und Zuneigung: »Liebling, wie bist du bloß Kabinettsminister geworden? Du bist ein solcher Trottel!«
Ich war wieder sprachlos.
Annie fuhr fort: »Verstehst du nicht, du hast das gemacht, was Humphrey wollte. Er hat bestimmt vor Freude geweint. Damit hast du ihm doch angeboten, dich mit belanglosen Informationen zu überschwemmen.«
Plötzlich sah ich das alles in einem ganz anderen Licht. Ich durchwühlte die fünf roten Aktenkoffer – sie waren vollgestopft mit Machbarkeitsstudien, technischen Berichten, uralten Papieren von allen möglichen Ausschüssen, Büromaterialanforderungen ... Müll!
Das ist der absolute Papierkrieg! Diese miesen Typen. Entweder geben sie einem so wenig Informationen, daß man die Fakten nicht kennt, oder so viele, daß man sie nicht finden kann.
Man kann anscheinend nicht gewinnen. Die scheuchen einen dauernd hin und her.

13. Februar

Manche Leute glauben, daß die Widersprüche im Leben eines Ministers dazu beitragen, daß er geistig gesund, bescheiden und mit beiden Beinen auf der Erde bleibt. Mich machen die, glaube ich, schizoid.
Die ganze Woche über werde ich beschützt und abgeschirmt und verhätschelt. Mein kleinster Wunsch ist irgendwem Befehl. (Selbstverständlich nicht, wenn es um wirkliche substantielle Dinge geht, sondern nur bei dem täglichen Kleinkram.) Meine Briefe werden geschrieben, die nehmen die Anrufe für mich entgegen, dauernd wollen sie meine Meinung zu irgendwas wissen, ich werde von oben bis unten bedient, Fahrer fahren mich überallhin, und jeder begegnet mir mit höchstem Respekt, als ob ich irgendein Gott wäre.
Aber das geschieht alles nur, wenn es um die Regierungsarbeit

geht. Wenn ich mich um die Parteiarbeit kümmern muß oder mit meiner Familie irgend etwas vorhabe, dann läßt der gesamte Apparat mich im Stich. Wenn ich zu einer Parteiparty gehen will, dann muß ich da irgendwie selbst hinkommen, notfalls mit dem Bus; wenn ich nach Hause fahre und mich um meinen Wahlkreis kümmere, begleitet mich kein Persönlicher Referent; wenn ich eine Rede, die ich für die Partei halten soll, schreiben muß, ist kein Mensch da, der sie mir tippt. Und wenn ich am Wochenende zu Hause bin, muß ich mich anpassen, ich muß abwaschen und den Abfluß reparieren, nachdem ich fünf Tage lang wie ein zerbrechliches, unbezahlbares, antikes Glas behandelt worden bin. Und an diesem Wochenende, obwohl ich am Freitag abend mit dem Zug nach Hause fahren mußte, brachte mir mein Fahrer am Sonnabend morgen fünf rote Aktenkoffer mit dem Dienstwagen!

Heute früh wurde ich wach, nachdem ich praktisch die ganze Nacht nicht geschlafen hatte, ich mußte immer wieder über das nachdenken, was Annie mir gesagt hatte. Schlaftrunken wankte ich die Treppe runter zum Frühstück, und da lag – zu meinem größten Erstaunen – meine Tochter Lucy kampfbereit auf der Lauer. Sie hatte den *Guardian* von gestern gefunden und den Atikel über die Dachse gelesen.

»Hier steht eine Story über dich drin, Daddy«, rief sie anklagend.

Ich sagte, ich hätte sie gelesen. Trotzdem las sie sie mir vor. »Hacker, der Dachsmörder«, begann sie.

»Dadddy hat das gelesen, mein Kind«, mischte sich Annie loyal ein. Aber, als ob sie taub wie ein Stein wäre, las Lucy die ganze Geschichte laut vor. Ich sagte ihr, das sei alles absolut dummes Zeug, sie schaute mich ungläubig an, also entschloß ich mich, ihr die ganze Geschichte detailliert zu erklären. »Erstens: Ich bin kein Dachsmörder. Zweitens: Dachse gehören nicht zu den bedrohten Arten. Drittens: Die Aufhebung des Sonderstatus' hat noch lange nicht zu bedeuten, daß alle Dachse umgelegt werden. Viertens: Wenn für ein übergeordnetes Programm zur Erhaltung britischer Urlandschaft ein paar Dachse geopfert werden müssen – schade!«

»Übergeordnetes Programm« ist eine Phrase, die man eigentlich nicht benutzen sollte, schon gar nicht gegenüber einer Generation, die mit Kriegsfilmen über den Zweiten Weltkrieg großgeworden ist. »Ja, dein ›übergeordnetes Programm‹, mein Führer«, schrie meine Tochter und hob den rechten Arm zum Nazigruß. »Der Zweck heiligt die Mittel, nicht wahr!?«

Abgesehen davon, daß es absolut lächerlich ist, wenn eine Anhängerin der »Aus-der-Klapsmühle-Entkommenen« jemand anderen kritisiert, weil der glaubt, daß der Zweck die Mittel heiligt – was ich nicht tue, jedenfalls nicht unbedingt –, macht sie aus einer winzigen Mücke einen riesigen Elefanten.

»Das liegt doch alles nur daran, daß Dachse nicht wählen dürfen, nicht wahr?«

Diese scharfsinnige, durchbohrende Frage traf mich wie ein k.o.-Schlag. Ich kapierte nicht, worauf sie hinauswollte.

»Wenn die armen Dachse wählen dürften, bringst du sie bestimmt nicht mehr um, dann bist du sofort in Hayward's Spinney, schüttelst ihnen die Pfoten und knutschst ihre Weibchen. Dann wirst du dich an sie ranschmieren, so wie du es immer machst. Du ›Donald-Dachsel‹.«

So eine Frechheit, es war mir ja bis jetzt offensichtlich noch nicht einmal gelungen, mich bei meiner eigenen Tochter beliebt zu machen.

Annie schaltete sich wieder ein. »Lucy«, tadelte sie, ein bißchen zu freundlich, wie mir schien. »Das ist wirklich nicht nett, was du da sagst.«

»Aber es ist doch wahr, oder?« beharrte Lucy.

Annie stammelte: »Ja – ah – ah, es ist wahr ..., aber Daddy ist Politiker, er *muß* sich beliebt machen.«

Vielen Dank, liebe Annie.

»Das muß verhindert werden«, verlangte Lucy. Nachdem sie mich zur Schnecke gemacht hatte, gab sie mir jetzt Anweisungen.

»Zu spät«, grinste ich dreckig. »Die Würfel sind bereits gefallen.«

»Dann werde *ich* es verhindern müssen«, drohte sie.

Dummes Gör! »Gut«, sagte ich. »Das dürfte ja auch kein Problem sein. Laß dich als Kandidat aufstellen und gewinne eine Parlamentswahl, tu dich durch glänzende Reden im Plenum hervor, werde Minister und heb das Gesetz wieder auf. Kein Problem. Die armen Dachse werden bis dahin natürlich ziemlich alt aussehen.«

Sie lief wütend raus und blieb Gott sei Dank den ganzen Tag verschwunden.

[Bernard Woolley fühlte sich mittlerweile zunehmend unwohl dabei, bestimmte Dinge vor dem Minister geheimhalten zu müssen. Es fiel ihm schwer, sich an den Gedanken zu gewöhnen, daß Beamte das Prinzip der »notwendigen Unterrichtung« anwenden, das die Grundlage jedweder Sicherheitsbemühungen darstellt. Schließlich schrieb er an Sir Humphrey und bat um nähere Erläuterungen zu der Frage, warum dem Minister nicht gestattet sein sollte zu erfahren, was er zu erfahren wünscht. Die Antwort ist nachfolgend abgedruckt – d. H.]

MINISTRY OF
ADMINISTRATIVE AFFAIRS

From the Permanent Under Secretary of State

B.W.-

Dieses Land wird regiert von Ministern, die politische Entscheidungen treffen aufgrund der verschiedenen Alternativvorschläge, die wir ihnen anbieten.

Hätten sie alle Fakten, dann würden sie auch viele andere Möglichkeiten sehen, von denen einige nicht im öffentlichen Interesse lägen. Dennoch würden sie dann womöglich eigene Pläne formulieren, anstatt zwischen den zwei oder drei, die wir anbieten, auszuwählen.

Solange wir die Vorschläge formulieren, können wir sie an die richtige Entscheidung heranführen.

Wir Beamten sind nicht so dumm und töricht anzunehmen, daß es für ein Problem nur eine einzige richtige Lösung gibt. Es ist jedoch unsere öffentliche Pflicht, den Minister an das heranzuführen, was wir gern das "allgemeine Einverständnis" nennen.

Um den Minister an das allgemeine Einverständnis heranzuführen, müssen vier Wörter in einen Vorschlag eingearbeitet werden, damit er attraktiv aussieht:
Minister werden im allgemeinen einen Vorschlag dann akzeptieren, wenn er die Wörter <u>einfach</u>, <u>schnell</u>, <u>populär</u> und <u>billig</u> enthält.

Minister werden im allgemeinen einen Vorschlag dann ablehnen, wenn er die Wörter <u>kompliziert</u>, <u>teuer</u>, <u>langwierig</u> und <u>kontrovers</u> enthält.

Vor allem müssen Sie einen Vorschlag, von dem Sie unter allen Umständen wollen, daß der Minister ihn nicht akzeptiert, als <u>mutig</u> bezeichnen.

Denken Sie daran - diese Art der Führung von Ministern hat Großbritannien zu dem gemacht, was es heute ist.

H. A. 13.2.

[Es ist aufschlußreich, Sir Humphrey Applebys Wortwahl in dieser Mitteilung eingehender zu betrachten. Die Formulierung »das allgemeine Einverständnis« z.B. wurde häufig von Sir Antony Part, dem ehemaligen Parlamentarischen Staatssekretär im Innenministerium, benutzt. Offenbar war damit eine Politik gemeint, die von der Beamtenschaft ungestört betrieben werden kann – ganz gleich, welche Partei gerade an der Macht ist. Das Wort »mutig« ist, so wie es hier verwendet wird, noch vernichtender als »kontrovers«. »Kontrovers« bedeutet lediglich »damit werden Sie Stimmen verlieren«. »Mutig« bedeutet »damit werden Sie die Wahl verlieren« – d. H.]

Lieber Vater,

Ich und mein Studienkollege und und Geliebter Peter haben die Absicht, morgen in Hayward's Spinney eine 24-stündige Mahnwache zur Rettung der Dachse zu halten.
Bei der Dachsmahnwache werden wir nackt sein, wie es sich für den Valentinstag gehört.
Wir werden der Presse und den Medien eine Erklärung zu diesem Ereignis geben, falls der Sonderstatus für Hayward's Spinney nicht bis Montag, den 14. Februar, 17⁰⁰ Uhr, wieder in Kraft tritt oder eine entsprechende Zusage gemacht wird.
Um 18⁰⁰ Uhr werden wir nackt eine Pressekonferenz abhalten

Lucy Hacker

[Lucy Hackers Brief fand Bernard Woolley, als er am Montag, dem 14. Februar, im Büro Hackers Akten öffnete. Der Umschlag war adressiert an »Vater«, aber die Bestimmungen sehen vor, daß Persönliche Referenten jeden Brief jeglicher Einstufung bis einschließlich »top secret« öffnen, es sei denn, er ist als »persönlich« gekennzeichnet. Dieser Brief war nicht als »persönlich« gekennzeichnet. Und nun wieder zu Hackers Tagebuch – d.H.]

Dieser Nachmittag schien eine Ewigkeit zu dauern. Das Schicksal hatte mir Schlingen gelegt und mit Giftpfeilen auf mich geschossen, aber ich glaube, ich habe das alles mehr oder weniger unbeschadet überstanden, es war einer der schrecklichsten Nachmittage meines bisherigen politischen Lebens. Aber immer der Reihe nach. Der Tag fing damit an, daß ich im »Standard« auf eine Karikatur stieß.

Und dann, als ich von der Kabinettssitzung und der Kabinettsausschußsitzung zurück war und gegessen hatte, schlichen Bernard und Humphrey mit ungewohnt ängstlichen Gesichtern in mein Büro. Ich fragte sie, ob etwas passiert sei.
Während der folgenden vier Minuten sprachen die beiden nur in Rätseln.
»Wir würden sagen, eine minimale Peinlichkeit«, sagte Sir Humphrey.
»Wie minimal?« fragte ich.
Er wand sich wie ein Aal und schwafelte etwas von »... ohne den Fall übertrieben interpretieren zu wollen ..., Sie unnötig beunruhigen zu wollen ..., bleibt gleichwohl die Tatsache ...« usw. usw.
Ich bat ihn, mir klar zu sagen, worum es ging, er meinte, er müsse mir ein Geständnis machen.
»Gut, also los, Humphrey«, forderte ich ihn auf, »auf den Tisch mit den Sachen.«
»In diesem Fall nicht unbedingt eine passende Metapher, Minister«, erwiderte er geheimnisvoll. Bei mir dämmerte immer noch nichts, aber dafür ging die gnadenlose Sonne der Wahrheit ein bißchen später um so strahlender auf.
Humphrey brachte es einfach nicht fertig, seine Hiobsbotschaft loszuwerden. Ungewöhnlich. Das erste, was er sagte, war, in Hayward's Spinney sei eine 24-stündige Protestwache geplant, nach einer Pause fügte er hinzu, daß eine Studentin und ihr Freund den Protest anführen würden. Ich wehrte ab, es sei doch kein Problem für uns, wenn zwei verantwortungslose Faulenzer versuchen – und nichts damit erreichen –, die Aufmerksamkeit auf sich zu ziehen.
Warum habe ich Idiot das bloß gesagt! (Eines habe ich heute gelernt: Man darf nie aus der Hüfte schießen. Warte, bis du alle Fakten kennst, bevor du auch nur ein Sterbenswörtchen sagst, wenn du nicht letzten Endes als absoluter Volltrottel dastehen willst.) Aber ich erlitt einen Anfall verbaler Diarrhöe. »Das interessiert keinen Menschen«, behauptete ich. »Die Leute haben die Nase voll von diesen widerlichen Studenten. Das sind doch

alles nur Exhibitionisten. Was die da vorhaben, ist doch absolut lächerlich.«
»Diese Ansicht sollten Sie vielleicht noch einmal überdenken, Minister«, bemerkte Sir Humphrey und wirkte plötzlich kaum noch geheimnisvoll. »Die haben anscheinend etwas durchaus Ernstzunehmendes vor. Sie haben vor, nichts vorzuhaben.« Jetzt war ich völlig verwirrt. »Humphrey«, bat ich, »wenn Sie wollen, können Sie doch alles klar und verständlich formulieren.«
Humphrey schluckte und fuhr dann fort: »Es handelt sich um eine ›*Nackt*protestwache‹.« Mir war sofort klar, daß das noch ein Problem für uns werden könnte, denn das wäre ein gefundenes Fressen für die Presse, und die Revolverblätter würden sogar auf der Titelseite davon berichten. Bedauerlicherweise, warum auch immer, hatte Humphrey mir noch nicht alles mitgeteilt, also redete ich frei von der Leber weg munter drauflos und machte mich von Sekunde zu Sekunde immer mehr zum Idioten. »Also wirklich: Ich weiß nicht, was in diese Studenten gefahren ist. Das ist doch skandalös. Die haben wohl kein Schamgefühl. Und Schuld haben die Eltern. Die bereiten sie nicht auf das Leben vor, die lassen sie verwildern und füttern sie mit diesem Schicki-Micki-Anti-Establishment-Unsinn.« Ich war nicht mehr zu bremsen und schimpfte immer munterer weiter: »Heutzutage fehlt einfach Autorität, Humphrey, die Studentenanarchie ist ein schockierender Beweis dafür, daß manchen Eltern Autorität und Disziplin fehlen.«
Dann war Humphrey so liebenswürdig, mir zu offenbaren, der Name der Studentin sei Miß Hacker. Im ersten Moment dachte ich, das sei ein Zufall. Aber dann fiel der Groschen. Ich bin mir in meinem ganzen Leben noch nie so lächerlich und albern vorgekommen. Ich bin sicher (ich *glaube* zumindest, daß ich sicher bin), daß Humphrey nicht von vornherein vorgehabt hat, mich in diesem unerträglichen Maße zu demütigen. Aber es war ihm gelungen. Und das werde ich ihm eines Tages heimzahlen!
Nachdem ich den Schock einigermaßen überwunden hatte, brachte ich die Hoffnung zum Ausdruck, daß die Presse vielleicht gar nicht so sehr daran interessiert sei. Aber noch während ich

das sagte, wurde mir klar, daß ich dummes Zeug redete – für eine Geschichte wie diese würde die Presse auch bis zum Südpol runterfahren.
Humphrey und Bernard sahen mich nur mitleidsvoll an und gaben mir dann Lucys Brief. Ich las, daß Lucy ihre Presseerklärung am Nachmittag um fünf rausgeben wollte. Unheimlich professionell. Das ist zu spät für die Abendzeitungen, die sowieso nicht von vielen Leuten gelesen werden, aber dafür wird es in allen Morgenblättern stehen. Es hat ihr also doch ein bißchen was gebracht, daß sie die Tochter eines Politikers ist.
Dann erklärte Bernard, es wäre wohl besser, wenn er darauf hinweisen würde, daß Lucy mich in zehn Minuten anrufen würde, aus einer Telefonzelle, um meine Antwort abzufragen.
Ich fragte, wie man die ganze Geschichte abwürgen könnte. Beide schwiegen.
»Beraten Sie mich«, bat ich.
»Wie wäre es mit ein wenig väterlicher Autorität und Disziplin?« schlug Sir Humphrey vor. Ich ersuchte ihn, seine albernen Bemerkungen zu lassen.
»Sprechen Sie in Ruhe mit ihr. Sie hört vielleicht auf die Stimme der Vernunft, Minister ...«, warf Bernard unaufgefordert ein.
Ich erklärte ihm, daß Lucy Soziologie studiert.
»Oh, ich verstehe«, meinte er traurig.
Es entstand wieder eine längere Denkpause. Dann schlug ich vor, die Polizei einzuschalten.
Humphrey schüttelte den Kopf und entwarf sofort die unvermeidbare Schlagzeile:
MINISTER HETZT POLIZEI AUF NACKTE TOCHTER
»Ich bin nicht sicher, daß man damit die Geschichte gänzlich abwürgen könnte, Minister«, sagte er.
Wir brüteten gemeinsam in unheilschwangerem Schweigen. Ab und zu war ein verzweifelter Seufzer zu hören. Dann wurde Humphrey plötzlich wieder munter. »Wie wäre es, wenn ...«
»Ja?« fragte ich hoffnungsvoll.
»Wie wäre es, wenn ...«, wiederholte er, »... ich einen Blick in die Akten werfen würde?«

Ich muß zu meiner Schande eingestehen, daß ich absolut die Beherrschung verlor. »Das ist ja eine verdammt gute Idee«, schrie ich. »Meine Tochter erscheint bald auf dem Titelblatt von der *Sun* und bestimmt auch auf Seite 3, und alles, was Ihnen einfällt, sind Ihre verdammten Akten! Toll!«
Er wartete, bis ich aufgehört hatte zu brüllen. »Trotzdem, Minister ...«
»Die finden Sie alle nebenan«, sagte Bernard und deutete schnell auf die Tür zum Vorzimmer. Bevor ich wieder anfangen konnte zu schreien, verschwand Humphrey so schnell er konnte.
Bernard und ich starrten uns verzweifelt an. »Ich frage mich, aus welchem Blickwinkel die Presse das sehen wird«, überlegte ich.
»Ich würde sagen, die nehmen Weitwinkel.« Ich starrte ihn wütend an. »Oh, ja, ich verstehe, was Sie meinen. Verzeihung.«
Ich dachte nur noch daran, mit welchem Vergnügen die Opposition sich während der nächsten Fragestunden im Unterhaus auf diese Geschichte stürzen würde. »Will der stolze Vater eine Erklärung dazu abgeben?« »Nimmt sich die Familie des Ministers zu viele Freiheiten heraus?« »Hat der Minister heimlich versucht, die nackten Tatsachen mit dem Mäntelchen des Schweigens zu verhüllen?« oder vielleicht sogar: »Hat der Minister das Ministerium für Verwaltungsangelegenheiten eigentlich besser im Griff als seine Familie?«

Ich konfrontierte Bernard mit der letzten Frage, denn das ist meine Achillesferse. Ich fügte verbittert hinzu, er würde sicher von mir erwarten, daß ich der Opposition und der Presse sage, daß Sir Humphrey das Ministerium führt.
Bernard schien ernsthaft entsetzt zu sein.
»Gewiß nicht, Minister, das würde ich nie erwarten«, protestierte er empört. »Ich bin Ihr Persönlicher Referent.«
»Sie meinen«, fragte ich ungläubig, »wenn es um alles geht, wären Sie auf meiner Seite, nicht auf Humphreys?« Bernard gab mir eine klare einfache Antwort: »Minister, es ist meine Aufgabe, dafür zu sorgen, daß es nie um alles geht.« *[Dies ist in der Tat eine sehr präzise Definition der Rolle des Persönlichen Referenten – d.H.]*

In diesem Moment rief Lucy an. Aus einer Telefonzelle. Ich griff zum Hörer. Erstmal versuchte ich zu bluffen: »Ich lese gerade deinen kleinen Liebesbrief«, sagte ich und versuchte, väterlich jovial zu lachen. »Im ersten Moment bin ich darauf reingefallen. Ich habe gedacht, du meinst das ernst.« Ich merkte selbst, wie verlogen mein Lachen klang.
»Es ist auch ernst gemeint«, entgegnete sie eiskalt. »Pjotr und ich rufen gleich ›Exchange Telegraph‹ und die anderen Presseagenturen an, und dann hauen wir ab nach Hayward's Spinney.«
Ich kroch zu Kreuze. Ich bat sie flehentlich, darüber nachzudenken, wie sehr mir das schaden würde. Sie antwortete, daß die Dachse ausgerottet werden sollten und nicht ich.
Da irrt sie sich aber gewaltig! Ich war im Begriff, das Opfer eines St.-Valentinstag-Massakers zu werden.
Mir war klar, daß ich sie nicht von ihrem schrecklichen Plan abbringen konnte, denn ich konnte ja ihretwegen meine Politik nicht ändern. Plötzlich rannte Humphrey mit einem Schnellhefter wedelnd ins Büro. Ich hatte ihn noch nie rennen sehen. Er plapperte irgend etwas von einer neuen Entwicklung und bat mich, mit Lucy sprechen zu dürfen.
Er nahm den Hörer, öffnete den Schnellhefter und fing an, aus seinem kostbaren Fund zu zitieren: »Zufällig liegt mir der aktuellste Bericht der Naturschutzinspektoren der Regierung vor. Der wirft ein neues Licht auf die Angelegenheit.«
Er erklärte ihr, daß es in Hayward's Spinney offensichtlich gar keine Dachskolonie gäbe. Das würde ganz klar aus dem Bericht hervorgehen: »Der letzte Hinweis auf Dachsvorkommen – Dachskot, frische Erdhügel etc. – wurde vor elf Jahren registriert.«
Lucy war genauso überrascht wie Bernard und ich. Ich hörte über meinen zweiten Apparat mit, Bernard auch, über seinen. Sie fragte, warum die Zeitungen geschrieben hatten, daß es dort Dachse gibt. Humphrey machte ihr klar, das sei eine gezielte Fehlinformation der Presse gewesen und absolut unwahr, ein Immobilienmakler aus der Gegend würde dahinterstecken.
Lucy war sofort bereit, Humphrey zu glauben. Immobilienmak-

ler sind für einen Teenager, der nachts mit einer linken Hardrockband unterwegs ist, so etwas wie die Vertreter des Teufels auf Erden. Sie wollte wissen, warum der das gemacht hatte.
»Die örtlichen Behörden haben Pläne, den Platz für ein College für Erwachsenenbildung zu nutzen, aber der Immobilienmakler möchte es gern für Büros und Luxuswohnungen haben.«
»Aber«, unterbrach Lucy, »Dieser Typ darf da doch nicht bauen, wenn es geschützt ist.«
»Nein«, stimmte Sir Humphrey zu, »und die Schulbehörde auch nicht. Und das weiß er. Und wenn die nicht bauen dürfen, werden sie ihr Geld bestimmt für etwas anderes ausgeben. Und dann, in zwölf Monaten, wird er mit einem Antrag kommen, nachweisen, daß es da keine Dachse gibt, die Schutzbestimmung aufheben lassen und seine Bürohäuser und Luxuswohnungen bauen.«
Dem absoluten Schweigen konnte ich entnehmen, daß Lucy unheimlich schockiert war. Dann fügte Humphrey hinzu: »Es ist unter Immobilienmaklern eine durchaus übliche Praxis. Schrecklich, nicht wahr?«
Ich hatte bis dahin noch nicht gewußt, daß Humphrey so schlecht über Immobilienmakler dachte. Ich war immer der Meinung, die würden ihm am Herzen liegen.
Lucy fragte Humphrey, ob es in Hayward's Spinney überhaupt wildlebende Tiere gibt.
»Ja, es soll da Tiere geben«, sagte Humphrey und blätterte in seinem Hefter. »Offenbar wird es von Leuten aus Birmingham als Müllabladeplatz benutzt, so daß es dort viele Ratten gibt.«
»Ratten«, flüsterte sie leise. Lucy haßt Ratten.
»Ja, Tausende«, meinte Humphrey und fügte großmütig hinzu: »Wissen Sie, ich glaube, irgendwie gehören die doch auch zur Tierwelt.« Er machte eine kleine Pause und bemerkte dann: »Es wäre doch bestimmt jammerschade, diesem Makler einen Gefallen zu tun, nicht wahr?«
»Ja, das glaube ich auch«, antwortete sie. Gott sei Dank! Die Rettet-die-Dachse-Mahnwache war vom Tisch!
Humphrey fügte mit überschäumender Herzlichkeit und nicht zu überbietender Heuchelei hinzu: »Noch etwas, Miß Hacker,

ich möchte Ihnen sagen, ich bewundere und respektiere Ihre Ansichten und Ihr Engagement.«

Mit mir wollte sie nicht mehr sprechen. Sie legte einfach auf. Die Krise war so schnell überwunden, wie sie aufgetaucht war. Sie würde auf gar keinen Fall auf einem Müllplatz inmitten von Ratten ein nacktes love-in inszenieren – für die Presse wäre das natürlich der Hammer des Jahres.

Ich gratulierte Humphrey überschwenglich. »Ach, keine Ursache, Minister«, wehrte er zurückhaltend ab. »Das stand alles in den Akten.«

Ich konnte diese ganze Geschichte kaum fassen. Was für ein gerissener mieser Typ mußte dieser Immobilienmakler sein. Ich bat Humphrey, mir den Bericht zu geben. Auf einmal wurde er wieder mein aalglatter Ständiger Staatssekretär. Er meinte, es würde sich wirklich nicht lohnen, da auch nur einen Blick reinzuwerfen. Ich bat ihn noch einmal, ihn mir zu geben. Wie ein ungezogener ertappter Schuljunge versteckte er ihn hinter seinem Rücken.

Schlagartig wurde mir klar, was hier gelaufen war. Ich fragte ihn, ob diese Geschichte wahr sei. Er behauptete, er hätte meine Frage nicht verstanden. Also fragte ich ihn noch einmal, laut und deutlich, ob ein einziges Wörtchen dieser im richtigen Moment gefundenen Maklergeschichte, die er Lucy erzählt hatte, wahr sei. Er sah mir in die Augen und fragte dann langsam und behutsam: »Wollen Sie wirklich, daß ich diese Frage beantworte, Minister? Antworten Sie nicht voreilig.«

Es war eine gute Frage. Eine sehr gute Frage. Welchen Vorteil würde es mir bringen, wenn ich die Wahrheit wüßte, wenn mein Verdacht sich bestätigen würde. Ich sah nur einen großen Nachteil – ich wäre gezwungen, Lucy gegenüber unaufrichtig zu sein, das war ich noch nicht, und das werde ich auch nie sein!

»Nein«, sagte ich nach einigen Augenblicken. »Ähm, Humphrey, machen Sie sich nicht die Mühe zu antworten.«

»Ganz recht«, sagte er so blasiert wie nie zuvor. »Sie möchten möglicherweise zur Kenntnis nehmen, daß es Dinge gibt, die ein Minister lieber nicht wissen sollte.«

7 Vetternwirtschaft

[Mitte Februar hätte sich Hacker um Haaresbreite in einen Skandal verstrickt, der die Regierung ins Wanken gebracht und seiner politischen Karriere ein schmachvolles, vorzeitiges Ende bereitet hätte. Dabei wäre Hacker gezwungen gewesen, die Verantwortung für Ereignisse zu übernehmen, mit denen er nicht unmittelbar zu tun hatte – für die er, als Minister, aber Rede und Antwort hätte stehen müssen – d. H.]

21. Februar

Als ich heute ins Büro kam, hatte ich außergewöhnlich gute Laune. Ich hatte alle meine roten Aktenkoffer durchgearbeitet. Ich hatte das Gefühl, daß ich meinen Job vollkommen im Griff habe. Gestern habe ich alle PA's *[Parlamentarische Anfragen – d. H.]* hervorragend beantwortet, abends anläßlich eines Dinners eine sehr gute Rede gehalten, und jetzt freue ich mich auf eine Rundfunksendung, zu der ich für morgen eingeladen worden bin. Alles tolle Publicity. Ich merke, daß die Leute allmählich wissen, wer ich bin, ich ernte die Früchte dafür, daß ich mich in kürzester Zeit profiliert habe.

Ich fragte Bernard, worum es bei der Rundfunkdiskussion geht. NATO, dachte ich. Bernard sagte, es ginge um »Partnerschaften in der Industrie«.

Ich wußte, daß es irgend so etwas war. Auf jeden Fall irgend etwas mit Partnerschaft.

An der Diskussion werden wie üblich die für die »BBC obligatorischen Gesprächspartner« teilnehmen – ein Politiker, ein Arbeitgeber und ein Gewerkschafter.

Ich erfuhr, daß der Gewerkschafter Joe Morgan sein würde, der

Gewerkschaftsvertreter beim »Solihull-Projekt«. Ich war erfreut, das sei phantastisch, denn dann könnten wir ja auch während der Sendung über dieses Projekt sprechen.
Zu meiner Überraschung reagierte Sir Humphrey auf diese doch absolut nicht kontroverse Bemerkung überaus ängstlich.
»Minister, Sie werden doch nicht die Absicht haben, im Funk das ›Solihull-Projekt‹ zu erwähnen?«
»Natürlich will ich darüber sprechen«, antwortete ich. »Für mich ist das ein leuchtendes Beispiel einer Zusammenarbeit zwischen Regierung und Privatindustrie.«
»Was veranlaßt Sie, das zu sagen?« fragte er.
Im ersten Moment wußte ich nicht, warum ich das gesagt hatte. Dann erinnerte ich mich: »Das habe ich gesagt, weil Sie es mir berichtet haben«, erklärte ich ihm. »Warum fragen Sie, haben Sie inzwischen Ihre Meinung geändert?«
»Nein«, erwiderte er vorsichtig. »Aber ... ich wäre trotzdem glücklicher, wenn darüber in der Sendung nicht gesprochen würde.«
»Warum nicht?« fragte ich.
Er sagte, es wäre ein bißchen verfrüht. Ich wies ihn darauf hin, daß die schon seit sechs Monaten bauen, da könnte ja wohl kaum noch von »verfrüht« die Rede sein.
»Ja, genau«, hakte er ein. » Es ist in der Tat nicht mehr aktuell.«
Bemerkenswert! »Verfrüht und nicht mehr aktuell?«
Humphrey versuchte, diesen albernen Spruch sofort zu korrigieren. Er hätte lediglich »zum falschen Zeitpunkt« gemeint, behauptete er. Also fragte ich ihn noch einmal, was er gemeint hätte.
»Ich meine, sind Sie nicht der Meinung, Minister, daß dieses Projekt die Öffentlichkeit überhaupt nicht interessiert?« winselte er.
Der Meinung war ich ganz und gar nicht. Dieses Projekt ist ein Beispiel dafür, daß die Zusammenarbeit mit der Privatindustrie wirklich möglich ist. Hier passiert endlich mal was. Das ist überaus interessant. Das sagte ich ihm auch.
Humphrey war offensichtlich im Begriff zu verzweifeln. »Ganz recht, Minister«, sagte er. »Das ist in der Tat sogar so interessant,

daß es womöglich Ihr Hauptanliegen, das Sie in der Sendung dem Bürger nahebringen wollen, überschatten könnte.«
»Was ist mein Hauptanliegen?« fragte ich, denn mir fiel nicht sofort ein, was mein Hauptanliegen ist.
Humphrey hatte offensichtlich auch Probleme, das ad hoc zu formulieren. »Bernard, was ist das Hauptanliegen des Ministers?«
Bernard klärte uns auf. »Private Projekte sind mit Regierungsgeldern sozial verantwortungsbewußter, Regierungsprojekte sind effizienter mit privatem Investment.«
Ja, genau, das war mein Hauptanliegen. »Da haben Sie's«, sagte ich. »Es unterstreicht mein Hauptanliegen. Ach, Sie sind wirklich ein Miesmacher, Humphrey! Sie laufen hier nur rum und erzeugen Apathie!«
Aber er gab sich immer noch nicht zufrieden. »Minister«, sagte er hartnäckig, »ich muß Ihnen eindringlich den Rat geben, mit aller Ernsthaftigkeit, die mir zu Gebote steht, während der Sendung das Solihull-Projekt nicht zu erwähnen.«
Ich fragte ihn wieder, warum nicht. Und er tauchte wieder weg. Aber mir war inzwischen ein Licht aufgegangen.
»Könnte es sein«, fragte ich kühl, »daß Sie die Absicht haben, den Ruhm für dieses Projekt selbst zu ernten? ... Nächsten Monat, bei der Europakonferenz für Regierungsverwaltung?«
Humphrey sagte nur: »Ich bitte Sie, Minister« – mit anderen Worten, er hatte mir nicht widersprochen! Also wußte ich, daß ich recht hatte. Ich schenkte ihm sofort noch eine ein und schnauzte ihn an. »Ihre Grundsatzrede kommt doch sicher in die Zeitung und wird Eindruck machen, nicht wahr!? Aber ich möchte jetzt mal etwas klarstellen, Humphrey. Wir Politiker tragen die Verantwortung gegenüber dem Bürger. Und wir sind es auch, die den Ruhm ernten, und nicht die Beamten.« Humphrey versuchte, sich zu verteidigen. Er versicherte mir, es würde ihn glücklich machen, wenn ich den Ruhm für dieses Projekt ernten würde, aber er müsse mich beschwören und flehentlich bitten: »Nicht morgen während der Sendung.« Lügner!
Mir war natürlich sofort klar, daß er wieder seine Verzögerungs-

taktik drauf hatte. »Humphrey«, sagte ich bestimmt, »auf so etwas fall' ich nicht mehr rein. Ich will so viel politisches Kapital wie möglich aus dem Solihull-Projekt schlagen. Die Chance laß ich mir nicht entgehen. Ich weiß genau, wann ich mich bedingungslos für etwas einsetzen kann.«

[Da irrte sich Hacker gewaltig. Sir Humphrey Appleby versuchte, alles zu vertuschen, was mit dem Solihull-Projekt zu tun hatte – und das aus gutem Grund. Noch am selben Tag bat Bernard Woolley, dem klargeworden war, daß an der Sache mehr dran war, als Hacker ahnte, um ein Gespräch mit Sir Humphrey – d.H.]

SIR BERNARD WOOLLEY ERINNERT SICH:[1]
Mir war klar, daß Sir Humphrey Appleby bemüht war, irgend etwas zu vertuschen. Aber ich bestand hartnäckig darauf, umfassend über diese Angelegenheit informiert zu werden, denn es war ja wohl kaum denkbar, daß es möglich sein sollte, ein 74-Millionen-Pfund-Bauprojekt, das auf einem dreieinhalb Hektar großen Grundstück realisiert wurde, einfach unter den Teppich zu kehren. Auch dann nicht, wenn Sir Humphrey höchstpersönlich mit dem Besen unterwegs war.
Sir Humphrey sagte mir, daß er versuchen wollte, auf das Geheimhaltungsgesetz zurückzugreifen. Ich bemerkte, daß mir nicht klar sei, wie man ein so gewaltiges Projekt geheimhalten könnte.
»Das ist ein großes Geheimnis«, erwiderte Sir Humphrey.
Mir war auch nicht klar, wie man das Geheimhaltungsgesetz anwenden könnte, wenn jeder von diesem Projekt wußte. Ich war jung und unerfahren und hatte noch nicht begriffen, daß das Geheimhaltungsgesetz nicht dem Schutz von Geheimnissen, sondern dem Schutz von Beamten dient.
Daß Sir Humphrey meinen Fragen auswich, versuchte er mir zu erklären, indem er mir sagte: Da der Minister nicht nach den Hintergründen des Solihull-Projektes gefragt hätte, würde er sie auch nicht wissen wollen. Und es wäre selbstverständlich die übliche Civil-Service-Praxis, den Minister nicht mit Informationen zu belasten, nach denen er nicht gefragt hatte.

[1] Im Gespräch mit den Herausgebern

Ich nahm mein Herz in beide Hände und ließ durchblicken, daß ich dem Minister gegenüber vielleicht andeuten könnte, daß mit dem Solihull-Projekt ein Skandal verbunden sei. Selbstverständlich wies ich Sir Humphrey unmißverständlich darauf hin, daß ich das vielleicht nicht tun würde, wenn ich etwas detaillierter informiert wäre.
Dann rückte Sir Humphrey mit der Sprache heraus, überaus widerstrebend. Ich erfuhr, daß das Solihull-Projekt von Sir Humphrey, federführend für das MVA, in Zusammenarbeit mit Michael Bradley von »Sloane Enterprises« auf die Beine gestellt worden war. Das geschah lange bevor ich befördert und ins Privatsekretariat des MVA versetzt worden war.
Später kam dann der Solihull-Report auf den Tisch, und ein Absatz erweckte Zweifel an der Finanzsolidität von Sloane Enterprises und Mr. Bradley.
[»Zweifel wecken an der Finanzsolidität« bedeutet, daß Bradley wahrscheinlich Pleite machen würde – d. H.]
Aber Sir Humphrey hatte sich zu dem Zeitpunkt, als der Bericht rauskam, bereits in einem so hohen Maße an Bradley gebunden, daß es ihm das Risiko wert zu sein schien, das begonnene Projekt fortzuführen.
Da ich jetzt alle Fakten kannte, war ich in einer unangenehmen Situation. Ich konnte dem Minister natürlich nicht anvertrauen, was ich im Vertrauen von seinem Ständigen Staatssekretär erfahren hatte. Andererseits war ich aber auch dazu verpflichtet, meinen Minister – so gut ich konnte – davor zu bewahren, sich in diese Angelegenheit zu verstrikken. Ich hatte das Gefühl, das einzige, was ich tun konnte, war, an Sir Humphreys Gewissen zu appellieren.
Ich sagte, daß der Minister, wenn er alle Fakten kennen würde, bestimmt nicht so dumm wäre, im Rundfunk über das Solihull-Projekt zu sprechen. Aber Sir Humphrey beharrte darauf, daß es hier um etwas Grundsätzliches ging. Minister sollten nie mehr wissen, als sie wissen müssen. Dann könnten sie auch keinem etwas erzählen. So wie Geheimagenten. Sie könnten immerhin entführt und gefoltert werden.
»Von Terroristen?«, fragte ich.
»Von der BBC«, erwiderte er. Er meinte auch, daß noch nicht alles verloren sei. Die Bank hatte sich noch nicht entschieden, ob sie den

Kredit kündigen sollte – was eine Katastrophe wäre. Er fügte hinzu, daß er mit dem Vorstandsvorsitzenden der Bank, Sir Desmond Glazebrook, in dieser Woche zum Essen verabredet sei. Und deshalb dürften vorher weder die BBC noch die Presse das Solihull-Projekt auch nur erwähnen.

Mir wurde angst und bange, als ich daran dachte, welche Rolle ich in diesem Vertuschungsspielchen spielen sollte. Das verhehlte ich auch nicht dem Ständigen Staatssekretär, der aber darauf bestand, das sei eine pflichtbewußte Diskretion, eingesetzt im nationalen Interesse, um ein unnötiges Bekanntwerden absolut gerechtfertigter Vorgänge zu verhindern, die, vorzeitig offenbar werdend, das Vertrauen des Bürgers beeinträchtigen würden.

Das war ja noch schlimmer, als ich dachte – das war ja wie Watergate! Aber Sir Humphrey erklärte mir, daß Watergate etwas ganz anderes gewesen sei. Der Watergate-Skandal ist in Amerika passiert.

22. Februar

Heute haben wir die Sendung, in der ich über das Solihull-Projekt sprach, das mich inzwischen ein bißchen beunruhigt, aufgezeichnet.

Ich fuhr mit B.W. *[Bernard Woolley – d.H.]* zum S. *[Sender – d.H.]* Ich fragte Bernard, ob ich Humphreys Einwände gegen meine Absicht, in der Sendung über das Solihull-Projekt zu sprechen, richtig analysiert hatte. Diese Frage schien Bernard offensichtlich Höllenqualen zu bereiten, denn er schüttelte nur ganz langsam und traurig den Kopf.

Also fragte ich ihn: »Was steckt dahinter, warum will Humphrey nicht, daß ich das Solihull-Projekt in der Sendung erwähne?«

Bernard entschied sich dafür, meine Frage mit einer Gegenfrage zu beantworten, sie also nicht zu beantworten: »Halten Sie die Gründe, die er Ihnen dafür genannt hat, nicht für überzeugend?«

»Nein«, sagte ich. »Sie?«

Er ging auch dieser Frage aus dem Weg. »Ich bin sicher«, sagte er ausweichend, »daß Sir Humphrey weiß, was er tut.«

Insgeheim war ich auch der Ansicht. Ich würde nur gern wissen, *was* Sir Humphrey tut!

Ich versuchte, auf eine andere Art dahinterzukommen. Ich habe das Gefühl, und ich glaube, ich irre mich nicht, daß Bernard sich in gewisser Weise zur Loyalität mir gegenüber verpflichtet fühlt. Also fragte ich ihn, was er mir raten würde.

Das brachte ihn an den Rand der Verzweiflung. »Tja«, stöhnte er und geriet immer mehr in Panik, während er sprach, »es steht mir nicht zu, Sie zu beraten, aber wenn ich es dürfte, wäre ich verpflichtet, Ihnen zu raten, daß Sie gut beraten wären, dem Rat von Sir Humphrey nicht zu entraten.«

»Warum?« fragte ich.

»Wissen Sie«, ihm brach der Angstschweiß aus, »ich finde, es haben doch gewisse Projekte gewisse Aspekte, die, wenn man sensitiv vorgeht und mit angemessener Diskretion, wenn nichts dazwischen kommt, kann es keinen prima-facie-Grund geben, aus dem bei berechtigtem Entgegenkommen, wenn alles gut läuft, zum gegebenen Zeitpunkt, wenn der Moment gekommen ist, äh, eventuell, äh, äh, ...«

»Bernard!«, unterbrach ich ihn. »Sie schwafeln, Bernard!«

»Ja, Minister«, gab er völlig deprimiert zu.

»Warum schwafeln Sie, Bernard?« wollte ich wissen.

»Das ist mein Job, Minister«, erwiderte er und ließ den Kopf hängen. Jetzt war mir klar, daß er irgend etwas vor mir verbirgt. Aber was? Dummerweise, vielleicht aus Trotz, entschloß ich mich, in der Sendung über das Projekt zu sprechen und diese Geschichte – ganz egal, worum es ging – in die Öffentlichkeit zu bringen. Aber jetzt frage ich mich, ob das ein Fehler war.

Die Diskussion im Sender ist jedenfalls aufgenommen worden, und ich sprach ziemlich ausführlich und mit großer Begeisterung über das Solihull-Projekt.

[Wir sind im Besitz des Protokolls der gesendeten Diskussion und drucken auf den folgenden Seiten die entscheidenden Passagen ab. Neben Hacker nahmen an dem Gespräch teil: Joe Morgan, Generalsekretär der Gewerkschaft für Arbeiter in Handel und Verwaltung und Sir George Conway, Vorsitzender des Nationalen Bauverbandes – d.H.]

BBC Radio

HACKER: (FORTS) ... und ich möchte nur darauf hinweisen, daß es ein großartiges Beispiel dafür gibt, was erreicht werden kann. Dieses Beispiel ist z.Zt. gerade in Solihull zu besichtigen. Regierungsgelder und private Investitionen in einer echten Partnerschaft.

MORGAN: Geschwafel.

HACKER: Nein, nein, das, ähm, Verzeihung, Joe, das scheint mir ein Symbol dafür zu sein, wie diese Regierung arbeitet. Und es liegt mir sehr am Herzen, unser Solihull-Projekt.

CONWAY: Phrasen!

HACKER: Nein, nicht bloß Phrasen, es wird erschaffen aus Beton und Mörtel. Ein festzementiertes Beispiel für das Umsetzen unserer Prinzipien in reale Praxis. Und es gibt...

MODERATOR: Danke, Minister. Ein Schlußwort, Mr. Conway?

CONWAY: Ich wiederhole noch einmal: Es ist nichts falsch an dem Prinzip der Partnerschaft - vorausgesetzt, vorausgesetzt, es gibt keine Einmischungen in Managemententscheidungen durch Staat oder Arbeiterschaft.

MODERATOR: Danke, Mr. Conway. Joe Morgan?

MORGAN: Oh, je, oh, je, oh, je! Wir alle wissen, Mr. Conway sondert hier überholtes kapitalistisches Geschwafel ab. Wenn überhaupt Partnerschaft, dann eine gleichberechtigte Partnerschaft zwischen Gewerkschaften, dem Staat und der Industrie. In der Reihenfolge.

BBC Radio

MODERATOR: Minister, ein Schlußwort?

HACKER: Ja, also, ich glaube, wir sind uns doch alle vollkommen einig. Ich meine, im Grundsätzlichen...

MORGAN: Ha, ha, ha, ha...

CONWAY: Aber die eindeutige Erkenntnis ...

HACKER: ...Haben wir bewiesen, wir können gemeinsam diese Idee in ein neues Großbritannien integrieren; ich freue mich über dieses Gespräch mit den beiden Hauptintriganten, äh, am Projekt hauptsächlich, äh, den Hauptbeteiligten.

MODERATOR: Danke, Minister. Der Abgeordnete James Hacker, Kabinettsminister für Verwaltungsangelegenheiten, sprach mit George Conway, dem Vorsitzenden des Nationalen Bauverbands, und Joe Morgan, Generalsekretär der Gewerkschaft für Arbeiter in Handel und Verwaltung.

Ich hatte keine Zeit mehr, um mit den anderen im Restaurant noch etwas zu trinken, aber Joe Morgan fing mich ab, als ich das Studio verlassen wollte.
»Oh, äh, verzeihen Sie«, begann er, als wäre ihm spontan etwas eingefallen. »Aber das muß ich unbedingt mal ansprechen, Mr. Hacker. Sie müßten doch, glaube ich, für meine Mitglieder was machen können, wegen der geforderten ›Birmingham-Zulage‹.«
Ich erklärte ihm natürlich sofort, daß ich unmöglich in einem BBC-Studio Gewerkschaftsverhandlungen führen könne. Und darüber hinaus sei das ohnehin ein Fall für das Arbeitsministerium.
Dann machte er eine seltsame Bemerkung: »Wissen Sie, ich habe mir eben gesagt, daß manche Leute, wie immer nach so einer Sendung, bestimmt Fragen wegen dem Solihull-Projekt haben und mehr wissen wollen. Verstehen Sie!?«
»Das will ich doch sehr hoffen«, sagte ich eigensinnig. »Ja, das hoffe ich wirklich!«
Dann fuhr er fort: »Aber wie wir wissen ...«, er zwinkerte mir zu, »... gibt es da ein paar Dinge ...«, er zwinkerte wieder, »... die die Leute lieber nicht erfahren sollten.« Dann rieb er mit seinem rechten Zeigefinger an seiner Nasenspitze und zwinkerte mir wieder zu. »Ich bin sicher, daß wir zwei uns verstehen.«
Er grinste und zwinkerte zum vierten Mal. Allmählich hatte ich den Verdacht, daß er mir irgend etwas sagen wollte. Aber was? Oder – schoß mir die vermutlich näherliegende Erklärung plötzlich durch den Kopf – er weiß etwas und denkt, ich weiß es auch. Aber, was immer das ist, ich weiß es *nicht*!
Ich versuchte, Zeit zu gewinnen. Ich sah ihn an, er zwinkerte wieder, und ich fragte ihn, ob er irgend etwas im Auge hätte.
»Nur ein Schimmern«, erwiderte er vergnügt.
Ich muß ein entsetzlich dummes Gesicht gemacht haben. Aber er muß mich für einen eiskalten Pokerspieler gehalten und gedacht haben, ich würde bluffen. Er fuhr fort: »Ach, machen Sie doch kein Theater, Hacker, jetzt haben wir Sie am Sack. Ich fordere zehn Prozent weniger, als die in London kriegen, wir einigen uns auf dreißig Prozent weniger, und Sie dürfen sagen,

Sie haben uns runtergehandelt.«
»Es wird keine Birmingham-Zulage geben«, sagte ich geistesabwesend, während sich in meinem Kopf die Gedanken überschlugen. »Sie sollten von Ihrer Forderung zurücktreten.«
»Wenn jemand zurücktritt, Hacker«, konterte Morgan, »dann bestimmt nicht ich.«
Zurücktreten? Was wollte dieser Mann damit andeuten?
»Was meinen Sie eigentlich?« fragte ich.
»Das Solihull-Projekt natürlich. Ich habe mich vorhin während der Aufnahme gefragt, warum will er dafür den Ruhm ernten. Das ist natürlich sehr mutig.«
Mutig!? – Warum hatte er denn bloß dieses entsetzliche Wort benutzt? »Was ist denn bloß in Sie gefahren, hä?«
Ich hatte keine Ahnung, wovon er redete. Vergnügt sprach er plötzlich in Versen mit mir:

»Kanonen rechts von ihm
Kanonen links von ihm
Aufrecht ritt ins Tal des Todes Mr. Hacker.«

Ich kann mir wirklich nicht vorstellen, wovon er gesprochen hat. Allmählich geht mir ganz schön die Muffe.
[Allem Anschein nach war Sir Humphrey Appleby am Tag, als die Diskussion mit Hacker von der BBC aufgenommen wurde, in einem Club in Pall Mall zum Lunch verabredet. Ganz gegen seine Gewohnheit machte Sir Humphrey keine Notizen und bewahrte keinerlei Unterlagen über dieses Gespräch auf. Dies widersprach ganz und gar dem, was er im Laufe seines Lebens in Whitehall gelernt hatte und läßt daher die Vermutung zu, daß Sir Humphrey eine heillose Angst davor hatte, daß die bei diesem Gespräch erörterte Angelegenheit irgendwann an die Öffentlichkeit gelangen könnte.
Zum Glück tauchte jedoch viele Jahre später ein Brief auf, den Sir Desmond am 23. Februar – also am Tag darauf – an seine Frau schickte, die den Winter in Barbados verbrachte – d.H.]

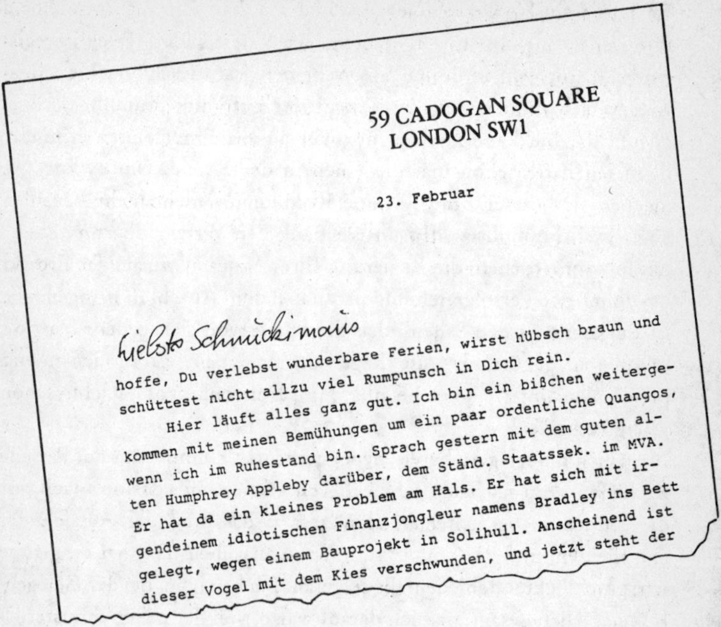
59 CADOGAN SQUARE
LONDON SW1

23. Februar

Liebste Schnuckimaus

hoffe, Du verlebst wunderbare Ferien, wirst hübsch braun und schüttest nicht allzu viel Rumpunsch in Dich rein.

Hier läuft alles ganz gut. Ich bin ein bißchen weitergekommen mit meinen Bemühungen um ein paar ordentliche Quangos, wenn ich im Ruhestand bin. Sprach gestern mit dem guten alten Humphrey Appleby darüber, dem Ständ. Staatssek. im MVA. Er hat da ein kleines Problem am Hals. Er hat sich mit irgendeinem idiotischen Finanzjongleur namens Bradley ins Bett gelegt, wegen einem Bauprojekt in Solihull. Anscheinend ist dieser Vogel mit dem Kies verschwunden, und jetzt steht der

Liebste Schnuckimaus,
[Lady Glazebrook – d. H.]
hoffe, du verlebst wunderbare Ferien, wirst hübsch braun und schüttest nicht allzu viel Rumpunsch in Dich rein.
Hier läuft alles ganz gut. Ich bin ein bißchen weitergekommen mit meinen Bemühungen um ein paar ordentliche Quangos, wenn ich im Ruhestand bin. Sprach gestern mit dem guten alten Humphrey Appleby darüber, dem Ständ. Staatssek. im MVA.
[Quango: Ein Kurzwort für Quasi Autonomous Non-Government Organisation – d. H.][1]

[1] Als »Quango« bezeichnet man eine Behörde, deren Mitarbeiter nicht Beamte sind, keinem Ministerium unterstehen, aber trotzdem von einem Minister ernannt werden. Diese »Pöstchen« werden oft nicht mit Fachleuten, sondern mit jenen, die sich um die jeweilige Regierungspartei verdient gemacht haben, besetzt

Er hat da ein kleines Problem am Hals. Er hat sich mit irgendeinem idiotischen Finanzjongleur namens Bradley ins Bett gelegt, wegen einem Bauprojekt in Solihull. Anscheinend ist dieser Vogel mit dem Kies verschwunden, und jetzt steht der gute alte Humphrey ohne Hosen da. Ich kann mich nicht mehr an alle Einzelheiten erinnern, denn ich hatte schon mächtig einen in der Krone. Um es kurz zu machen: Da dieser Bradley seine Rechnungen nicht mehr bezahlen kann, will Humphrey, daß unsere Bank den Vertrag übernimmt. Er hat mir versprochen, die Regierung Ihrer Majestät würde das Projekt bestimmt noch erfolgreich und profitabel zum Abschluß bringen – na ja, du kennst ja den Scheiß, den die immer von sich geben. Hast du schon mal gehört, daß die Regierung an einem erfolgreichen und profitablen Unternehmen beteiligt war? Der denkt wohl, ich bin schon völlig verkalkt.

Natürlich bin ich gern bereit, dem guten alten Humph. aus der Patsche zu helfen – im nächsten Jahr geh' ich sowieso in Pension, nach mir die Sintflut. Aber ich habe ihm gesagt, das muß der Aufsichtsrat entscheiden, und das könnte so oder so ausgehen. Das hat er, glaube ich, geschluckt, oder jedenfalls so getan. Ich habe ihm bei der Gelegenheit natürlich gesagt, daß ich darauf warte, von der neuen ministeriellen Co-Partnerschaftskommission was zu hören. Da will ich unbedingt Vorsitzender werden – 8000 Pfund im Jahr, »Teilzeit«, genau das Richtige, um meine magere Pension ein bißchen aufzubessern, habe ich recht, Schnuckimaus?

Zu meiner Überraschung hat er mir erzählt, natürlich absolut vertraulich, daß mein Name auf einer »ganz kleinen Liste« für ein paar Quangos stehen würde. »Ganz kleine Liste!« – Stell dir das mal vor! Das ist ja 'ne Beleidigung, verdammt nochmal! Quangos können doch nicht plötzlich knapp geworden sein, keine Regierung schafft Quangos ab, ohne sie sofort durch neue zu ersetzen.

[Damals gab es ungefähr 8000 bezahlte Quango-Posten, die von Ministern vergeben wurden und die den Steuerzahler jährlich fünf Millionen Pfund kosteten – d. H.]

Humphrey hat natürlich so getan, als ob es schwierig wäre, für mich einen Quango zu finden, na ja, ich hab ja auch so getan, als ob es für die Bank schwierig wäre, für ihn Geld zu finden.
Der ist auf die unglaublichsten Sachen gekommen. Er hat mir die Beratungskommission für Zahntechnikerbetriebe vorgeschlagen und mich gefragt, ob ich eine Beziehung zu Zähnen hätte. Ich habe ihn daran erinnert, daß ich Bankier bin. Er sagte, da ich keine Beziehung zu Zähnen habe, würde auch die Milchmarktkommission ausscheiden. Ich kapiere wirklich nicht, wo da ein Zusammenhang bestehen soll.
Dann hat er mich gefragt, ob ich nahe am Meer wohne, und mir den Beirat für Verklappung von Säure auf dem Meer angeboten. Ich fragte ihn, ob Knightsbridge nahe genug am Meer wäre – aber das ist es offenbar nicht. Deshalb habe ich, glaube ich, auch keine Chance für den Flußreinerhaltungsbehördenbeirat. Bei allem, was wir aßen und tranken, fiel Humphrey ein neuer Quango ein. Mein Rumpsteak brachte ihn auf den Fleischmarketing-Beirat; aber von Fleisch habe ich wirklich überhaupt keine Ahnung. Daß ich es gern esse, genügt nicht, sagte er. Damit kam auch die Mastviehbestandskommission nicht in Frage. Er hatte Seezunge bestellt, die brachte ihn auf den Weiß- und Plattfischausschuß. Und als das Gem. serviert wurde, schlug er mir den Kartoffelmarketing-Beirat, das Direktorium der Nationalen Gemüseforschungsräte, den Nationalen Biologienormen-Ausschuß und den Gemüse-, Obst- und Futterbeirat vor.
Warum er, als er einen Schluck Wein getrunken hatte, auf den Beirat für Nahrungs- und Genußmittel kam, werde ich nie begreifen. Als ich den Kellner um Senf bat, erwähnte er die Lebensmittelzusatz- und Giftstoffamt-Kommission, und als am Nebentisch ein »Steak Diane« flambiert wurde, bot er mir den Feuerwehrfahrzeugüberwachungsbeirat, die Britische Unfallverhütungskommission und den Krankentransportausschuß an.
Er wollte mit all diesen Vorschlägen natürlich zum Ausdruck bringen, daß er an einem Quidproquo interessiert war. Ich kam mir richtig gedemütigt vor, als er mich letzten Endes nörgelnd fragte: Wenn Sie von alldem, was ich vorschlage, keine Ahnung haben, wovon haben Sie denn dann eine Ahnung? Ich war gezwungen, ihm zu erklären, daß ich im Grunde genommen von nichts eine Ahnung habe – schließ-

lich bin ich Bankier. Aber sowas brauchen die nicht.
Dann fragte er mich, ob es nicht eine Minoritätengruppe gäbe, die ich vertreten könnte. Ich schlug Bankiers vor. Letzten Endes sind wir ja wirklich nicht viele. Aber das schien für ihn auch nicht als Lösung in Frage zu kommen.
Er erklärte mir, das ideale Mitglied für einen Quasi-Behörden-Beirat sei eine schwarze behinderte Gewerkschafterin aus Wales. Er fragte mich, ob ich eine kennen würde – aber mir fiel keine ein.
Ich sagte, Frauen seien genausowenig eine Minoritäten-Gruppe wie Gewerkschafter. Humphey sah das auch so, erklärte mir aber, die litten an derselben Art von Paranoia, die letzten Endes das charakteristische Merkmal jeder Minoritätengruppe sei.
Zum Schluß dieses völlig sinnlosen Gelabers kam er endlich zur Sache und sagte, dann bliebe eigentlich nur noch die Ministerielle Co-Partnerschaftskommission, und die Entscheidung über den Vorsitz fällt sein Minister.
Das hört sich doch alles phantastisch an. Die führen da zwar einen wahnsinnigen Papierkrieg, aber der gute alte Humph. hat mich beruhigt und gesagt, daß ich nicht unbedingt alles lesen muß und daß er sogar entzückt wäre, wenn ich mich damit nicht rumquälen würde, denn dann müßte ich ja auch bei der einen Sitzung im Monat nicht darüber sprechen.
Es sieht also ganz so aus, als würden wir uns gegenseitig den Rücken kraulen. Ich werde mit meinem Aufsichtsrat sprechen, und er wird mit seinem Minister sprechen, und in einer Woche liege ich neben Dir am Strand.

Dein Dich liebendes
Desi-Bärchen.

23. Februar

Hatte heute ein überaus beunruhigendes Gespräch mit George, meinem Fahrer. Hatte ihn nach der Diskussion im BBC-Studio noch nicht gesehen, denn gestern hatte man mir einen anderen Fahrer gegeben. George fragte mich, wie die Aufnahme gelaufen sei. Ich sagte, fabelhaft und daß ich über Regierungspartnerschaf-

ten in der Industrie gesprochen hätte und daß in den Midlands ein überaus interessantes Projekt über die Bühne gehen würde. Ich nahm an, er hätte davon noch nichts gehört. Ich hatte mich geirrt.
»Sie meinen doch nicht etwa das Solihull-Projekt, Sir?«
Ich war überrascht. »Ja«, sagte ich. »Ach, Sie haben davon gehört!?«
George lachte glucksend.
Ich wartete, aber er schwieg. »Warum lachen Sie?« fragte ich.
»Ach, einfach nur so, Sir.« Dann gluckste er wieder los.
Er hatte ganz offensichtlich irgend etwas gehört
»Was haben Sie gehört?« fragte ich.
»Nichts. Wirklich nichts.«
Ich konnte sein Gesicht im Rückspiegel sehen. Er grinste. Das gefiel mir nicht. Der lachte doch über irgend etwas, was mit dem Solihull-Projekt zu tun hatte. Aber, was war das? Aus irgendeinem Grunde hatte ich das Bedürfnis, dieses Projekt zu verteidigen. Meinem *Fahrer* gegenüber? Ich mußte nicht mehr alle Tassen im Schrank haben. Aber ich sagte: »Für die Regierung ist das ein leuchtendes Beispiel für die Zusammenarbeit mit der Privatindustrie.«
George fing wieder an zu glucksen. Er ging mir unheimlich auf die Nerven.
»Was gibt's da zu lachen, George«, wollte ich wissen. »Was wissen Sie über die Sache?«
»Nicht mehr, als man bei 37 Fahrten zwischen dem Ministerium und Mr. Michael Bradleys Büro, zwischen der Farringdon Street 44 und der Birmingham Road 129 in Solihull, mitkriegt«, erwiderte er.
»37 Fahrten?« Ich war überrascht. »Mit wem?«
»Oh«, sagte Roy vergnügt, »mit Ihrem Vorgänger, Sir, und mit Sir Humphrey hauptsächlich.« Und schon wieder fing er an zu glucksen. Ich hätte ihn umbringen können. Ich hätte gern gewußt, was daran so komisch war. »Bei den ersten Fahrten waren die immer sehr vergnügt. Sie haben dauernd geredet über, ähm, ›leuchtende Beispiele für erfolgreiche Zusammenarbeit‹ und so-

was. Aber dann ...«, er machte eine Kunstpause, » ... dann hat's allmählich gedämmert, wenn Sie wissen, was ich meine, Sir.«
Gedämmert? Was hat er mit »gedämmert« gemeint? »Gedämmert?«
»Na ja, gedämmert ist vielleicht nicht ganz der richtige Ausdruck«, meinte George, und ich atmete auf. »Das war schon mehr Verzweiflung.« Um Gottes willen!
Nachdem es auch bei mir etwas gedämmert hatte, geriet ich, nachdem ich aufgeatmet hatte, immer dichter an den Rand der Verzweiflung. »Verzweiflung?« fragte ich verzweifelt.
»Na ja«, sagte George, »die Hintergründe kennen Sie ja besser, nicht wahr, Sir?«
Ich nickte. »Ja, natürlich.« Ich nehme an, das muß dreifach unüberzeugend geklungen haben, denn mein verdammter Fahrer fing schon wieder an zu glucksen.
»Äh, ja ... ähm, aber ... äh, ... denken Sie an bestimmte Bereiche des Hintergrunds?« Ich versuchte, das so beiläufig wie möglich zu fragen, befand mich aber immer noch im Zustand totaler geistiger Verwirrung.
»Nein«, entgegnete George bestimmt. »Ich meine, wenn etwas stinkt, dann stinkt es einfach, nicht wahr? Da weiß man doch nicht, wo der *schlimmste* Mief herkommt.«
»Stinkt?« Wußte er mehr, als er bis jetzt rausgelassen hatte? *Was* stinkt?
»Na ja«, fuhr George hilfsbereit fort, »ich meine, was kann ich schon wissen, nicht wahr, Sir? Vielleicht ist Mr. Bradley ja im Grunde koscher. Im Gegensatz zu dem, was Sir Humphrey von ihm sagte. Aber Sie wissen doch viel mehr darüber als ich, Sir. Ich bin nur der Fahrer.«
Ja, dachte ich verbittert. Und was wußte ich? Ich bin nur der dämliche Minister.

25. Februar

Am Wochenende habe ich dauernd überlegt, ob ich aus George vielleicht noch mehr Informationen herausholen kann. Weiß er noch mehr, oder hat er mir alles gesagt, was er weiß? Vielleicht kann er über den Nachrichtendienst der Fahrer noch mehr herausfinden. Informationen sind eine harte Währung unter den Fahrern. Die sind alle undicht wie alte Eimer. Andererseits könnte ich natürlich über George die Information in Umlauf bringen, daß *ich* über das Solihull-Projekt überhaupt nichts weiß. – Das könnte aber wiederum ganz schön gefährlich für mich werden, nicht wahr?

Aber die Frage ist, wie kriege ich raus, ob George noch mehr weiß, ohne dabei mein Gesicht zu verlieren. (Oder noch mehr zu verlieren.) Ich habe gehört, daß man Fahrer mit einem MBE[1] zum Schweigen bringen kann – kriege ich mehr Informationen, wenn ich nur etwas andeute, oder wenn ich einen MBE verspreche? Aber wie könnte ich da irgend etwas andeuten?

Das sind alles dumme und verzweifelte Gedanken. Jetzt werde ich erst einmal versuchen, aus meinem Ständigen Staatssekretär die Wahrheit herauszuholen. Dann kommt mein Persönlicher Referent dran. Und nur, wenn das nicht hinhaut, wende ich mich an meinen Fahrer.

Wenn ich ganz allgemein über die Probleme, auf die ich während der letzten sechs Monate gestoßen bin, nachdenke, komme ich zu dem Schluß, daß es nicht möglich ist, ein guter Minister zu sein, solange es dem Civil Service gestattet ist, absolut selbständig und selbstherrlich über Personalfragen zu entscheiden. Vielleicht ist es wirklich unmöglich, den Civil Service daran zu hindern, nach eigenem Gutdünken Leute einzustellen, aber wir Politiker sollten versuchen zu verhindern, daß der Beamtenapparat frankensteinähnliche Züge annimmt.

Diese ganze Geschichte mit dem Solihull-Projekt – und ich bin absolut davon überzeugt, daß ich der Sache auf den Grund komme – hat mir zu Bewußtsein gebracht, wie unvollständig mein Bild von dem ist, was in meinem Ministerium vor sich geht. Wir Politiker wissen doch fast nie, ob uns etwas verheimlicht

[1] MBE = Member (of the Order) of the British Empire – Mitglied des Britischen Weltreichs. Vom Königshaus verliehener, mittelrangiger Orden

wird, weil das Verheimlichen auch verheimlicht wird. Uns werden nur ausgewählte Möglichkeiten angeboten, von denen für die Beamten *alle* akzeptabel sind. Und so bringen sie uns auf jeden Fall, wie ein Zauberer, der auf der Bühne jemanden dazu bringt, eine bestimmte Karte zu ziehen, dazu, bestimmte Entscheidungen zu treffen. »Suchen Sie irgendeine Karte aus, suchen Sie meine Karte aus.« Egal welche wir aussuchen, wir suchen immer eine aus, die wir aussuchen sollen. Und wie kommt es eigentlich, daß wir uns anscheinend nie für eine Handlungsweise entscheiden, die der Civil Service nicht billigt? Weil wir viel zu viel zu tun haben und deshalb keines dieser vielen Schriftstücke selbst entwerfen können, und der, der sie entwirft, hat natürlich gewonnen.

Wirklich, je länger ich darüber nachdenke, um so mehr kommt mir das Ministerium vor wie ein Eisberg, neun Zehntel davon sind unter der Oberfläche, unsichtbar, unbekannt und unheimlich gefährlich. Und ich bin gewzungen, mein Leben damit zu verbringen, die Spitze des Eisbergs zu maniküren.

Mein Ministerium dient einem hohen, erstrebenswerten Ziel – dem, die Verwaltung, die Bürokratie und den Papierkrieg unter Kontrolle zu bringen. Doch alles, was meine Beamten tun, ist eine Garantie dafür, daß das MVA genau das Gegenteil von dem erreicht, was es erreichen soll.

Unglücklicherweise erreichen die meisten Ministerien nur das Gegenteil von dem, was sie erreichen sollen: Das Commonwealth Ministerium hat das Commonwealth verspielt, das Industrieministerium läßt die Industrie verkümmern, das Verkehrsministerium führte die Oberaufsicht bei der Zerstörung unseres öffentlichen Verkehrssystems, das Schatzamt vergeigt unser Geld – da könnte ich noch viele Beispiele aufzählen.

Und die größte Nummer, die sie draufhaben, ist die vornehme Zurückhaltung. Unsere sogenannten Staatsdiener sind immun gegen alles, was das Leben so mit sich bringt. Die einfachsten Gesetze des Kampfes um den Lebensunterhalt gelten für Beamte nicht: Die leiden nicht unter der Inflation, die leiden nicht unter der Arbeitslosigkeit, die kriegen automatisch Orden und Titel.

Arbeitsplätze gehen nie verloren – da wird nur der Personalbedarf gekürzt. Ich bin dahintergekommen, daß es bei der 1975er Steuerregelung, die eine obligatorische Einkommensteuererhöhung von fünf Prozent vorsah, nur zwei Ausnahmen gab – jährliche Gehaltserhöhungen und Anwaltshonorare: jährliche Gehaltserhöhung, weil die Gehälter der Beamten jährlich erhöht werden, und Anwaltshonorare auf Betreiben des Parlamentarischen Rates, der Anwälte, die das Gesetz entworfen hatten. Andernfalls wäre ein solcher Entwurf nie zustande gekommen! Also: Was habe ich in den beinahe sechs Monaten meiner Amtszeit gelernt? Anscheinend nur, daß ich der übermächtigen gesichtslosen Bürokratie bereits hilflos gegenüberstehe. Aber es ist doch toll, daß mir das klar ist, denn das bedeutet, daß sie es nicht geschafft haben, mich abzurichten. Denn wenn ich abgerichtet wäre, würde ich jetzt glauben, a) daß ich unheimlich mächtig bin und b) daß meine Beamten nur das tun, was ich will.
Also besteht noch Hoffnung. Und ich bin fest entschlossen, mein Büro morgen erst dann zu verlassen, wenn ich dieses merkwürdige Geheimnis, das das Solihull-Projekt umgibt, gelüftet habe. Es muß doch irgendeine Möglichkeit geben herauszufinden, was hier vor sich geht.

26. Februar

Der heutige Tag hat mir die Augen geöffnet.
Ich hatte Sir Humphrey ein paar Tage nicht gesehen. Auf meinen Wunsch hin kam er zu mir, und wir sprachen über das Solihull-Projekt. Ich sagte ihm, daß ich während der Diskussion bei der BBC voller Enthusiasmus über das Projekt gesprochen hatte, daß ich jetzt aber noch einmal darüber nachdenken würde, ob meine Begeisterung auch wirklich angebracht sei.
»Was präzise meinen Sie?« war seine ausweichende Antwort.
In einem Zustand sich steigernder Hysterie versuchte ich, es ihm zu erklären: »Das weiß ich nicht. Das ist es ja. ... Ich weiß es nicht ..., und ich weiß es nicht, weil ich nicht weiß, welche Fragen ich Ihnen stellen soll ... Und ich weiß nicht, was ich Sie

fragen soll, weil ich nicht weiß, was ich nicht weiß. Was ist es, was ich nicht weiß?«

Sir Humphrey spielte den Unschuldigen.

»Minister«, sagte er, »ich weiß nicht, was Sie nicht wissen. Das könnte, glaube ich, beinahe alles sein.«

»Aber«, fuhr ich hartnäckig fort, »Sie verheimlichen mir doch was, nicht wahr?«

Er nickte.

»Was?« Ich war kurz davor zu explodieren. Er lächelte mich herablassend an. Es war wirklich nicht mehr zu ertragen. Er erklärte mir, dieses Ministerium hätte die Pflicht, den Minister vor der immensen Flut unwesentlicher Informationen, die unablässig gegen die Mauern dieses Ministeriums branden, zu bewahren.

Das war nicht die Antwort, die ich hören wollte. Ich stand auf und machte einen letzten Versuch, ihm mein Problem nahezubringen – nur für den Fall, daß er mich noch nicht verstanden hatte. »Hören Sie, Humphrey«, begann ich, »da ist irgend etwas mit dem Solihull-Projekt im Busch, wovon ich weiß, ich weiß es nicht, und weiß, daß Sie es wissen. Ich weiß, Bernard weiß es. Und, verdammt nochmal, sogar mein Fahrer weiß darüber mehr als ich. Nur ich armer Hund, der sich hinstellen und zum britischen Bürger darüber sprechen muß, habe keine Ahnung, was hier los ist.«

Humphrey starrte mich nur an. Er sagte nichts. Also versuchte ich, es ihm noch deutlicher klarzumachen.

»Humphrey«, sagte ich und konnte mich mit Mühe davon abhalten, mir die Haare auszureißen. Oder ihm. »Würden Sie mir bitte eine einfache Frage beantworten?«

»Gewiß, Minister, wie lautet sie?«

»*Ich weiß es nicht!*« schrie ich. »Wenn Sie sie mir sagen, frage ich Sie!«

28. Februar

Der heutige Tag schien kein Ende nehmen zu wollen. Mein Untergang stand unmittelbar bevor.

Der Tag begann mit einem weiteren Gespräch mit Humphrey. Die Atmosphäre war ausgesprochen frostig – Frank war auch da und wollte über sein neues Quango-Papier sprechen.

Ich hatte nicht das geringste Interesse, heute über Quangos zu diskutieren, denn die hatten ja nun wirklich überhaupt nichts mit meinen gegenwärtigen Problemen zu tun, obwohl da eine ganze Menge Zeug drinstand, wie »damit beenden wir den Skandal ministerialer Patronage« und »die tausendfache Vetternwirtschaft«. Humphrey bezeichnete Franks Papier als überaus »phantasievoll«, was Frank als ein Zeichen von Zustimmung interpretierte. Frank hat immer noch nicht kapiert, daß »originell« und »phantasievoll« zwei von Humphreys schlimmsten Giftpfeilen sind. Franks Plan sah vor, daß alle Quango-Berufungen über ein Sondergremium des Parlaments laufen sollten. »Nehmt den besten Mann für den Job, nicht alte Kumpels und Parteigreise, nicht ›eine Hand wäscht die andere Hand‹«, erklärte er mit gewohntem Charme.

Ich hielt das für einen hervorragenden Plan und schlug vor, wir müßten einen Gesetzentwurf einbringen.

»Es ist ganz gewiß ein durchaus moderner Vorschlag«, bemerkte Humphrey. »Modern« – das war sein Todesstoß!

Humphrey fuhr fort, seine Ansicht zu Franks Papier zu äußern und meinte, es gäbe keine Veranlassung, das gegenwärtige System abzuschaffen, denn es würde ja reibungslos funktionieren.

Reibungslos? Ich habe noch nie einen solchen Unsinn gehört. Gerade heute morgen hatte ich einen Vorschlag für den Vorsitz der »Industriellen Partnerschaftskommission« bekommen, das war der neueste Quango. Und welcher Name stand da? Sir Desmond Glazebrook, ausgerechnet. »Der hat doch nie in der Industrie gearbeitet«, sagte ich zu Humphrey. »Der hat nie mit einem Gewerkschafter geredet und hat diese Regierung immer wieder übel verleumdet – ist das ein typisches Beispiel für die

Vorschläge, die Ihr ›reibungslos funktionierendes System‹ absondert?«
»Er wäre ein fabelhafter Vorsitzender«, sagte Sir Humphrey.
»Glazebrook ist ein Vollidiot«, erwiderte ich zurückhaltend.
»Aber nichtsdestotrotz«, beharrte Sir Humphrey, »als Vorsitzender der Beste.«
Ich erklärte Humphrey, das ging mir entschieden zu weit und ich würde Glazebrook auf gar keinen Fall berufen. Nur über meine Leiche, machte ich unmißverständlich klar.
Für einen Moment herrschte absolutes Schweigen. Dann sagte Sir Humphrey: »Minister, bevor Sie Ihre letzte Entscheidung treffen, müßten Sie sich, glaube ich, das hier ansehen.«
Er legte mir behutsam eine MVA-Akte auf den Tisch. Vorn stand drauf: »Solihull-Projekt – streng geheim.« Warum streng geheim? Ich öffnete sie. Und schon sah ich, warum. Bradley, der Partner unseres Ministeriums, hatte siebeneinhalb Millionen Pfund Schulden, stand kurz vor der Pleite, und es bestand höchste Gefahr, daß das Projekt den Bach runtergeht.
Ich war entsetzt. Absolut entsetzt. Ich fragte Humphrey, warum er mich nicht früher informiert hätte, er fing natürlich sofort wieder mit seinem idiotischen Geschwafel an und sagte, er hätte mich damit nicht belästigen wollen, denn er sei sich der schweren Last meines Amtes zutiefst bewußt. Ich habe eher den Eindruck, daß er mir während der vergangenen Tage noch zusätzlich etwas aufgeladen hat.
»Wenn das bekannt wird«, stöhnte ich schwach, »dann macht das wochenlang Schlagzeilen. Ein öffentlicher Skandal. Eine Katastrophe.«
»Das ist ja bestürzend«, fügte Frank hinzu. Der steht einem wirklich immer tröstend zur Seite, ha!
Aber dann sah ich doch wieder, wenigstens für einen kleinen Moment, einen winzigen Hoffnungsschimmer, als Frank sagte: »Augenblick mal, Jim.« Er griff sich die Akte. »Sehen Sie mal das Datum, dieser Bericht stammt noch aus der Zeit vor den Wahlen. Das heißt, daß Sie aus dem Schneider sind.«
»Ja, aber unglücklicherweise«, murmelte Humphrey, »wird auf-

grund ministerieller Verantwortlichkeit die Schuld nun mal ...«
Frank unterbrach ihn. »Aber jeder weiß doch, daß es nicht Jims Schuld ist.«
»Ja, das mag sein.« Sir Humphrey schüttelte mit trauervoller Miene den Kopf. »Aber das Prinzip demokratischer Verantwortlichkeit fordert hin und wieder ein Menschenopfer – denken Sie doch bitte nur einmal an die Crichel-Down-Affaire.[1] Wenn die Meute nach Blut lechzt ..., nicht wahr, Minister?«
Ich brachte kein Wort mehr raus.
Das beeindruckte Frank überhaupt nicht. »Ach, hören Sie doch auf, er muß doch nur auf das Datum verweisen.«
»Ach, wissen Sie.« Sir Humphrey machte jetzt auf »gottesfürchtiger Staatsdiener«. »Ein weniger bedeutender Mann würde versuchen, sich rauszuwinden. Aber es wird leider nur einen ehrenhaften Weg geben. Wie der Minister sehr wohl weiß.«
Er starrte mich traurig an und schüttelte wieder den Kopf. Ich hatte das Gefühl, ich sei auf meiner eigenen Beerdigung.
»Meinen Sie nicht, daß Frank vielleicht recht hat?« fragte ich, fest entschlossen, bis zur Vernichtung zu kämpfen.
»Ja«, sagte Bernard, »aber in der Diskussion bei der BBC, die ...«
»... heute gesendet wird«, unterbrach ich ihn.
»... heute gesendet wird«, fuhr Bernard fort, »haben Sie sich öffentlich mit dem Erfolg dieses Projekts identifiziert. Die Sendung dürfte jeden Augenblick beginnen.«
Wir starrten uns alle mit offenem Mund an. Dann raste Bernard raus, um ein Radio zu holen. Ich schrie ihm hinterher: »Bernard, rufen Sie sofort die BBC an, unterbinden Sie das!«
Humphrey meinte: »Minister, ich wünsche Ihnen wirklich viel

[1] Die Crichel-Down-Affaire von 1954 war wahrscheinlich das letzte Beispiel dafür, daß ein Minister die volle Verantwortung für einen Skandal innerhalb seines Ministeriums übernahm, von dem er nichts wußte und nichts wissen konnte. Gleichwohl bekannte sich Sir Thomas Dugdale – damals Minister für Landwirtschaft und Fischerei – dazu, daß er nach der Verfassung dem Parlament gegenüber für das Fehlverhalten seiner Beamten die Verantwortung trug, obwohl ihre Handlungsweise nicht von ihm veranlaßt wurde und von ihm nicht gebilligt worden wäre. Er trat zurück, wurde ins Oberhaus befördert, und eine vielversprechende Karriere ging zu Ende. Seitdem ist kein Minister mehr – je nach Betrachtungsweise – so gewissenhaft oder so töricht gewesen

Glück, aber – wissen Sie, Sie kennen ja die BBC.«
»Ja«, stimmte ich ihm resignierend zu. »Aber in so einem Fall, das ist eine Krise, der absolute Notfall, ein Skandal ...«
»Ja«, nickte er, »wenn Sie es so formulieren, werden die es sich überlegen und werden es vielleicht zur Hauptsendezeit senden und auch noch das Fernsehen herschicken.«
»Ich werde ihnen befehlen, es nicht zu senden«, drohte ich.
»MINISTER VERSUCHT, DIE BBC ZU ZENSIEREN«, sagte Humphrey und fing wieder an, schwermütig Schlagzeilen herbeizuträumen.
Natürlich war mir klar, daß er recht hatte, die Lage war absolut hoffnungslos. Ich wollte gerade vorschlagen, daß wir sehr, sehr nett darum bitten sollten, als Bernard mit einem Transistorradio ins Büro stürmte. Und ich hörte mich auch schon all diese furchtbaren Dinge sagen: »... Regierungsgelder und Privatinvestitionen in echter Partnerschaft ... Symbol für jegliche Arbeit der Regierung ... es liegt mir sehr am Herzen, unser Solihull-Projekt ... ein Symbol für jegliche Arbeit dieser Regierung ... ein fest zementiertes Beispiel für das Umsetzen unserer Prinzipien in reale Praxis ...«
Ich schaltete das Radio aus. Ich konnte es nicht nicht mehr länger ertragen, mir zuzuhören. Wir starrten uns an, düster, schweigend. Ich wartete. Keiner wagte zu sprechen.
Schließlich tat ich es.
»Humphrey«, fragte ich leise. »Warum haben Sie mich das alles sagen lassen?«
»Minister«, jetzt hatte er seine »Ich-bin-nur-ein-bescheidener-Beamter-Masche« drauf. »Ich kann Sie doch nur beraten. Und ich habe Sie beraten. Ich habe Sie sogar entschieden beraten. Aber wenn des Ratgebers Rat auf taube Ohren stößt ...«
Sein Geschwafel verebbte, denn er wußte ganz genau, daß er mir überlebenswichtige Informationen vorenthalten hatte.
»Raten Sie mir etwas, Humphrey ... jetzt, sofort«, verlangte ich kühl.
»Aber gern, Minister.« Er dachte einen Moment nach. »Unter Umständen übernimmt die Bartletts Bank möglicherweise den Vertrag von Bradley and Sloane Enterprises Limited, und dann

kommt alles wieder in Ordnung.«

Die Bank! Darauf wäre ich nie gekommen. Das schien zu schön, um wahr zu sein!

»Aber ...«, wandte Humphrey ein.

Natürlich, es *war* zu schön, um wahr zu sein.

»Aber ... die Bank, warum auch immer, zögert im Moment noch. Doch zufällig tritt der verantwortliche Direktor nächstes Jahr in den Ruhestand und wäre glücklich über eine neue Aufgabe. Ein Quango-Vorsitz, zum Beispiel.«

Das konnte doch kein Problem sein. »Dann geben Sie ihm einen«, entschied ich sofort.

»Geben Sie ihm den, den Sie für diesen Idioten, für Desmond Glazebrook, reserviert haben. Wer ist denn dieser verantwortliche Direktor?«

»Desmond Glazebrook«, klärte mich Humphrey auf. Und plötzlich wurde mir alles klar.

Ich hatte das Gefühl, daß ich anstandshalber eine kleine Pause machen mußte, bevor ich sagte, daß der ja eigentlich gar nicht so übel sei.

Frank kapierte für seine Verhältnisse außergewöhnlich langsam. »Der hat doch dauernd die Regierung übel verleumdet«, schimpfte er wütend.

Ich erklärte Frank, daß es uns guttut, unsere Opponenten gelegentlich zu verpflichten. Das ist demokratisch – staatsmännisch.

Diese meine Ansicht schien Frank überhaupt nicht zu beeindrukken, er argumentierte und redete und plapperte, bis ich ihn schließlich aufforderte, er solle die Klappe halten.

Ich fragte Humphrey, wer sonst noch von diesem niederträchtigen Solihull-Report wußte. »Nur Joe Morgan«, sagte Humphrey – jetzt hatte ich die Erklärung dafür, warum der im BBC-Studio so hartnäckig diese »Birmingham-Zulage« von mir gefordert hatte. Erpressung!

Im selben Moment wurde mir klar, daß Desmond Glazebrook vielleicht einen Stellvertreter brauchen würde, jemanden, der Erfahrungen mit unserer Industrie hat. Ein Gewerkschafter vielleicht. Das erwähnte ich Humphrey gegenüber, der es für eine

wahnsinnig gute Idee hielt und mir sofort Joe Morgan vorschlug, was ich wiederum für eine wahnsinnig gute Idee hielt.
»Den ›Quango-Tango‹ tanzen immer zwei, Minister«, lächelte Humphrey, und wir riefen die beiden sofort an.
Frank beobachtete uns schweigend, und nachdem wir kurz mit Desmond und Joe gesprochen hatten, lieferte er uns einen furchtbaren, fast hysterischen Gefühlsausbruch. »Das ist genau das, was ich meine«, schrie er. Sogar noch viel lauter als sonst. »Das stimmt nicht an diesem verdammten System. Vetternwirtschaft. Quid pro quo. Korruption.« Ich traute meinen Ohren nicht. Frank beschuldigte *mich* der Korruption. Ungeheuerlich! Er war offensichtlich total übergeschnappt.
»Was ist mit meinem Quango-Abschaffungspapier«, schrie er mit hochrotem Gesicht.
»Das ist fabelhaft, Frank«, sagte ich sanft. »Originell, phantasievoll.«
»Modern«, fügte Humphrey hinzu.
Dann kündigte Frank an, er würde nicht zulassen, daß ich es abwürge. Als ob ich jemals so etwas tun würde! Ich und gesetzentwurfsfähige Papiere abwürgen? Ich bin ein Demokrat, ich glaube an bürgernahe Politik. Frank war wohl vom Affen gebissen.
»Das kriege ich über einen anderen ins Kabinett«, drohte er, und sein sowieso schon dünnes Stimmchen überschlug sich noch. »Und das wird auch ins Parteiprogramm aufgenommen, das schwör' ich Ihnen.«
Er marschierte zur Tür. Plötzlich blieb er stehen und drehte sich um. Er lächelte glückselig. Das kann ich nun wirklich überhaupt nicht ausstehen. Immer wenn Frank so lächelt, weiß man genau, daß er etwas hinterhältig Mieses vorhat.
»Die Presse«, sagte er leise. »Die Presse. Wenn die Presse davon erfährt ...«
Urplötzlich hatte ich den rettenden Einfall. »Frank«, sagte ich freundlich. »Ich habe über etwas nachgedacht. Das ist natürlich ein völlig anderes Thema, aber haben Sie sich schon mal gefragt, ob Sie vielleicht einem Quango angehören wollen?«

»Oh, nein«, erwiderte er und lächelte sein widerliches Lächeln. »Sie korrumpieren mich nicht!«
Ich erklärte ihm geduldig, daß mir nichts ferner läge, als ihn korrumpieren zu wollen. Ich sagte ihm, es wäre vielleicht besser, das System nicht abzuschaffen, sondern dafür zu sorgen, daß es endlich mal richtig zum Laufen gebracht wird. Und daß wir, wenn wir eine Kommission zur Überwachung von Zusammensetzung und Aktivitäten aller Quangos einrichten würden, die Quango-Probleme vielleicht lösen könnten. Das müßte natürlich auf höchster Ebene geschehen: Mitglieder des Oberhauses ... Lordschaften ... et cetera ... Ich fügte hinzu, daß man natürlich dann auch ein paar sehr begabte Leute, Mitarbeiter, brauchen würde, die genau Bescheid wissen, auch über den Mißbrauch des Systems. »Und aufgrund Ihres Engagements und Ihres Wissens«, kam ich zum Schluß, »hat Humphrey mir nur Ihren Namen genannt.«
»Mitglieder des Oberhauses, Lordschaften?« sagte Frank wie hypnotisiert.
»Das müssen Sie natürlich ganz allein entscheiden«, fügte ich hinzu. »Aber Sie würden dem Bürger schon einen großen Dienst erweisen. Was halten Sie davon?«
»Oh, nein. Sie werden mich nicht umstimmen«, erklärte Frank und dachte angestrengt nach. »Es gibt so etwas wie Integrität.«
Humphrey und ich stimmten Frank sofort zu und betonten, wie wichtig Integrität sei und wiesen ihn darauf hin, daß es ja gerade seine Integrität sei, die ihn zu einem wertvollen Mitglied der Kommission machen würde.
»Aber«, sagte Humphrey, der instinktiv Franks enormes Schuldgefühl, das sofortiger Absolution bedurfte, und seine tiefe Verpflichtung gegenüber der puritanischen Arbeitsmoral gespürt hatte, »diese Aufgabe ist nicht einfach. Ihr Dienst für diesen ›Super-Quango‹ bringt nun mal ein paar sehr anstrengende Fernreisen mit sich. Denn Sie müßten sich zu dem Thema in fast jedem wichtigen Regierungszentrum informieren: in Japan, Australien, Kalifornien, auf den West-Indies ...«
»Tahiti«, flüsterte ich.

»Tahiti«, sagte Sir Humphrey laut.
»Ja«, meinte Frank mit der Leidensmiene eines Mannes, der Tag und Nacht arbeiten muß, »das wäre bestimmt unheimlich anstrengend, nicht wahr?«
»Oh, grauenhaft«, stimmten Humphrey und ich zu ... »... furchtbar ...denken Sie doch nur mal an die Tropen ... entsetzlich ...«
»Aber man dient ja immerhin der Allgemeinheit, nicht wahr!?« fragte Frank hoffnungsvoll.
Humphrey und ich murmelten ein paarmal: »Ja, da dient man der Allgemeinheit ... der Allgemeinheit ... genau ... ja, der Allgemeinheit ...«
Dann fragte Frank: »Und mein Quango-Papier?«
Ich erklärte ihm, das sei unbezahlbar und er solle es mitnehmen.
Humphrey bat: »Darf ich Sie um eine Kopie bitten? ... Die kommt dann zu den Akten.«
»Ja«, sagte ich, »zum Solihull-Report.«

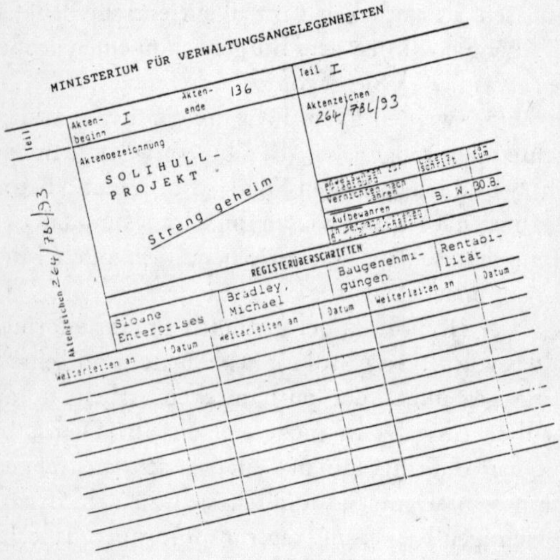

MINISTERIUM FÜR VERWALTUNGSANGELEGENHEITEN

Teil I

Akten-beginn I | Akten-ende 136 | Aktenzeichen 264/78L/93

Aktenbezeichnung
SOLIHULL-PROJEKT
Streng geheim

Vernichten nach ... Jahren | B. W. | 30.8.
Aufbewahren

REGISTERÜBERSCHRIFTEN
Sloane Enterprises | Bradley, Michael | Baugenehmigungen | Rentabilität

Weiterleiten an | Datum | Weiterleiten an | Datum | Weiterleiten an | Datum

Aktenzeichen 264/78L/93